SAMMLUNG TUSCULUM
Herausgegeben von
Karl Bayer, Manfred Fuhrmann, Rainer Nickel

C. PLINII SECUNDI

NATURALIS HISTORIAE

LIBRI XXXVII

Liber II

C. PLINIUS SECUNDUS d. Ä.

NATURKUNDE

Lateinisch–deutsch

Buch II

Kosmologie

Herausgegeben und übersetzt
von
Gerhard Winkler und Roderich König

ARTEMIS & WINKLER

Titelvignette aus der Plinius-Ausgabe Venedig 1513

Die Deutsche Bibliothek – CIP-Einheitsaufnahme

Plinius Secundus, Gaius:
Naturkunde : lateinisch-deutsch / C. Plinius Secundus d. Ä.
Hrsg. und übers. von Roderich König in Zusammenarbeit
mit Joachim Hopp und Wolfgang Glöckner.
Zürich / München : Artemis und Winkler.
(Sammlung Tusculum)
Einheitssacht.: Historia naturalis
Parallelsacht.: Naturalis historiae libri XXXVII.
Teilw. im Heimeran-Verl., München.
Buch 3/4 und 5 hrsg. und übers. von Gerhard Winkler
in Zusammenarbeit mit Roderich König.
ISBN 3-7608-1618-5
NE: König, Roderich [Hrsg.]; Winkler, Gerhard [Hrsg.]
Buch 2: Kosmologie
bearb. von Gerhard Winkler. – 2. Aufl. – 1997
ISBN 3-7608-1582-0
NE: Roderich König / Gerhard Winkler [Bearb.]

2., überarb. Auflage
© 1974, 1997 Artemis & Winkler Verlag, Düsseldorf/Zürich
Alle Rechte, einschließlich derjenigen des auszugsweisen
Abdrucks und der photomechanischen und
elektronischen Wiedergabe, vorbehalten.
Satz: IBV Satz- und Datentechnik GmbH, Berlin
Druck und Bindung: Pustet, Regensburg
Printed in Germany

INHALT

LIBRO II CONTINENTUR
INHALT DES 2. BUCHES

* Die römischen Ziffern entsprechen der alten Kapiteleinteilung. Die arabischen Ziffern beziehen sich auf die seit mehr als 100 Jahren gebräuchliche Einteilung in Paragraphen.

CXIII.	248	Harmonica mundi ratio.	Ausgleichende Berechnung der Welt.

Summa:	Res et historiae et observationes CCCCXVII.	Summe der erwähnten Gegenstände, Geschichten und Beobachtungen 417.

Ex auctoribus M. Varrone. Sulpicio Gallo. Tito Caesare Imperatore. Q. Tuberone. Tullio Tirone. L. Pisone. T. Livio. Cornelio Nepote. Seboso. Caelio Antipatro. Fabiano. Antiate. Muciano. Caecina qui de Etrusca disciplina. Tarquitio qui item. Iulio Aquila qui item. Sergio Plauto.	Quellen: Römische Autoren M. Varro. Sulpicius Gallus. Der Imperator Titus Caesar. Q. Tubero. Tullius Tiro. L. Piso. T. Livius. Cornelius Nepos. Sebosus. Caelius Antipater. Fabianus. Antias. Mucianus. Caecina, der über die etruskische Disziplin schrieb. Tarquitius ebenso. Iulius Aquila ebenso. Sergius Plautus.

Externis Hipparcho. Timaeo. Sosigene. Petosiri. Nechepso. Pythagoricis. Posidonio. Anaximandro. Epigene. Eudoxo. Democrito. Critodemo. Thrasyllo. Serapione gnomico. Euclide. Coerano philosopho. Dicaearcho. Archimede. Onesicrito. Eratosthene. Pythea. Herodoto. Aristotele. Ctesia. Artemidoro Ephesio. Isidoro Characeno. Theopompo.	Fremde Autoren Hipparchos. Timaios. Sosigenes. Petosiris. Nechepso. Die Pythagoreer. Poseidonios. Anaximandros. Epigenes. Eudoxos. Demokritos. Kritodemos. Thrasyllos. Der Gnomiker Serapion. Eukleides. Der Philosoph Koiranos. Dikaiarchos. Archimedes. Onesikritos. Eratosthenes. Pytheas. Herodotos. Aristoteles. Ktesias. Artemidoros aus Ephesos. Isidoros aus Charax. Theopompos.

TEXT UND ÜBERSETZUNG

C. PLINII SECVNDI
NATVRALIS HISTORIAE
LIBER II

Mundum et hoc quodcumque nomine alio   I
caelum appellare libuit, cuius circumflexu degunt   I
cuncta, numen esse credi par est, aeternum, inmensum, neque genitum neque interiturum umquam.
huius extera indagare nec interest hominum nec
capit humanae coniectura mentis. sacer est, aeter-   2
nus, inmensus, totus in toto, immo vero ipse totum,
infinitus ac finito similis, omnium rerum certus et
similis incerto, extra intra cuncta complexus in se,
idemque rerum naturae opus et rerum ipsa natura.
furor est mensuram eius animo quosdam agitasse   3
atque prodere ausos, alios rursus occasione hinc
sumpta aut his data innumerabiles tradidisse mun-
dos, ut totidem rerum naturas credi oporteret aut,
si una omnes incubaret, totidem tamen soles totidemque lunas et cetera etiam in uno et inmensa et
innumerabilia sidera; quasi non eaedem quaestiones semper in termino cogitationi sint occursurae
desiderio finis alicuius aut, si haec infinitas naturae
omnium artifici possit adsignari, non idem illud in
uno facilius sit intellegi, tanto praesertim opere.
furor est, profecto furor egredi ex eo et, tamquam   4
interna eius cuncta plane iam nota sint, ita scrutari

C. PLINIUS SECUNDUS
NATURKUNDE
BUCH 2

Die Welt und alles das, was man mit einem anderen Wort
»Himmel« zu nennen beliebte, in dessen Umfassung alles sein
Leben führt, betrachtet man zutreffend als ein göttliches
Wesen, das ewig ist, unermeßlich, weder erzeugt noch jemals
vergehend. Was außerhalb dieser Welt liegt, zu erforschen
hat weder einen Wert für den Menschen noch ist die Mut-
maßung des menschlichen Geistes imstande, es zu erfassen.
Heilig ist diese Welt, ewig, unermeßlich, ganz im Ganzen,
vielmehr selbst das Ganze, unbegrenzt und doch einer
begrenzten ähnlich, aller Dinge sicher und doch einer unsi-
cheren ähnlich, draußen und drinnen jegliches in sich umfassend, gleicherweise ein Werk der Natur und die Natur selber.
Wahnsinn ist es, daß über ihr Ausmaß einige in ihrem Geiste Erwägungen angestellt und diese vorzutragen gewagt
haben, daß andere wiederum, indem sie die Gelegenheit
ergriffen oder weil ihnen dadurch eine Gelegenheit geboten
wurde, unzählig viele Welten angenommen haben, so daß
man entweder an ebenso viele erzeugende Naturen glauben
müßte, oder wenn eine einzige diese alle ausbrütete, doch an
ebenso viele Sonnen, ebenso viele Monde und auch ⟨ebenso
viele⟩ andere Gestirne, die schon in einer einzigen Welt
unmeßbar und unzählbar sind. Als ob der Überlegung, die
nach einer Begrenzung verlangt, am Ende nicht immer die
gleichen Fragen entgegenträten, oder sofern diese Unbe-
grenztheit der Natur dem Schöpfer aller Dinge zugeschrieben
werden könnte, eben dies nicht an einem einzigen Werke
leichter zu erkennen wäre, zumal in einem so großen. Wahnsinn ist es, ja Wahnsinn, aus ihr herauszutreten und, wie wenn
alles innerhalb ihrer Befindliche bereits bekannt wäre, die

extera, quasi vero mensuram ullius rei possit agere
qui sui nesciat, aut mereantur homines videre, quae
mundus ipse non capiat.

Formam eius in speciem orbis absoluti globatam   II
esse, nomen in primis et consensus in eo mortalium 5
orbem appellantium, sed et argumenta rerum
docent, non solum quia talis figura omnibus sui
partibus vergit in sese ac sibi ipsa toleranda est
seque includit et continet, nullarum egens compa-
gium nec finem aut initium ullis sui partibus sen-
tiens, nec quia ad motum, quo sublime verti mox
adparebit, talis aptissima est, sed oculorum quoque
probatione, quod convexus mediusque quacumque
cernatur, cum id accidere in alia non possit figura.

Hanc ergo formam eius aeterno et inrequieto   III
ambitu, inenarrabili celeritate, viginti quattuor   6
horarum spatio circumagi solis exortus et occasus
haud dubium reliquere. an sit inmensus et ideo sen-
sum aurium excedens tantae molis rotatae vertigine
adsidua sonitus, non equidem facile dixerim, non,
Hercule, magis quam circumactorum simul tinni-
tus siderum suosque volventium orbes an dulcis
quidam et incredibili suavitate concentus. nobis,
qui intus agimus, iuxta diebus noctibusque tacitus
labitur mundus.

außerhalb liegenden Dinge so zu erforschen, als ob sich mit dem Messen irgendeines Dinges beschäftigen könnte, wer sein eigenes Maß nicht kennt, oder als ob die Menschen zu sehen verdienten, was die Welt selber nicht zu fassen vermöchte.

Daß die Gestalt der Welt zum Aussehen einer vollkommenen Kugel gerundet ist, lehrt vor allem ihre Bezeichnung und die Übereinstimmung der Menschen in dieser Beziehung, indem sie von der Weltkugel *(orbis)* sprechen; es lehren dies aber auch sachliche Beweise, nicht nur weil dieses so gestaltete Gebilde sich in allen seinen Teilen zu sich selbst hinneigt, von sich selbst getragen werden muß und sich umschließt und umfaßt, ohne irgendwelcher Befestigungen zu bedürfen, ohne ein Ende oder einen Anfang in irgendeinem Teile seiner selbst zu empfinden, und nicht nur weil es für die Bewegung, in der es sich, wie sich sogleich zeigen wird, in der Höhe dreht, in dieser Gestalt am geeignetsten ist, sondern es zeigt sich auch in der Bestätigung durch den Anblick, da man sie an jeder Stelle ausgewölbt und in der Mitte befindlich sieht, was bei einer anderen Gestalt nicht geschehen könnte.

Daß also die Gestalt, die derart beschaffen ist, in ewigem und rastlosem Umschwung mit unsagbarer Geschwindigkeit in einem Zeitraum von vierundzwanzig Stunden rundum getrieben wird, haben der Aufgang und der Untergang der Sonne ganz sicher sein lassen. Ob es einen unermeßlichen und deswegen unser Hörvermögen überschreitenden Schall gibt, der durch den ständigen Umschwung dieser so mächtigen kreisenden Masse entsteht, möchte ich meinerseits nicht leichthin behaupten, ebensowenig, beim Herkules, ob es den Klang der gemeinsam rundum getriebenen Sterne gibt, die ihre Kreise ziehen, oder eine Harmonie, die lieblich ist und von unglaublicher Süße. Uns, die wir drinnen leben, gleitet die Welt am Tage wie in der Nacht gleich schweigend dahin.

Esse innumeras ei effigies animalium rerumque   7
cunctarum inpressas nec, ut in volucrum notamus
ovis, levitate continua lubricum corpus, quod cla-
rissimi auctores dixere, terrenorum argumentis
indicatur, quoniam inde deciduis rerum omnium
seminibus innumerae, in mari praecipue ac plerumque confusis monstrificae, gignantur effigies, praeterea visus probatione, alibi ursi, tauri alibi, alibi litterae figura, candidiore medio per verticem circulo.
equidem et consensu gentium moveor: namque et   8
Graeci nomine ornamenti appellavere eum et nos a
perfecta absolutaque elegantia mundum. caelum
quidem haud dubie caelati argumento diximus, ut
interpretatur M. Varro. adiuvat rerum ordo di-   9
scripto circulo, qui signifer vocatur, in duodecim
animalium effigies et per illas solis cursus congru-
ens tot saeculis ratio.

Nec de elementis video dubitari quattuor esse ea: IV
ignium summum, inde tot stellarum illos conlucen-   10
tium oculos; proximum spiritus, quem Graeci
nostrique eodem vocabulo aëra appellant, vitalem
hunc et per cuncta rerum meabilem totoque con-
sertum; huius vi suspensam cum quarto aquarum
elemento ḷibrari medio spatii tellurem. ita mutuo   11
conplexu diversitatis effici nexum et levia ponderibus inhiberi quo minus evolent, contraque gravia,

Daß ihr unzählige Gestalten sämtlicher Tiere und Dinge aufgedrückt sind, und daß sie nicht, wie wir es an den Vogeleiern beobachten, ein allenthalben glatter und schlüpfriger Körper ist, was die berühmtesten Gewährsmänner behauptet haben, wird durch sachliche Beweisgründe angezeigt; denn aus den von da herabfallenden Samen aller Dinge entstehen, wie sie sagen, zahllose vornehmlich im Meere zumeist vermischte, schreckenerregende Gestalten, außerdem, wie das Hinsehen erweist, hier das Bild eines Bären, dort eines Stieres, anderswo eines Buchstaben in einem helleren Kreise mitten durch die Scheitelhöhle. Ich jedenfalls werde auch durch die Übereinstimmung der Völker zu dieser Auffassung geführt. Denn was die Griechen mit ihrem Worte für den Schmuck ⟨kosmos⟩ benannt haben, das bezeichnen wir nach ihrer vollkommenen und vollendeten Schönheit als *mundus*. *Caelum* haben wir es zweifellos aufgrund der getriebenen Arbeit *(caelatum)* genannt, wie M. Varro es deutet. Unterstützung bietet die natürliche Ordnung der Dinge, da der sogenannte Tierkreis in zwölf Tierbilder geteilt ist, sowie die Anordnung des durch diesen hindurchführenden Sonnenlaufes, der in so vielen Jahrhunderten damit übereinstimmt.

Auch hinsichtlich der Elemente sehe ich keinen Zweifel daran, daß es vier sind: als höchstes das des Feuers, daher jene vielen Augen der leuchtenden Sterne; als nächstes das der Luft, welche die Griechen und die unsrigen mit demselben Worte *aër* benennen; sie ist belebend und vermag die ganze Welt zu durchdringen und ist mit dem Ganzen vermischt; von ihrer Kraft getragen, wird die Erde zusammen mit dem vierten Element, dem Wasser, schwebend in der Mitte des Weltraumes im Gleichgewicht gehalten. So wird durch wechselseitiges Umfassen des Verschiedenen eine Verknüpfung hergestellt und das Leichte wird durch das Schwere verhindert zu entfliegen, und anderseits wird das Schwere, damit

ne ruant, suspendi levibus in sublime tendentibus.
sic pari in diversa nisu in suo quaeque consistere,
inrequieto mundi ipsius constricta circuitu, quo
semper in se recurrente imam atque mediam in toto
esse terram; eandemque universo cardinem stare
pendentem, librantem per quae pendeat, ita solam
inmobilem circa eam volubili universitate; eandem
ex omnibus necti eidemque omnia inniti.

Inter hanc caelumque eodem spiritu pendent cer-   12
tis discreta spatiis septem sidera, quae ab incessu
vocamus errantia, cum errent nulla minus illis.
eorum medius sol fertur amplissima magnitudine
ac potestate, nec temporum modo terrarumque,
sed siderum etiam ipsorum caelique rector. hunc   13
esse mundi totius animum ac planius mentem, hunc
principale naturae regimen ac numen credere decet
opera eius aestimantes. hic lucem rebus ministrat
aufertque tenebras, hic reliqua sidera occultat,
inlustrat, hic vices temporum annumque semper
renascentem ex usu naturae temperat, hic caeli tris-
titiam discutit atque etiam humani nubila animi
serenat, hic suum lumen ceteris quoque sideribus
fenerat, praeclarus, eximius, omnia intuens, omnia
etiam exaudiens, ut principi litterarum Homero
placuisse in uno eo video.

Quapropter effigiem dei formamque quaerere   V
inbecillitatis humanae reor. quisquis est deus, si   14

es nicht abstürzt, durch das Leichte, das in die Höhe strebt, in
der Schwebe gehalten. So bleibt durch gleichmäßiges Drängen nach verschiedenen Richtungen hin ein jedes an seinem
Orte, durch das rastlose Kreisen der Welt selber zusammen-
gehalten; und während dieser Umschwung immer wieder zu
sich zurückläuft, befindet sich zuinnerst und im Mittelpunkt
des Alls die Erde. Sie selbst steht schwebend als Angelpunkt
für das Weltall, das sie im Gleichgewicht hält, wodurch sie
selbst frei schwebt, derart als einzige unbeweglich, während
das All um sie kreist; sie sei mit allem verknüpft und alles
stützt sich auf sie.

Zwischen ihr und dem Himmel schweben in derselben
Luft, durch feste Abstände geschieden, sieben Sterne, die wir
nach ihrem Gange als »Irrsterne« (Planeten) bezeichnen,
obwohl kein Stern weniger umherirrt als sie. In ihrer Mitte
läuft der Sonnenball mit seiner umfassenden Größe und
Macht, der Herr nicht nur der Zeiten und Länder, sondern
auch der Sterne selber und des Himmels. Daß die Sonne der
ganzen Welt Seele und, deutlicher, ihr Geist sei, daß sie die
oberste Herrschaft der Natur und eine Gottheit sei, ziemt
sich zu glauben, wenn man ihre Werke in Betracht zieht. Sie
nämlich bringt den Dingen das Licht und nimmt die Finsternis fort, sie verbirgt und beleuchtet die übrigen Sterne, sie
lenkt den Wechsel der Zeiten und das sich immer wieder
erneuernde Jahr nach den Naturgesetzen, sie zerstreut am
Himmel das Trübe und läßt auch die Wolken des menschlichen Geistes sich aufhellen, sie leiht ihr Licht auch den übrigen Sternen, hervorleuchtend, hervorragend, alles schauend,
alles auch hörend, wie es, soviel ich sehe, der Erste in der
Dichtung, Homer, nur an ihr so befunden hat.

Ich halte es deshalb für ein Zeichen menschlicher Schwäche, nach dem Bild und der Gestalt der Gottheit zu suchen.
Wer auch Gott sei, wenn es überhaupt einen anderen gibt (als

modo est alius, et quacumque in parte, totus est
sensus, totus visus, totus auditus, totus animae,
totus animi, totus sui. innumeros quidem credere
atque etiam ex vitiis hominum, ut Pudicitiam, Con-
cordiam, Mentem, Spem, Honorem, Clementiam,
Fidem, aut, ut Democrito placuit, duos omnino,
Poenam et Beneficium, maiorem ad socordiam
accedit. fragilis et laboriosa mortalitas in partes ita   15
digessit infirmitatis suae memor, ut portionibus
coleret quisque quo maxime indigeret. itaque
nomina alia aliis gentibus et numina in iisdem innumerabilia invenimus; inferis quoque in genera
discriptis morbisque et multis etiam pestibus, dum
esse placatas trepido metu cupimus. ideoque etiam   16
publice Febris fanum in Palatio dicatum est, Orbo-
nae ad aedem Larum, ara et Malae Fortunae Esqui-
liis.

Quam ob rem maior caelitum populus etiam
quam hominum intellegi potest, cum singuli quoque ex semet ipsis totidem deos faciant Iunones
Geniosque adoptando sibi, gentes vero quaedam
animalia et aliqua etiam obscena pro dis habeant ac
multa dictu magis pudenda, per fetidos cibos, alia et
similia, iurantes. matrimonia quidem inter deos   17
credi tantoque aevo ex his neminem nasci et alios
esse grandaevos semper canosque, alios iuvenes
atque pueros, atri coloris, aligeros, claudos, ovo
editos et alternis diebus viventes morientesque,
puerilium prope deliramentorum est; sed super
omnem inpudentiam, adulteria inter ipsos fingi,

die Sonne) und in welchem Teile ⟨des Alls⟩ er auch sein mag,
er ist ganz Gefühl, ganz Gesicht, ganz Gehör, ganz Seele,
ganz Geist, ganz er selbst. Unzählige Götter anzunehmen –
und sogar entsprechend den Lastern der Menschen –, wie
etwa eine Gottheit der Keuschheit, der Eintracht, des Geistes,
der Hoffnung, der Ehre, der Milde, der Treue, oder, wie es
Demokritos für richtig gehalten hat, nur zwei, Strafe und
Belohnung, grenzt an noch größere Leichtfertigkeit. Die
gebrechlichen und mühebeladenen Sterblichen haben, ihrer
Schwäche bewußt, die Gottheit in Teile zerlegt, damit jeder in
seinem Anteil das verehre, dessen er am meisten bedarf. Deshalb haben wir bei verschiedenen Völkern verschiedene Göt-
ternamen und bei jeweils denselben zahllosen Gottheiten;
sogar die unterirdischen Mächte, Krankheiten und auch viele
böse Seuchen wurden in Arten geteilt, während wir in banger
Furcht sie besänftigt wissen möchten. So hat man sogar von
Staats wegen auf dem Palatin einen Tempel dem Fieber
geweiht, einen anderen der Orbona neben dem Tempel der
Laren und einen Altar dem bösen Schicksal auf dem Esquilin.
  Deshalb kann sogar die Zahl der Götter für größer angesehen werden als die der Menschen, da ja auch die einzelnen aus
sich selbst heraus ebenso viele Götter schaffen, indem sie sich
eine Juno oder einen Genius wählen, die fremden Völker auch
gewisse Tiere und sogar widerwärtige als Götter betrachten
und vieles, das auszusprechen noch beschämender ist, indem
sie bei stinkenden Speisen, Knoblauch und ähnlichen Dingen
schwören. Der Glaube, daß unter Göttern auch Ehen
geschlossen würden und doch seit so langer Zeit aus diesen
niemand geboren werde, ferner daß die einen immer alt und
grau, andere Jünglinge und Knaben, wieder andere schwarz,
geflügelt, lahm, einem Ei entsprossen, abwechselnd einen Tag
lebend und tot seien, ist eine fast kindische Faselei; aber alle
Unverschämtheit übersteigt es, wenn man ihnen Ehebrüche

mox iurgia et odia, atque etiam furtorum esse et
scelerum numina.

Deus est mortali iuvare mortalem, et haec ad   18
aeternam gloriam via. hac proceres iere Romani,
hac nunc caelesti passu cum liberis suis vadit maximus omnis aevi rector Vespasianus Augustus fessis
rebus subveniens. hic est vetustissimus referendi   19
bene merentibus gratiam mos, ut tales numinibus
adscribant. quippe et aliorum nomina deorum et
quae supra rettuli siderum ex hominum nata sunt
meritis.

Iovem quidem aut Mercurium aliterve alios inter
se vocari et esse caelestem nomenclaturam: quis
non interpretatione naturae fateatur irridendum?
agere curam rerum humanarum illud, quicquid est,   · 20
summum ac tam tristi atque multiplici ministerio
non pollui credamus dubitemusve? vix potest iudi-
cari, utrum magis conducat generi humano,
quando aliis nullus est deorum respectus, aliis
pudendus. externis famulantur sacris ac digitis deos   21
gestant, monstra quoque colunt, damnant et exco-
gitant cibos, imperia dira in ipsos, ne somno quidem quieto, inrogant. non matrimonia, non libe-
ros, non denique quicquam aliud nisi iuvantibus
sacris deligunt. alii in ipso Capitolio fallunt ac ful-
minantem periurant Iovem, et hos iuvant scelera,
illos sacra sua poenis agunt.

Invenit tamen inter has utrasque sententias   22

andichtet, dann Streitigkeiten und Haßgefühle oder gar für
Diebstahl und Verbrechen Götter annimmt.

Für einen Menschen ist der ein Gott, der einem Menschen
hilft, und dies ist der Weg zum ewigen Ruhm. Ihn gingen die
vornehmsten Römer, auf ihm wandelt jetzt göttlichen Schrit-
tes zusammen mit seinen Kindern der größte Herrscher aller
Zeiten, Vespasianus Augustus, der erschlafften Welt zu Hilfe
kommend. Dies ist die älteste Sitte, hochverdienten Männern
sich dankbar zu erweisen, daß man solche Helfer unter die
Götter versetzt. Denn auch anderer Götter Namen und die
oben erwähnten Namen von Gestirnen sind aus verdienstvollen Taten von Menschen entstanden.

Daß freilich Jupiter oder Merkur sich so oder andere sich
untereinander anders nennen und daß es eine himmlische
Benennungweise gibt: wer sollte da nicht zugeben, daß dies
bei ⟨richtiger⟩ Ausdeutung der Natur lächerlich ist. Daß das
höchste Wesen, was es auch immer sei, sich um die Angelegenheiten der Menschen kümmert oder daß es durch eine so
traurige und vielseitige Tätigkeit nicht beschmutzt werde:
was davon sollen wir glauben oder bezweifeln? Es läßt sich
kaum entscheiden, was dem menschlichen Geschlecht
zuträglicher ist, da die einen die Götter überhaupt nicht, die
anderen sie in beschämender Weise achten. Fremden Heiligtümern dienen sie und tragen Götter an den Fingern, auch
Ungeheuer verehren sie, verbreiten und ersinnen Speisen und
unterwerfen sich selbst einer so strengen Herrschaft, daß sie
nicht einmal im Schlafe Ruhe haben. Nicht Ehen, nicht Kinder, nicht überhaupt etwas anderes wählen sie ohne die Hilfe
von heiligen Handlungen. Andere üben Betrug sogar auf dem
Kapitol und schwören Meineide beim blitzschleudernden
Jupiter, und den einen helfen ihre Verbrechen, die anderen
bringen ihre heiligen Handlungen Strafen ein.

Die sterbliche Menschenwelt hat sich jedoch selbst in der

medium sibi ipsa mortalitas numen, quo minus
etiam plana de deo coniectatio esset: toto quippe
mundo et omnibus locis omnibusque horis
omnium vocibus Fortuna sola invocatur ac nomi-
natur, una accusatur, rea una agitur, una cogitatur,
sola laudatur, sola arguitur et cum conviciiis colitur, volucris volubilisque a plerisque vero et caeca
existimata, vaga, inconstans, incerta, varia indigno-
rumque fautrix. huic omnia expensa, huic feruntur
accepta, et in tota ratione mortalium sola utramque
paginam facit; adeoque obnoxii sumus sorti, ut ipsa
pro deo sit qua deus probatur incertus.

Pars alia et hanc pellit astroque suo eventus   23
adsignat et nascendi legibus, semelque in omnes
futuros umquam deo decretum, in reliquum vero
otium datum. sedere coepit sententia haec, pariter-
que et eruditum vulgus et rude in eam cursu vadit.
ecce fulgurum monitus, oraculorum praescita,   24
haruspicum praedicta atque etiam parva dictu in
auguriis sternumenta et offensiones pedum. Divus
Augustus prodidit laevum sibi calceum praepostere
inductum quo die seditione militari prope adflictus
est. quae singula inprovidam mortalitatem invol-   25
vunt, solum ut inter ista vel certum sit nihil esse
certi nec quicquam miserius homine aut superbius;
ceteris quippe animantium sola victus cura est, in
quo sponte naturae benignitas sufficit, uno quidem
vel praeferendo cunctis bonis, quod de gloria, de

Mitte zwischen diesen beiden Auffassungen ein eigenes göttliches Wesen erdacht, damit die Vermutung über die Gottheit
noch weniger einfach sei: in der ganzen Welt nämlich und an
allen Orten und zu allen Stunden und von den Stimmen aller
wird allein das Glück *(Fortuna)* angerufen und genannt, allein
angeklagt und allein beschuldigt, allein bedacht, allein gelobt,
allein bezichtigt und unter Vorwürfen verehrt, als veränder-
lich, von vielen als flüchtig, aber auch als blind betrachtet,
unbeständig, unsicher, wechselreich und eine Gönnerin
Unwürdiger. Ihr wird aller Verlust, aller Gewinn zugeschrieben und in der Gesamtabrechnung der Sterblichen füllt es
allein beide Seiten; so sehr sind wir dem Schicksal unterworfen, daß dieses selbst als eine Gottheit gilt, wodurch doch die
Gottheit als ungewußt erwiesen wird.

Andere verwerfen auch das Schicksal und schreiben die
Ereignisse ihrem Gestirn und dem Stande bei der Geburt zu
und nur ein einziges Mal für alles zukünftige Geschehen wird
der Gottheit ein Beschluß zugewiesen, im übrigen aber nur
Ruhe. Diese Meinung fängt an, sich festzusetzen, und die
gelehrte und ungelehrte Menge läuft ihr in gleicher Weise zu.
Daher die Warnungen durch Blitze, die Voraussagen der
Orakel, die Prophezeiungen der Eingeweideschauer und
auch, kaum wert zu nennen, die Vorbedeutung des Niesens
bei der Vogelschau und des Anstoßens der Füße. Der Divus
Augustus erzählte, daß er an dem Tage, an dem ihm ein Auf-
stand der Soldaten beinahe den Untergang gebracht hätte, den
linken Schuh verkehrt angezogen hatte. All dies verwirrt die
arglose Menschheit, so daß darunter nur das Eine gewiß ist,
daß nichts gewiß ist und daß es kein erbärmlicheres und
zugleich überheblicheres Wesen gibt als den Menschen; denn
die übrigen Lebewesen kennen nur die Sorge um ihre Nahrung, für die die Güte der Natur von selbst ausreicht, und
haben jedenfalls das Eine von allen Gütern voraus, daß sie

pecunia, de ambitione superque de morte non cogi-
tant.

Verum in his deos agere curam rerum humana-   26
rum credi ex usu vitae est, poenasque maleficiis aliquando seras, occupato deo in tanta mole, numquam autem inritas esse, nec ideo proximum illi
genitum hominem, ut vilitate iuxta beluas esset.
inperfectae vero in homine naturae praecipua sola-   27
cia, ne deum quidem posse omnia – namque nec sibi
potest mortem consciscere, si velit, quod homini
dedit optimum in tantis vitae poenis; nec mortales
aeternitate donare aut revocare defunctos, nec
facere ut qui vixit non vixerit, qui honores gessit
non gesserit – nullumque habere in praeterita ius
praeterquam oblivionis atque, ut facetis quoque
argumentis societas haec cum deo copuletur, ut bis
dena viginti non sint aut multa similiter efficere non
posse, per quae declaratur haud dubie naturae
potentia idque esse, quod deum vocemus. in haec
divertisse non fuerit alienum, vulgata propter adsi-
duam quaestionem de deo.

Hinc redeamus ad reliqua naturae. sidera, quae   VI
adfica diximus mundo, non illa, ut existimat vulgus,   28
singulis attributa nobis et clara divitibus, minora
pauperibus, obscura defectis ac pro sorte cuiusque
lucentia adnumerata mortalibus; nec cum suo quae

nicht an Ruhm, Geld, Ehrgeiz und darüber hinaus an den Tod
zu denken brauchen.

Dabei ist jedoch der Glaube, daß die Götter sich um die
menschlichen Angelegenheiten kümmern, von Nutzen für
das Leben, sowie daß die Strafen für Missetaten zwar bisweilen spät ⟨sich einstellen⟩, da die Gottheit von solch gewaltiger
Last in Anspruch genommen ist, niemals aber wirkungslos
sind und daß der Mensch nicht deshalb ihr zunächst stehe, um
in seiner Armseligkeit an die Tiere heranzureichen. Für die
unvollkommene Natur im Menschen aber ist es der größte
Trost, daß auch die Gottheit nicht alles vermag – denn sie
kann sich nicht selbst den Tod geben, selbst wenn sie es
möchte, was sie dem Menschen als bestes Geschenk in den so
großen Mühen seines Lebens verliehen hat; sie kann Sterbliche nicht mit Unsterblichkeit beschenken und nicht Tote auf-
erwecken noch bewirken, daß jemand, der gelebt hat, nicht
gelebt hat oder daß, wer Ehrenstellen bekleidet hat, sie nicht
bekleidet hat – und daß sie keine andere Gewalt über die Ver-
gangenheit hat als diese zu vergessen, und um unsere Gemeinschaft mit der Gottheit auch durch scherzhafte Gründe her-
zustellen – daß sie nicht bewirken kann, daß zweimal zehn
nicht zwanzig sei, und viel Ähnliches mehr, aus dem ohne
Zweifel die Macht der Natur erhellt und, daß sie das sei, was
wir Gott nennen. Diese Abschweifung dürfte hier nicht
unpassend gewesen sein, wo doch bei der ständigen Frage
nach dem Wesen Gottes oft davon die Rede ist.

Kehren wir nun zu den übrigen Werken der Natur zurück.
Die Gestirne, welche, wie wir gesagt haben [§ 7 ff.], am Himmel befestigt sind, sind nicht, wie die große Menge meint, den
einzelnen unter uns zugeteilt, die hellen den Reichen, die kleineren den Armen und die dunklen den Schwachen, und sie
sind nicht mit einer dem Schicksal eines jeden entsprechenden
Leuchtkraft den Sterblichen zugewiesen; sie erheben sich

que homine oriuntur nec aliquem exstingui decidua
significant. non tanta caelo societas nobiscum est,   29
ut nostro fato mortalis sit ibi quoque siderum ful-
gor. illa nimio alimento tracti umoris ignea vi abundantiam reddunt, cum decidere creduntur: ut apud
nos quoque luminibus accensis liquore olei no-
tamus accidere. ceterum aeterna caelestibus est   30
natura intexentibus mundum intextuque concretis.
potentia autem ad terram magnopere eorum perti-
nens, quae propter effectus claritatemque et magnitudinem in tanta subtilitate nosci potuerunt, sicut
suo demonstrabimus loco. circulorum quoque caeli
ratio in terrae mentione aptius dicetur, quando ad
eam tota pertinet, signiferi modo inventoribus non
dilatis. obliquitatem eius intellexisse, hoc est rerum   31
fores aperuisse, Anaximander Milesius traditur pri-
mus Olympiade quinquagesima octava; signa
deinde in eo Cleostratus, et prima arietis ac sagitta-
rii, sphaeram ipsam ante multo Atlas.

Nunc relicto mundi ipsius corpore reliqua inter
caelum terrasque tractentur. summum esse, quod   32
vocant Saturni sidus, ideoque minimum videri et
maximo ambire circulo ac tricesimo anno ad brevis-
sima sedis suae principia regredi certum est;
omnium autem errantium siderum meatus, interque ea solis et lunae, contrarium mundo agere cursum, id est laevum, illo semper in dextra praecipiti.

auch nicht mit einem jeweils zugeordneten Menschen, und
ihr Fall deutet nicht an, daß jemand sterbe. Eine so enge
Gemeinschaft mit dem Himmel haben wir nicht, daß entsprechend unserem Schicksal auch der Glanz der Sterne dort oben
vergänglich wäre. Haben sie allzu viel flüssige Nahrung an
sich gezogen, so geben sie in ihrer feurigen Kraft den Überfluß wieder ab und man meint dann, sie fielen: etwas Ähnliches können wir auch bei uns an den brennenden Öllampen
beobachten. Im übrigen sind die Himmelskörper, welche die
Welt durchweben und durch das Einweben mit ihr zusam-
mengewachsen sind, von ewiger Natur. Ihre Macht aber
reicht kraftvoll bis zur Erde, während sie selber wegen ihrer
Auswirkungen, ihrer Heiligkeit und ihrer Größe in solcher
Feinheit erkannt werden konnten, wie wir am geeigneten
Orte [18,207] zeigen werden. Auch die Lehre von den Him-
melskreisen wird besser bei den Ausführungen über die Erde
vorgetragen, da sie ganz dahingehört. Nur die Entdecker des
Tierkreises sollen nicht an einen anderen Ort verwiesen werden. Seine Schiefe soll zuerst Anaximandros aus Milet in der
58. Olympiade [548–545 v. Chr.] gefunden und damit das Tor
zur weiteren Forschung aufgestoßen haben. Die an·ihm
befindlichen Zeichen soll Kleostratos, und zwar zuerst die
des Widders und Schützen entdeckt, die Kugelgestalt des
Himmels selbst viel früher Atlas bestimmt haben.

    Nun wollen wir den Himmelskörper selbst verlassen und,
was übrig ist zwischen Himmel und Erde, behandeln. Daß
das Gestirn, welches Saturn heißt, am höchsten steht und
daher am kleinsten erscheint, auch den größten Kreis
beschreibt und erst nach dreißig Jahren zu seinem genauen
Anfangspunkt zurückkommt, ist gewiß; ebenso, daß alle Planeten, darunter auch Sonne und Mond, in einer dem Umlauf
der Welt entgegengesetzten Richtung kreisen, nämlich nach
links, während sich diese immer nach rechts hin dreht. Und

et quamvis adsidua conversione inmensae celerita-
tis attollantur ab eo rapianturque in occasum,
adverso tamen ire motu per suos quaeque passus.
ita fieri, ne convolutus aër eandem in partem
aeterna mundi vertigine ignavo globo torpeat, sed
fundatur adverso siderum verbere discretus et di-
gestus. Saturni autem sidus gelidae ac rigentis esse   34
naturae; multumque ex eo inferiorem Iovis circu-
lum et ideo motu celeriore duodenis circumagi
annis. tertium Martis, quod quidam Herculis
vocant, igne ardens solis vicinitate, binis fere annis
converti; ideoque huius ardore nimio et rigore
Saturni, interiectum ambobus, ex utroque tempe-
rari Iovem salutaremque fieri. deinde solis meatum   35
esse partium quidem trecentarum sexaginta; sed ut
observatio umbrarum eius redeat ad notas, quinos
annis dies adici superque quartam partem diei.
quam ob causam quinto cuique anno unus interca-
larius dies additur, ut temporum ratio solis itineri
congruat.

Infra solem ambit ingens sidus appellatum Vene-   36
ris, alterno meatu vagum ipsisque cognominibus
aemulum solis ac lunae. praeveniens quippe et ante
matutinum exoriens Luciferi nomen accepit ut sol
alter diemque maturans; contra ab occasu refulgens
nuncupatur Vesper ut prorogans lucem vicemve
lunae reddens. quam naturam eius Pythagoras   37
Samius primus deprehendit Olympiade circiter

obgleich sie durch die beständige, in unermeßliche
Geschwindigkeit sich vollziehende Umdrehung emporgehoben und nach Westen fortgerissen werden, vollführen die Planeten – so sagt man – ihren Lauf in entgegengesetzter Richtung, jeder in seiner eigenen Bahn. So geschieht es, daß die
Luft nicht durch die ewige Drehung der Welt nach einer Seite
hin zusammengedrängt eine träge Masse bildet, sondern in
getrennte Teile zerstreut wird, durch den Gegendruck der
Planeten durchschnitten und zerteilt. Das Gestirn des Saturn
aber sei von kalter und erstarrter Natur; weit tiefer von ihm
aus liege die Bahn des Jupiter, welcher deshalb in schneller
Bewegung innerhalb von zwölf Jahren seine Bahn durchlaufe.
Das dritte Gestirn, der Mars, von manchen Hercules genannt,
sei feurig und brennend wegen seiner Nähe zur Sonne und
vollende seinen Lauf in ungefähr zwei Jahren; durch dessen
allzu große Hitze und die Kälte des Saturn erhalte der zwischen ihnen liegende Jupiter infolge der Einwirkung beider
Seiten eine gemäßigte und heilbringende Kraft. Dann folgte
die in 360 Grade geteilte Bahn der Sonne; damit aber die
Schatten der Sonne genau wieder zu den gleichen Marken
⟨der Sonnenuhr⟩ zurückkehren, würden jedem Jahr 5 1/4 Tage
hinzugefügt. Aus diesem Grunde wird auch alle vier Jahre ein
Schalttag zugegeben, damit die Zeitrechnung mit dem Sonnenlauf übereinstimmt.

Unterhalb der Sonne wandelt ein sehr großer Stern,
namens Venus, mit abwechselndem Lauf und in den Beinamen mit Sonne und Mond wetteifernd. Erscheint sie früher
⟨als die Sonne⟩ und vor Tagesanbruch, so heißt sie *Lucifer*
(Lichtbringer – Morgenstern), weil sie wie eine zweite Sonne
den Tag früher bringt; leuchtet sie aber nach Sonnenuntergang, so heißt sie *Vesper* (Abendstern), weil sie den Tag verlängert und an die Stelle des Mondes tritt. Diese ihre Eigenschaft erfaßte zuerst Pythagoras aus Samos um die 42. Olym-

XLII, qui fuit urbis Romae annus CXLII. iam magnitudine extra cuncta alia sidera est, claritatis quidem tantae, tu unius huius stellae radiis umbrae
reddantur. itaque et in magno nominum ambitu
est: alii enim Iunonis, alii Isidis, alii Matris Deum
appellavere. huius natura cuncta generantur in ter-   38
ris; namque in alterutro exortu genitali rore con-
spergens non terrae modo conceptus inplet, verum
animantium quoque omnium stimulat. signiferi
autem ambitum peragit trecenis et duodequinqua-
genis diebus, a sole numquam absistens partibus
sex atque quadraginta longius, ut Timaeo placet.

Simili ratione, sed nequaquam magnitudine aut   39
vi, proximum illi Mercurii sidus, a quibusdam
appellatum Apollinis; inferiore circulo fertur IX
diebus ociore ambitu, modo ante solis exortum,
modo post occasum splendens, numquam ab eo
XXII partibus remotior, ut Cidenas et Sosigenes
docent. ideo et peculiaris horum siderum ratio est
neque communis cum supra dictis: nam ea et quarta   40
parte caeli a sole abesse et tertia, et adversa soli
saepe cernuntur. maioresque alios habent cuncta
plenae conversionis ambitus in magni anni ratione
dicendos.

Sed omnium admirationem vincit novissimum   41
sidus, terris familiarissimum et in tenebrarum
remedium ab natura repertum, lunae. multiformis
haec ambage torsit ingenia contemplantium et proximum ignorari sidus maxime indignantium; cres-   42
cens semper aut senescens et modo curvata in cor-
nua falcis, modo aequa portione divisa, modo sinu-

piade, die dem Jahr 142 der Stadt Rom entspricht [612
v. Chr.]. Schon an Größe übertrifft sie alle anderen Gestirne,
und ihre Helligkeit ist so groß, daß allein durch ihre Strahlen
Schatten entstehen. Daher besitzt sie auch eine Fülle von
Namen: denn einige haben sie als Stern der Juno, andere als
den der Isis, wieder andere als den der Göttermutter bezeichnet. Durch ihr Wesen wird alles auf der Erde erzeugt; denn
bei ihren beiden Aufgängen spendet sie belebenden Tau und
befruchtet nicht nur den Mutterschoß der Erde, sondern reizt
auch alle Lebewesen zur Zeugung. Ihren Umlauf im Tierkreis
aber vollendet sie in 348 Tagen und ist, nach Timaios, nie weiter als 46 Grade von der Sonne entfernt.

Von ähnlicher Eigenart, aber gänzlich unähnlicher Größe
und Wirkung ist der ihr zunächst wandelnde Stern, Merkur,
der von einigen auch Apollo genannt wird; er vollendet seine
niedrigere Bahn in einer um neun Tage kürzeren Umlaufzeit,
leuchtet bald vor Sonnenaufgang, bald nach Sonnenuntergang und ist niemals mehr als 22 Grad von der Sonne entfernt,
wie Kidenas und Sosigenes lehren. So haben diese beiden
Sterne ein besonderes Wesen, das von dem der zuvor genannten Sterne abweicht: man sieht sie bald den vierten, bald den
dritten Teil des Himmels von der Sonne entfernt und dieser
oft auch gegenüberstehen, und sie haben alle andere, größere
Umlaufzeiten, wovon bei der Betrachtung des Großen Jahres
die Rede sein soll.

Die allgemeine Bewunderung übertrifft jedoch das letzte
Gestirn, welches der Erde am nächsten steht und das die
Natur zur Hilfe gegen die Finsternis erfunden hat – der
Mond. Von vielerlei Gestalt, hat er durch seinen unregelmä-
ßigen Lauf den Geist der Beobachter, denen es nicht paßte,
daß vom nächsten Gestirn am wenigsten bekannt sei, wahrhaft gefoltert; stets wachsend oder abnehmend, bald zu den
zwei Enden einer Sichel gekrümmt, bald halbiert, bald gerun-

ata in orbem, maculosa eademque subito praeni-
tens, inmensa orbe pleno ac repente nulla; alias per-
nox, alias sera et parte diei solis lucem adiuvans;
deficiens et in defectu tamen conspicua, quae men-
sis exitu latet, cum laborare non creditur; iam vero   43
humilis, iam excelsa, et ne id quidem uno modo, sed
alias admota caelo, alias contigua montibus, nunc in
aquilonem elata, nunc in austros deiecta. quae singula in ea deprehendit hominum primus Endymion: ob id amor eius fama traditur. non sumus
profecto grati erga eos, qui labore curaque lucem
nobis aperuere in hac luce; miraque humani ingenii
peste sanguinem et caedes condere annalibus iuvat,
ut scelera hominum noscantur mundi ipsius igna-
ris.

Promixa ergo cardini, ideoque minimo ambitu,   44
vicenis diebus septenisque et tertia diei parte peragit spatia eadem, quae Saturni sidus altissimum
XXX, ut dictum est, annis. dein morata in coitu
solis biduo, cum tardissime, a tricesima luce rursum
ad easdem vices exit, haud scio an omnium, quae in
caelo pernosci potuerunt, magistra: in XII men-   45
sium spatia oportere dividi annum, quando ipsa
totiens solem redeuntem ad principia consequitur;
solis fulgore eam, ut reliqua siderum, regi, siquidem in totum mutuata ab eo luce fulgere, qualem in

det zu einer Schiebe, einmal fleckig und plötzlich wieder glänzend, bildet er in riesiger Größe bald einen ganzen Kreis und
ist dann wieder unsichtbar; bald ist er die ganze Nacht sichtbar, bald geht er spät auf und unterstützt einen Teil des Tages
das Licht der Sonne; bald verfinstert er sich, und ist dennoch
während der Verfinsterung sichtbar; am Ende des Monats ist
er gänzlich verschwunden, doch glaubt man nicht, es sei eine
Mondfinsternis; bald aber steht er niedrig, bald hoch, und
auch dies wieder nicht auf nur eine Weise, sondern bald ist er
der Himmelswölbung nahe, bald scheint er die Berggipfel zu
berühren, einmal steht er hoch im Norden, ein andermal tief
im Süden. Alle diese Eigenschaften entdeckte an ihm unter
den Menschen als erster Endymion: daher die Sage von der
Liebe zu ihm. Wirklich, wir sind nicht dankbar gegen die
Männer, die uns mit Mühe und Sorgfalt das Licht eröffnet
haben bei diesem Licht; und in der erstaunlichen Verderbnis
des menschlichen Geistes gefällt es, Blut und Morde in den
Jahrbüchern aufzuzeichnen, damit die Verbrechen der Menschen all denen bekannt werden, die von der Welt selbst weiter nichts wissen.
Am nächsten also dem Weltangelpunkt und deswegen auf
der kürzesten Bahn vollendet er den gleichen Umlauf in nur
17¹/₃ Tagen, wozu das entfernteste Gestirn, der Saturn, wie
gesagt [§ 32], dreißig Jahre benötigt. Nachdem er hierauf zwei
Tage in Verbindung mit der Sonne verweilt hat, beginnt er
spätestens am dreißigsten Tage wieder mit denselben Wand-
lungen, und dabei war er wohl für alles, was wir am Himmel
beobachten können, unser Lehrmeister: daß das Jahr in
Abschnitte von zwölf Monaten geteilt werden müsse, weil er
selbst ebenso oft die zum Anfange ihre Bahn zurückkehrende
Sonne erreicht; daß der Mond wie alle übrigen Sterne vom
Glanz der Sonne abhängig sind, indem sie gänzlich mit dem
von ihr geborgten Licht scheinen, wie wir ein Licht im Wider-

repercussu aquae volitare conspicimus: ideo mol-
liore et inperfecta vi solvere tantum umorem atque
etiam augere, quem solis radii absumant; ideo inaequali lumine adspici, quia, ex adverso demum
plena, reliquis diebus tantum ex se terris ostendat,
quantum a sole ipsa concipiat; in coitu quidem non   46
cerni, quoniam haustum omnem lucis aversa illo
regerat, unde acceperit. sidera vero haud dubie
umore terreno pasci, quia dimidio orbe nonnumquam maculoso cernatur, scilicet nondum suppe-
tente ad hauriendum ultra iusta vi; maculas enim
non aliud esse quam terrae raptas cum umore sor-
des. defectus autem suos et solis, rem in tota con-
templatione naturae maxime miram et ostento
similem, magnitudinum eorum indices exsistere.

Quippe manifestum est solem interventu lunae   VII
occultari lunamque terrae obiectu ac vices reddi,   47
eosdem solis radios luna interpositu suo auferente
terrae terraque lunae; hac subeunte repentinas
obduci tenebras rursumque illius umbra sidus
hebetari. neque aliud esse noctem quam terrae
umbram; figuram autem umbrae similem metae ac
turbini inverso, quando mucrone tantum ingruat
neque lunae excedat altitudinem, quoniam nullum
aliud sidus eodem modo obscuretur et talis figura
semper mucrone deficiat. spatio quidem consumi   48

schein des Wassers flimmern sehen: daher vermöge er mit seiner milderen und unvollkommenen Kraft die Feuchtigkeit
nur aufzulösen, vermehre sie wohl auch, während die Sonnenstrahlen sie verzehren; daher sehe man sein Licht ungleich
starr, da er nur, wenn er der Sonne gegenüber steht, voll sei,
an den übrigen Tagen aber von sich aus nur soviel Licht der
Erde zeige, wie er selbst von der Sonne empfange; bei der
Konjunktion freilich sei er unsichtbar, weil dann seine uns
nicht zugekehrte Seite alles aufgenommene Licht dorthin
zurückwerfe, woher sie es empfangen habe. Die Gestirne aber
würden ohne Zweifel von der irdischen Feuchtigkeit genährt,
weil der Mond, wenn er halbvoll ist, bisweilen fleckig
erscheine, da seine normale Kraft noch nicht ausreiche, weiteres aufzunehmen; die Flecken nämlich seien nichts anderes als
Verunreinigungen, die er mit der Feuchtigkeit der Erde an
sich gerissen habe. Seine Verfinsterungen aber und die der
Sonne, eine Erscheinung, die in der gesamten Naturbetrach-
tung höchst auffallend und die einem Wunderzeichen ähnlich
ist, seien Anzeichen ihrer Größe.

Denn dies ist deutlich: die Sonne wird durch das Dazwischentreten des Mondes und der Mond durch das der Erde
verfinstert, und es ergibt sich so ein Wechselverhältnis, indem
jedesmal die Sonnenstrahlen vom Mond durch sein Dazwischentreten der Erde und von der Erde dem Mond entzogen
werden; tritt der Mond vor die Sonne, so verbreitet sich
plötzlich eine Finsternis und wiederum wird der Mond durch
die Schatten der Erde verdunkelt. Die Verfinsterung ist nichts
anderes als der Schatten der Erde; die Gestalt dieses Schattens
aber gleicht einem Kegel und einem umgekehrten Kreisel, der
jedoch nur mit seiner Spitze den Mond trifft und nicht über
diesen hinausgeht, da kein anderer Planet auf gleiche Weise
durch den Erdschatten verdunkelt wird und ein solcher
Schatten immer mit einer Spitze aufhören muß. Wenn sie sehr

umbras indicio sunt volucrum praealti volatus.
ergo confinium illis est aëris terminus initiumque
aetheris. supra lunam pura omnia ac diurnae lucis
plena. a nobis autem per noctem cernuntur sidera,
ut reliqua lumina e tenebris, et propter has causas
nocturno tempore deficit luna. stati autem atque
menstrui non sunt utrique defectus propter obliquitatem signiferi lunaeque multivagos, ut dictum
est, flexus, non semper in scripulis partium congru-
ente siderum motu.

  Haec ratio mortales animos subducit in caelum   VIII
ac velut inde contemplantibus trium maximarum
rerum naturae partium magnitudinem detegit. non   49
posset quippe totus sol adimi terris intercedente
luna, si terra maior esset quam luna. tertia ex utroque vastitats solis aperietur, ut non sit necesse
amplitudinem eius oculorum argumentis atque
coniectura animi scrutari: inmensum esse, quia   50
arborum in limitibus porrectarum in quotlibet passuum milia umbras paribus iaciat intervallis, tamquam toto spatio medius; et quia per aequinoctium
omnibus in meridiana plaga habitantibus simul fiat
a vertice, item quia circa solstitialem circulum habi-
tantium meridie ad septentrionem umbrae cadant,
ortu vero ad occasum, quae fieri nullo modo possent, nisi multo quam terra maior esset; nec non
quod montem Idam exoriens latitudine exsuperet,
dextra laevaque large amplectens, praesertim tanto
discretus intervallo.

hoch fliegen, beweisen die Vögel, daß die Schatten vom
Raume verschluckt werden. Daher ist die Grenze des Schat-
tens auch die Randlinie der Luft und der Beginn des Äthers.
Oberhalb des Mondes ist alles rein und voll ewigen Lichts.
Wir aber sehen nachts die Gestirne gleichwie die übrigen
Lichter in der Finsternis, und deshalb wird der Mond nur zur
Nachtzeit verfinstert. Feste und monatlich wiederkehrende
Verfinsterungen aber sind beide – die Sonnen- und Mondfin-
sternisse – nicht wegen der Schiefe des Tierkreises und der
schon besprochenen [§ 43] vielfachen Abweichungen der
Mondbahn und wegen der nicht immer bis auf die kleinsten
Gradteilchen übereinstimmenden Bewegung der Planeten.

Diese wissenschaftliche Erkenntnis erhebt den Geist der
Sterblichen zum Himmel und enthüllt ihm gewissermaßen
von diesem Standpunkt aus dem Umfang der drei größten
Naturkörper. Gewiß nämlich könnte die Sonne durch das
Dazwischentreten des Mondes nicht ganz der Erde entzogen
werden, wenn die Erde größer wäre als der Mond. Als ein
drittes erweist sich die ungeheuere Ausdehnung der Sonne
aus den zwei anderen Gestirnen, so daß es nicht nötig ist, ihre
Größe durch den Augenschein oder Schlüsse des Verstandes
zu erforschen: nämlich daß sie unermeßlich groß ist, da sie die
Schatten der Bäume, die an den Wegen stehen viele tausend
Schritte lang, in gleichen Abständen erscheinen läßt, als
befänden sie sich in der Mitte des ganzen Raumes; ferner da
sie bei der Tagundnachtgleiche allen Bewohnern der Südzone
gleichzeitig über dem Scheitel steht, und ebenso da die Schatten derer, die um den Wendekreis wohnen, mittags nach Norden, morgens aber gegen Westen fallen, was nicht geschehen
könnte, wenn sie nicht viel größer als die Erde wäre; ferner
weil sie den Berg Ida bei ihrem Aufgang an Breite übertrifft,
da sie ihn auf der rechten und linken Seite weithin umfaßt,
zumal durch einen so großen Zwischenraum von ihm
getrennt.

Defectus lunae magnitudinem eius haud dubia 51
ratione declarat, sicut terrae parvitatem ipse deficiens. namque cum sint tres umbrarum figurae con-
stetque, si par lumini sit materia, quae iaciat,
umbram columnae effigie iaci nec habere finem; si
vero maior materia quam lumen, turbinis recti, ut
sit imum eius angustissimum et simili modo infinita
longitudo; si minor materia quam lux, metae exsistere effigiem in cacuminis finem desinentem
talemque cerni umbram deficiente luna: palam fit, 52
ut nulla amplius relinquatur dubitatio, superari
magnitudinem terrae, id quidem et tacitis naturae
ipsius indiciis: cur enim partitis vicibus anni brumalis abscedit aut noctium opacitate terras reficit,
exusturus haud dubie, et sic quoque exurens quadam in parte. tanta magnitudo est.

Et rationem quidem defectus utriusque primus IX
Romani generis in vulgum extulit Sulpicius Gallus, 53
qui consul cum M. Marcello fuit. sed tum tribunus
militum, sollicitudine exercitu liberato pridie quam
Perses rex superatus a Paulo est, in contionem ab
imperatore productus ad praedicendam eclipsim,
mox et composito volumine. apud Graecos autem
investigavit primus omnium Thales Milesius
Olympiadis XLVIII anno quarto praedicto solis
defectu, qui Alyatte rege factus est urbis conditae
anno CLXX. post eos utriusque sideris cursum in
sexcentos annos praececinit Hipparchus, menses

Die Verfinsterung des Mondes offenbart ihre Größe auf
unbezweifelbare Weise, so wie sie selbst durch die Verfinsterung die Kleinheit der Erde. Da es nämlich dreierlei Gestal-
tungen von Schatten gibt und da es feststeht, daß der Schatten
zylinderförmig und ohne Ende fällt, wenn der Körper, der
ihn wirft, der Lichtquelle an Größe gleicht; daß er aber, wenn
der Körper größer ist als die Lichtquelle, einem aufrecht stehenden Kreisel ähnlich ist, indem er unten am schmalsten, in
seiner Länge aber ebenfalls unendlich ist; daß, wenn der Körper kleiner als die Lichtquelle ist, das Abbild eines oben spitz
zulaufenden Kegels auftritt, wie wir es bei der Mondfinsternis
sehen: so ist es, ohne daß ein weiterer Zweifel möglich wäre,
deutlich, daß die Erde ⟨von der Sonne⟩ an Größe übertroffen
wird, und zwar wird dies auch durch stillschweigende Hinweise der Natur selbst bestätigt: was nämlich ist der Grund
dafür, daß sich die Sonne im gleichmäßigen Wechsel der Jahreszeiten im Winter von der Erde entfernt und dann mit dem
Dunkel der Nacht die Erde erfrischt, die sie ohne Zweifel verbrennen würde, was ohnehin bereits an einem ihrer Teile
geschieht. So riesig ist ihre Größe.

Die Ursache der beiden Finsternisse hat unter den Römern
zuerst Sulpicius Gallus bekannt gemacht, der zusammen mit
M. Marcellus Konsul gewesen ist [166 v. Chr.]. Damals aber
war er Militärtribun, als er am Tage vor der Niederlage des
Königs Perses durch ⟨Aemilius⟩ Paulus vom Feldherrn vor
das Heer geführt wurde, um die Finsternis vorauszusagen,
wodurch er alle von der Furcht befreite; er schrieb auch bald
darauf ein Werk darüber. Bei den Griechen aber erforschte
⟨jene Erscheinungen⟩ als erster von allen Thales aus Milet, der
im vierten Jahr der 48. Olympiade die Sonnenfinsternis vor-
aussagte, welche unter dem König Alyattes im Jahre 170 der
Stadt Rom [585 v. Chr.] eintrat. Später hat den Lauf beider
Gestirne für sechshundert Jahre Hipparchos vorausgesagt,

gentium diesque et horas ac situs locorum et visus
populorum complexus, aevo teste haud alio modo
quam consiliorum naturae particeps.

Viri ingentes supraque mortalium naturam, tan-   54
torum numinum lege deprehensa et misera homi-
num mente labe soluta, in defectibus scelera aut
mortem aliquam siderum pavente, – quo in metu
fuisse Stesichori et Pindari vatum sublimia ora
palam est deliquio solis –, aut in luna veneficia argu-
ente mortalitate et ob id crepitu dissono auxiliante,
– quo pavore ignarus causae Nicias Atheniensium
imperator veritus classem portu educere opes
eorum adflixit: macte ingenio este, caeli interpretes
rerumque naturae capaces, argumenti repertores,
quo deos hominesque vicistis! quis enim haec cer-   55
nens et statos siderum, quoniam ita appellare placuit, labores non suae necessitati mortales genitos
ignoscat?

Nunc confessa de iisdem breviter atque capitula-
tim attingam ratione admodum necessariis locis
strictimque reddita, nam neque institui operis talis
argumentatio est neque omnium rerum afferri
posse causas minus mirum est quam constare in aliquis.

Defectus CCXXIII mensibus redire in suos   X
orbes certum est, solis defectus non nisi novissima   56
primave fieri luna, quod vocant coitum, lunae

der die Zeitrechnung der Völker nach Monaten, Tagen und
Stunden, sowie nach der verschiedenen Lage der Orte und
nach den Sichtmöglichkeiten der verschiedenen Völker
umfassend aufgezeichnet hat, im Urteil der Zeit nicht anders,
als habe er an den Erwägungen der Natur teilgenommen.

Ihr gewaltigen, über die Natur der Sterblichen erhabenen
Männer, die ihr der so großen Gottheiten Gesetz erfaßt und
den armseligen Geist der Menschen von seiner Schwäche be-
freit habt, welcher bei den Verfinsterungen Verbrechen oder
Verlöschen der Gestirne befürchtet, – diese Furcht verraten
offen der beiden Dichter Stesichoros und Pindaros erhabene
Gedichte anläßlich einer Verfinsterung der Sonne, – während
beim Monde die Sterblichen Verzauberungen argwöhnten
und deswegen mit mißtönendem Lärm zu Hilfe kamen, aus
solcher Furcht, in Unkenntnis der Ursache, hat Nikias, der
Feldherr der Athener, als er sich scheute, seine Flotte auslaufen zu lassen, deren Macht gestürzt: Ehre eurem Scharfsinn,
ihr Erklärer des Himmels, die ihr die Natur der Dinge erfaßt
und den Beweisgrund gefunden habt, durch den ihr den Sieg
über Götter und Menschen erlanget! Wer nämlich, der dieses
erkennt und die periodischen Wehen der Gestirne, da man die
Finsternisse so zu nennen beliebte, erwägt, sollte nicht erkennen, daß auch die Menschen zu ihrem Schicksal geboren sind?

Jetzt will ich die Ansichten über diese Erscheinungen kurz
und in einzelnen Abschnitten berühren, indem ich die
Beweisgründe nur, wo es nötig ist, und in aller Kürze
anführe; denn eine solch vollständige Beweisführung liegt
nicht in der Anlage des Werkes und daß nicht von allen Dingen die Ursachen angeführt werden könnten, ist weniger verwunderlich, als daß sie bei einigen stimmen.

Daß die Finsternisse nach 223 Monaten in ihrem Kreislauf
wiederkehren, ist sicher, ebenso daß eine Sonnenfinsternis
nur bei Neumond, was man eine Konjunktion nennt, eine

autem non nisi plena, semperque citra quam proxime fuerint; omnibus autem annis fieri utriusque
sideris defectus statis diebus horisque sub terra; nec
tamen, cum superne fiant, ubique cerni, aliquando
propter nubila, saepius globo terrae obstante con-
vexitatibus mundi. intra ducentos annos Hipparchi   57
sagacitate compertum est et lunae defectum ali-
quando quinto mense a priore fieri, solis vero sep-
timo, eundem bis in XXX diebus super terras
occultari, sed ab aliis hoc cerni. quaeque sunt in hoc
miraculo maxime mira, cum conveniat umbra terrae lunam hebetari, nunc ab occasus parte hoc ei
accidere, nunc ab exortus; quanam ratione, cum
solis exortu umbra illa hebetatrix sub terra esse
debeat, semel iam acciderit ut in occasu luna defice-
ret utroque super terram conspicuo sidere. nam ut
XV diebus utrumque sidus quaereretur, et nostro
aevo accidit imperatoribus Vespasianis parte III.
filio II. consulibus.

Lunam semper aversis a sole cornibus, si crescat,   XI
ortus spectare, si minuatur, occasus, haud dubium   58
est; lucere dodrantes semuncias horarum ab
secunda adicientem usque ad plenum orbem detra-
hentemque in deminutionem; intra XIV autem partes solis semper occultam esse. quo argumento
amplior errantium stellarum quam lunae magnitudo colligitur, quando illae et a septenis interdum

Mondfinsternis aber nur bei Vollmond stattfindet, und zwar
immer etwas diesseits von der Stelle, an der die letzte Finsternis stattfand; alljährlich aber treten Verfinsterungen der beiden Gestirne an bestimmten Tagen und Stunden unter der
Erde auf; doch kann man diejenigen, die über ihr entstehen,
nicht überall sehen, manchmal wegen der Wolken, häufiger
aber, weil die Kugelgestalt der Erde ⟨einer Betrachtung⟩ des
Himmelsgewölbes entgegensteht. Seit nahezu zweihundert
Jahren weiß man, dank dem scharfsinnigen Geiste des Hipparchos, daß eine Mondfinsternis manchmal im fünften, eine
Sonnenfinsternis im siebenten Monat nach der vorhergehen-
den auftritt, daß sich die Sonne in dreißig Tagen zweimal
oberhalb der Erde verfinstert, aber nur bald hier, bald dort
gesehen wird. Das Wunderbarste aber ist, daß dies dem Mond
bald von der westlichen, bald von der östlichen Seit zustößt,
da er nach allgemeiner Auffassung durch den Schatten der
Erde verfinstert wird. Und wie läßt es sich erklären, daß
schon einmal, während beide Gestirne sichtbar über dem
Horizont standen, der Mond beim Untergang verfinstert
wurde, da der verdunkelnde Schatten beim Sonnenaufgang
hätte unter die Erde fallen müssen? Es ereignete sich nämlich
in unserer Zeit als Kaiser Vespasianus, der Vater, zum dritten-
mal und der Sohn (Titus) zum zweitenmal den Konsulat
bekleideten, daß beide Gestirne innerhalb von fünfzehn
Tagen nacheinander verfinstert wurden.

Es unterliegt keinem Zweifel, daß der Mond, wenn er
zunimmt, seine Spitzen von der Sonne weg und nach Osten
wendet, nach Westen aber, wenn er abnimmt; bis er voll wird,
scheint er vom zweiten Tage an täglich $47^{1}/_{2}$ Minuten länger,
beim Abnehmen ebensoviel kürzer; er ist niemals sichtbar,
wenn er innerhalb von 14 Graden von der Sonne absteht.
Hieraus läßt sich der Beweis ableiten, daß die Planeten größer
sein müssen als der Mond, weil sie zuweilen auch schon bei 7

partibus emergant; sed altitudo cogit minores
videri. sicut adfixas caelo solis fulgor interdiu non
cerni, cum aeque ac noctu luceant idque manifestum fiat defectu solis et praealtis puteis.

Errantium autem tres, quas supra solem diximus   XII
sitas, occultantur meantes cum eo; exoriuntur vero   59
matutino discedentes partibus numquam amplius
undenis. postea radiorum eius contactu reguntur et
in triquetro a partibus CXX stationes matutinas
faciunt, quae et primae vocantur, mox in adverso a
partibus CLXXX exortus vespertinos; iterumque
in CXX ab alio latere appropinquantes stationes
vespertinas, quas et secundas vocant; donec assecu-
tus in partibus duodenis occultet illas, qui vesper-
tini occasus appellantur. Martis stella, ut propior,   60
etiam ex quadrato sentit radios, a XC partibus,
unde et nomen accepit motus primus et secundus
nonagenarius dictus ab utroque exortu. eadem sta-
tionalis senis mensibus commoratur in signis, alioqui bimenstris, cum ceterae utraque statione qua-
ternos menses non inpleant.

Inferiores autem duae occultantur in coitu ves-   61
pertino simili modo, relictaeque a sole totidem in
partibus faciunt exortus matutinos. ad quos longissimis distantiae suae metis solem insequuntur adep-
taeque occasu matutino conduntur ac praeter-

Grad auftauchen; aber ihre Höhe bewirkt, daß sie uns kleiner erscheinen. Ebenso verhindert der Sonnenschein, daß wir die Fixsterne bei Tage sehen können, obschon sie gleich wie in der Nacht leuchten, was man bei Sonnenfinsternis oder in sehr tiefen Brunnen beobachten kann.

Die drei Planeten, die, wie oben gesagt [§ 32 ff.], über der Sonne stehen, sind so lange unsichtbar, wie sie in Konjunktion mit ihr sind; sie erscheinen aber frühmorgens wieder, wobei ihr Abstand niemals mehr als 11 Grad beträgt. Daraufhin wird die Bahn durch ihre Berührung mit den Sonnenstrahlen geregelt, und sie halten im Gedrittschein, nämlich 120 Grad von der Sonne entfernt, ihren Morgenstillstand, welcher auch der erste heißt, dann aber, wenn sie sich in Opposition befinden, das heißt 180 Grad von der Sonne entfernt, ihren Abendaufgang. Haben sie sich von der anderen Seite wieder bis 120 Grad genähert, so halten sie ihren Abendstillstand, den man auch den zweiten nennt; endlich kommt die Sonne wieder im 12. Grad nahe und verdunkelt sie, was man dann ihren Abenduntergang heißt. Der Planet Mars, welcher der Sonne näher ist, empfindet ihre Strahlen schon im Geviertschein, das heißt in einem Abstand von 90 Grad, weshalb auch sein Lauf, von beiden Aufgängen her, der erste und zweite »Neunziger« genannt wird. Auch verweilt er während seines Stillstandes sechs Monate in den gleichen Zeichen, zu denen er sonst zwei Monate braucht, während bei den übrigen Planeten die beiden Stillstände nicht ganz vier Monate dauern.

Die beiden unteren Planeten (Venus und Merkur) werden in der Abendkonjunktion auf ähnliche Weise verdunkelt und haben ihren Morgenaufgang, sobald sie von der Sonne verlassen sind, in gleichviel Graden ⟨wie die drei anderen⟩. Haben sie dabei den äußersten Punkt ihres Abstandes erreicht, so laufen sie wieder der Sonne nach, werden, wenn sie diese erreicht haben, beim Morgenuntergang verdeckt und laufen

eunt. mox eodem intervallo vespere exoriuntur
usque ad quos diximus terminos; ab his retrogradi-
untur ad solem et occasu vespertino delitescunt.
Veneris stella et stationes duas, matutinam vesper-
tinamque, ab utroque exortu facit a longissimis
distantiae suae finibus; Mercurii stationes breviore
momento quam ut deprehendi possint.

Haec est luminum occultationumque ratio, per-   XIII
plexior motu multisque involuta miraculis; siqui-   62
dem magnitudines suas et colores mutant, et aedem
ad septentrionem accedunt abeuntque ad austrum
terrisque propiores aut caelo repente cernuntur. in
quibus aliter multa quam priores tradituri fatemur
ea quoque illorum esse muneris, qui primi vias
quaerendi demonstraverint; modo ne quis desperet
saecula proficere semper.

Pluribus de causis haec omnia accidunt: prima   63
circulorum, quos Graeci ἀψῖδας in stellis vocant,
etenim Graecis utendum erit vocabulis. sunt autem
hi sui cuique earum aliique quam mundo; quoniam
terra a verticibus duobus, quos appellaverunt
polos, centrum caeli nec non et signiferi est oblique
inter eos siti. omnia autem haec constant ratione
circini semper indubitata. ergo ab alio cuique centro apsides suae exsurgunt ideoque diversos habent
orbes motusque dissimiles, quoniam interiores
apsidas necesse est breviores esse.

an ihr vorbei. Darauf haben sie im gleichen Abstand ihren
Abendaufgang und wandeln bis zu den genannten Grenz-
punkten; von dort kehren sie zur Sonne zurück und verschwinden beim Abenduntergang. Auch die Venus hat nach
ihren beiden Aufgängen zwei Stillstände, morgens und
abends, und zwar im weitesten Punkt ihres Abstandes; die
Stillstände des Merkur sind von zu kurzer Dauer, als daß man
sie beobachten könnte.

So verhält es sich mit der Sichtbarkeit und dem Verschwinden der Planeten, wobei diese Erscheinungen wegen der
⟨unregelmäßigen⟩ Bewegung noch verwickelter und mit
Wundern behaftet sind; sie wechseln ihre Größe und Farbe,
gehen einmal nach Norden, entfernen sich nach Süden, scheinen bald der Erde, bald plötzlich dem Himmel näher. Wenn
wir bei der Behandlung dieser Fragen auch vieles anders lehren als unsere Vorgänger, so gestehen wir doch gerne zu, daß
wir auch dies ihnen verdanken, die zuerst den Weg der Forschung aufgewiesen haben; möge daher niemand die Hoffnung aufgeben, daß jedes Jahrhundert Fortschritte machen
wird.

Alle diese Erscheinungen haben vielerlei Ursachen: die
erste liegt in den Kreisen, welche die Griechen – denn wir
werden uns hier griechischer Wörter bedienen müssen – bei
den Planeten Apsiden nennen. Jede Planetenbahn hat ihre
eigenen Apsiden, die von denen des Himmels verschieden
sind; denn die Erde bildet zwischen den beiden Scheitelpunk-
ten, welche man Pole nennt, den Mittelpunkt der Welt und
des Tierkreises, der schief zwischen ihnen liegt. Alles dies
steht durch die immer unangefochtene Methode der Kreis-
messung fest. Die Apsiden für einen jeden Planeten ergeben
sich also aus dem jeweils anderen Mittelpunkt: deshalb haben
sie verschiedene Kreisbahnen und ungleiche Bewegungen,
weil die inneren Apsiden zwangsläufig kürzer sein müssen.

Igitur a terrae centro apsides altissimae sunt 64
Saturno in scorpione, Iovi in virgine, Marti in
leone, soli in geminis, Veneri in sagittario, Mercu-
rio in capricorno, mediis omnium partibus; et e
contrario ad terrae centrum humillimae atque proximae. sic fit, ut tardius moveri videantur, cum
altissimo ambitu feruntur, non quia adcelerent tar-
dentve naturales motus, qui certi ac singuli sunt
illis; sed quia deductas ab summa apside lineas
coartari ad centrum necesse est, sicut in rotis
radios; idemque motus alias maior, alias minor centri propinquitate sentitur. altera sublimitatium 65
causa, quoniam a suo centro apsidas altissimas
habent in aliis signis, Saturnus in librae parte XXI,
Iuppiter cancri quinta decima, Mars capricorni
XXVIII, sol arietis XIX, Venus piscium XXVII,
Mercurius virginis XV, luna tauri III. tertia altitu-
dinum ratio caeli mensura, non circuli, intellegitur,
subire eas aut descendere per profundum aëris oculis aestimantibus.

Huic conexa latitudinum signiferi obliquitatis- 66
que causa est. per hunc stellae, quas diximus, feruntur, nec aliud habitatur in terris quam quod illi sub-
iacet, reliqua a polis squalent. Veneris tantum stella
excedit eum binis partibus, quae causa intellegitur
efficere, ut quaedam animalia et in desertis mundi
nascantur. luna quoque per totam latitudinem eius

Die vom Erdmittelpunkt entferntesten Apsiden liegen also
für den Saturn im Skorpion, für den Jupiter in der Jungfrau,
für den Mars im Löwen, für die Sonne in den Zwillingen, für
die Venus im Schützen, für den Merkur im Steinbock, und
zwar stets mitten in diesen Zeichen; die niedrigsten und dem
Erdmittelpunkt nächsten Apsiden fallen auf die entgegengesetzte Seite. So kommt es, daß sie sich langsamer zu bewegen
scheinen, wenn sie die entfernteste Bahn durchlaufen. Sie
beschleunigen oder verlangsamen also keineswegs ihre natürliche Bewegung, da sie für jeden bestimmt und nur ihm eigentümlich ist; die Linien aber, welche man von der höchsten
Apside zum Mittelpunkt zieht, müssen sich darin zusammen-
drängen, wie in einem Rade die Speichen. Auf diese Weise
erscheint uns die gleiche Geschwindigkeit je nach der Entfernung vom Mittelpunkt bald größer, bald geringer. Eine
zweite Ursache der Höhe der Planeten liegt darin, daß diese
von ihrem Mittelpunkt aus ihre höchsten Apsiden in anderen
Zeichen haben, nämlich Saturn im 21. Grad der Waage, Jupiter im 15. des Krebses, Mars im 28. des Steinbocks, die Sonne
im 19. des Widders, die Venus im 27. der Fische, Merkur im
15. der Jungfrau, der Mond im 3. des Stieres. Der dritte
Grund für die Höhe der Planeten ergibt sich aus der Größe
des Himmels, nicht ihres Kreises, da das Auge meint, die Planeten würden in dem ungeheuren Luftraum auf- und nieder-
steigen.

Mit dieser Erklärung hängt die Ursache der Breite und
Schiefe des Tierkreises zusammen. Durch ihn wandern die
genannten Planeten, und allein der unter ihm liegende Teil der
Erde wird bewohnt, alle übrigen Teile nach den Polen hin lie-
gen in starrer Öde. Nur die Venus überschreitet ihn um zwei
Grade, worin man die Ursache ersehen mag, daß auch in wü-
sten Gegenden der Welt einige Tierarten entstehen. Auch der
Mond geht durch seine ganze Breite, überschreitet ihn aber

vagatur, sed omnino non excedens eum. ab his
Mercurii stella laxissime, ut tamen e duodenis partibus, tot enim sunt latitudinis, non amplius octonas
pererret, neque has aequaliter, sed duas medio eius
et supra quattuor, infra duas. sol deinde medio fer-   67
tur inter duas partes flexuoso draconum meatu
inaequalis; Martis stella quattuor mediis, Iovis
media et super eam duabus, Saturni duabus ut sol.
haec erit latitudinum ratio ad austrum descenden-
tium aut ad aquilonem subeuntium. hac constare et
tertiam illam a terra subeuntium in caelum, et pariter scandi eam quoque existimavere plerique falso.
qui ut coarguantur, aperienda est subtilitas inmensa
et omnes eas conplexa causas.

Convenit stellas in occasu vespertino proximas   68
esse terrae et altitudine et latitudine, exortusque
matutinos in initio cuiusque fieri, stationes in
mediis latitudinum articulis, quae vocant ecliptica.
perinde confessum est motum augeri, quamdiu in
vicino sint terrae, cum abscedant in altitudinem,
minui; quae ratio lunae maxime sublimitatibus
adprobatur. aeque non est dubium in exortibus
matutinis etiamnum augeri atque a stationibus primis tris superiores deminuere usque ad stationes
secundas. quae cum ita sint, manifestum erit ab   69
exortu matutino latitudines scandi, quoniam in eo
primum habitu incipiat parcius adici motus, in stationibus vero primis et altitudinem subiri, quoniam
tum primum incipiant detrahi numeri stellaeque
retroire.

niemals. Nach diesen geht Merkur am weitesten, doch so, daß
er von den zwölf Graden, welche die Breite des Tierkreises
ausmachen, nur acht durchläuft und diese nicht einmal gleichmäßig, sondern zwei in der Mitte, vier oberhalb und zwei
unterhalb. Die Sonne sodann bewegt sich in der Mitte zwischen zwei Graden, in ungleichen, schlangenähnlichem Lauf;
Mars durchläuft die vier mittleren Grade, Jupiter den mittleren und zwei Grade darüber, Saturn zwei Grade wie die
Sonne. So verhält es sich mit den Breiten der Planeten, mögen
sie nach Süden hinablaufen oder nach Norden aufsteigen.
Viele haben die falsche Meinung vertreten, daß auch jener
vorher genannte dritte Grund für das Aufsteigen von der
Erde zum Himmel sich mit diesem decke und daß auch dieses
gleichmäßig vor sich gehe. Zu ihrer Widerlegung muß man
einen außerordentlichen Scharfsinn entwickeln, der die Ursachen all dieser Erscheinungen erfaßt.

Man ist sich darüber einig, daß die Planeten bei ihrem
Abenduntergang sowohl in Breite und Höhe der Erde am
nächsten sind, daß ihr Morgenaufgang im Anfang beider
(d. h. der Breite und der Höhe), ihre Stillstände aber in den
mittleren Teilen ihrer Breiten, welche Ekliptik genannt wird,
stattfinden. Ferner ist zuzugeben, daß ihre Bewegung in Erdnähe schneller ist, aber abnimmt, wenn sie sich von der Erde
wieder entfernen; eine Tatsache, die am meisten durch die
Höhen des Mondes erwiesen ist. Es besteht auch kein Zweifel, daß ihre Bewegung sich noch beschleunigt bei den Mor-
genaufgängen und daß die der oberen Planeten vom ersten
Stillstand bis zum zweiten geringer wird. Unter solchen
Umständen wird es offenkundig, daß vom Morgenaufgang an
die Breite steigt, weil in dieser Lage die Schnelligkeit allmählich zuzunehmen beginnt, daß aber beim ersten Stillstand die
Höhe zunimmt, weil die Zahl ⟨der Grade⟩ sich zuerst vermindert und die Planeten zurückzugehen beginnen.

Cuius rei ratio privatim reddenda est. percussae
in qua diximus parte et triangulo solis radio inhi-
bentur rectum agere cursum et ignea vi levantur in
sublime. hoc non protinus intellegi potest visu   70
nostro, ideoque existimantur stare, unde et nomen
accepit statio. progreditur deinde eiusdem radii
violentia et retroire cogit vapore percussas. multo
id magis in vespertino earum exortu, toto sole
adverso cum in summas apsidas expelluntur mini-
maeque cernuntur, quoniam altissime absunt, et
minimo feruntur motu, tanto minore, cum hoc in
altissimis apsidum evenit signis. ab exortu vesper-   71
tino latitudo descenditur parcius iam se minuente
motu, non tamen ante stationes secundas augente,
cum et altitudo descenditur, superveniente ab alio
latere radio eademque vi rursus ad terras depri-
mente, qua sustulerat in caelum e priore triquetro.
tantum interest, subeant radii an superveniant;
multoque eadem magis in vespertino occasu accidunt.

Haec est superiorum stellarum ratio; difficilior
reliquarum et a nullo ante nos reddita.

Primum igitur dicatur, cur Veneris stella num-   XIV
quam longius XLVI partibus, Mercurii XX ab sole   72
abscedant, saepe citra eas ad solem reciprocent.
conversas habent utraque apsidas ut infra solem

Für diese Erscheinung ist die Ursache gesondert anzuge-
ben. Wenn die Sonnenstrahlen die Planeten im angegebenen
Grade [120°] betreffen, werden sie durch den Gedrittschein
der Sonne daran gehindert, ihren geraden Lauf einzuhalten,
und durch die feurige Kraft emporgehoben. Da wir dies mit
unseren Augen nicht gleich wahrnehmen können, meinen
wir, sie stehen still, daher das Wort ›Stillstand‹. Daraufhin
steigert sich die Kraft desselben Strahls weiter und zwingt die
von ihrer Hitze zurückprallenden Planeten zurückzugehen.
Dies geschieht noch viel mehr bei ihrem Abendaufgang, wenn
sie durch die gerade entgegenstehende ganze Sonne auf die
höchste Höhe ihrer Apsiden getrieben werden und am wenigsten sichtbar sind, weil sie den weitesten Abstand haben und
sich mit der geringsten Geschwindigkeit bewegen, was um so
geringer ist, wenn dies in den höchsten Zeichen der Apsiden
stattfindet. Vom Abendaufgang an nimmt die Breite ab, weil
schon die Geschwindigkeit allmählich kleiner wird, welche
jedoch vor dem zweiten Stillstand sich nicht wieder steigert,
da auch die Höhe abnimmt, indem die Sonnenstrahlen von
der anderen Seite kommen und die Planeten wieder mit der
gleichen Kraft auf die Erde herabdrücken, mit der sie beim
ersten Gedrittschein sie in die Höhe getrieben haben. So groß
ist der Unterschied, ob die Strahlen von unten oder oben
kommen; dies findet weitaus öfter beim Abenduntergang
statt.

So verhält es sich mit den oberen Planeten; schwieriger ist
es, das Verhalten der anderen Planeten zu ergründen, und niemand hat es vor mir dargelegt.

Zuerst will ich erklären, warum die Venus nie mehr als 46
Grad und der Merkur nie mehr als 20 Grad von der Sonne
entfernt sind und weshalb sie sich oft, noch ehe sie diese
Grade erreicht haben, zur Sonne hin- und herbewegen. Beide
haben, da sie sich unterhalb der Sonne befinden, entgegenge-

sitae, tantumque circulis earum sub terra est quantum superne praedictarum. et ideo non possunt
abesse amplius, quoniam curvatura apsidum ibi
non habet longitudinem maiorem. ergo utrique
simili ratione modum statuunt apsidum suarum
margines, ac spatia longitudinis latitudinum evaga-
tione pensant. at enim cur non semper ad quadra-   73
ginta sex et ad partes viginti perveniunt? immo
vero, sed ratio canonicos fallit. namque apparet
apsidas quoque earum moveri, quod numquam
transeant solem. itaque cum in partem ipsam eius
incidere margines alterutro latere, tum et stellae ad
longissima sua intervalla pervenire intelleguntur;
cum citra fuere margines, totidem partibus et ipsae
ocius redire coguntur, cum sit illa semper utrique
extremitas summa.

Hinc et ratio motuum conversa intellegitur.   74
superiores enim celerrime feruntur in occasu vespertino, hae tardissime; illae a terra altissime
absunt, cum tardissime moventur, hae, cum ocissi-
me; quia, sicut in illis propinquitas centri adcelerat,
ita in his extremitas circuli. illae ab exortu matutino
minuere celeritatem incipiunt, hae vero augere;
illae retro cursum agunt a statione matutina usque
ad vespertinam, Veneris a vespertina usque ad
matutinam. incipit autem ab exortu matutino lati-   75
tudinem scandere, altitudinem vero ac solem inse-
qui a statione matutina; ocissima in occasu matutino et altissima; degredi autem latitudine motum-

setzt liegende Apsiden, von ihren Bahnen liegt so viel unter
der Erde wie von den oberen Planeten darüber. Sie können
also nicht weiter entfernt sein, weil die Krümmung der Apsiden dort keine größere Weite hat. Beide Planeten bestimmen
also auf ähnliche Wiese die Grenzen der Apsiden die Größe
ihrer Bahn, und was ihnen an Länge der Bahn abgeht, wird
durch die Ausdehnung in die Breite ausgeglichen. Aber
warum erreichen sie nicht immer den Abstand von 46 bzw. 20
Grad ⟨von der Sonne⟩? Sie tun es allerdings, nur die gewöhn-
liche Berechnung täuscht die Fachwelt. Es ist nämlich offenbar, daß sich auch die Apsiden bewegen, weil sie nie an der
Sonne vorübergehen. Wenn daher die Endpunkte ihrer Bahnen von der einen oder anderen Seite in dem Grad liegen, in
dem sich die Sonne befindet, erreichen auch die Planeten, wie
man annimmt, den weitesten Abstand; wenn sie aber diesseits
sind, kehren auch die Planeten selbst zwangsläufig in gleichviel Graden schneller zurück, da sie in beiden Fällen immer
die weiteste Entfernung ihrer Bahn erreicht haben.

Hieraus erklärt sich auch die völlig entgegengesetzte Art
ihrer Bewegung. Die oberen Planeten gehen nämlich beim
Abenduntergang am schnellsten, diese am langsamsten; jene
sind am weitesten von der Erde entfernt, wenn sie sich am
langsamsten bewegen, diese bei ihrer schnellsten Bewegung;
denn wie bei jenen die Nähe des Mittelpunktes, so beschleunigt bei diesen die höchste Stellung der Bahn den Lauf. Jene
fangen vom Morgenanfang an langsamer zu werden, diese
aber steigern ihre Geschwindigkeit; jene machen ihren Rück-
lauf vom Morgen- bis zum Abendstillstand, die Venus aber
vom Abend- zum Morgenstillstand. Sie beginnt von ihrem
Morgenaufgang an in der Breite zu steigen, geht aber in die
Höhe und folgt der Sonne vom Morgenstillstand an. Am
schnellsten und höchsten ist ihr Lauf beim Morgenuntergang.
Vom Abendaufgang an nimmt ihre Breite und Geschwindig-

que minuere ab exortu vespertino; retro quidem ire
simulque altitudine degredi a statione vespertina.
Mercurii rursus stella utroque modo scandere ab
exortu matutino, degredi vero latitudine a vespertino. consecutoque sole ad quindecim partium
intervallum consistit quadriduo prope inmobilis.
mox ab altitudine descendit retroque graditur ab   76
occasu vespertino usque ad exortum matutinum.
tantumque haec et luna totidem diebus, quot sub-
iere, descendunt. Veneris quindecies pluribus
subit, rursus Saturni et Iovis duplicato degrediun-
tur, Martis etiam quadruplicato. tanta est naturae
varietas, sed ratio evidens: nam quae in vaporem
solis nituntur, etiam descendunt aegre.

Multa promi amplius circa haec possunt secreta   XV
naturae legesque, quibus ipsa serviat, exempli gratia   77
in Martis sidere, cuius est maxime inobservabilis
cursus, numquam id stationem facere Iovis sidere
triquetro, raro admodum LX partibus discreto, qui
numerus sexangulas mundi efficit formas; nec
exortus nisi in duobus signis tantum, cancri et leonis, simul edere; Mercurii vero sidus exortus vespertinos in piscibus raros facere, creberrimos in virgine, in libra matutinos, item matutinos in aquario,
rarissimos in leone; retrogradum in tauro et geminis non fieri, in cancro vero non citra vicesimam
quintam partem. lunam bis coitum cum sole in   78
nullo alio signo facere quam geminis; non coire aliquando in sagittario tantum; novissimam vero pri-
mamque eadem die vel nocte nullo alio in signo
quam ariete conspici; id quoque paucis mortalium

keit ab. Endlich läuft sie wieder zurück und verliert an Höhe
vom Abendstillstand an. Der Planet Merkur wieder steigt auf
beiderlei Weise ⟨in Höhe und Breite⟩ vom Morgenaufgang
an; seine Breite nimmt aber vom Abendaufgang an ab. Wenn
er sich der Sonne bis auf 15° genähert hat, bleibt er fast vier
Tage lang unbeweglich stehen. Dann steigt er von der Höhe
herab und geht rückwärts vom Abenduntergang bis zum
Morgenaufgang. Nur er und der Mond steigen in ebensoviel
Tagen auf- und abwärts. Venus braucht fünfzehnmal mehr
zum Aufsteigen, Saturn und Jupiter wieder benötigen doppelt soviel und Mars sogar viermal soviel Zeit zum Herabstei-
gen ⟨als sie zum Aufsteigen brauchen⟩. So groß ist die Vielfalt
der Natur – der Grund ist augenscheinlich: denn was zur Sonnenglut drängt, entfernt sich nur mit Anstrengung von ihr.
    Es können in dieser Beziehung noch viele Geheimnisse und
Gesetze der Natur, denen sie selbst unterworfen ist, angeführt werden, so zum Beispiel am Mars, dessen Lauf am
schwierigsten zu beobachten ist, daß dieser niemals seinen
Stillstand vollzieht, wenn Jupiter im Gedrittschein steht, und
nur selten, wenn er 60° entfernt ist, eine Zahl, die sechs gleiche
Winkel der Welt bewirkt; auch gehen beide Planeten nur in
zwei Zeichen zugleich auf, in denen des Krebses und des
Löwen; Merkur hingegen hat seinen Abendaufgang selten in
den Fischen, am häufigsten in der Jungfrau, seinen Morgenaufgang aber in der Waage und ebenso im Wassermann, ganz
selten im Löwen; rückläufig wird er nie im Stier und in den
Zwillingen, im Krebs aber nicht unter dem 25. Grad. Der
Mond kommt zweimal mit der Sonne in Konjunktion in keinem anderen Zeichen als in den Zwillingen; daß er überhaupt
nicht mit ihr zusammenkommt, geschieht bisweilen allein im
Zeichen des Schützen; am Tag und in der dazugehörigen
Nacht, wo er sich erneuert, ist er in keinem anderen Zeichen
sichtbar als im Widder; auch dies ⟨zu sehen⟩ ist nur wenigen

contigit, et inde fama cernendi Lynceo. non conpa-
rere in caelo Saturni sidus et Martis, cum plurimum, diebus CLXX, Iovis XXXVI aut, cum minimum, denis detractis diebus, Veneris LXIX aut,
cum minimum, LII, Mercurii XIII aut, cum plurimum, XVII.

    Colores ratio altitudinum temperat, siquidem   XVI
earum similitudinem trahunt, in quarum aëra   79
venere subeundo, tinguitque adpropinquantes
utralibet alieni meatus circulus: frigidior in pallo-
rem, ardentior in ruborem, ventosus in horrorem,
sol atque commissurae apsidum extremaeque orbi-
tae atram in obscuritatem. suus quidem cuique
color est: Saturno candidus, Iovi clarus, Marti
igneus, Lucifero candens, Vesperi refulgens, Mer-
curio radians, lunae blandus, soli, cum oritur,
ardens, post radians. his causis conexo visu et cete-
rarum, quae caelo continentur. namque modo mul-   80
titudo conferta inest circa dimidios orbes lunae,
placida nocte leniter inlustrante eas, modo raritas,
ut fugisse miremur, plenilunio abscondente aut
cum solis suprave dictarum radii visus praestrin-
xere nostros. et ipsa autem luna ingruentium solis
radiorum haud dubie differentias sentit, hebetante
cetero inflexos mundi convexitate eos, praeterquam ubi recti angulorum conpetant ictus. itaque
in quadrato solis dividua est, in triquetro seminani

beschieden gewesen, daher auch die Sage von der Sehkraft des
Lynkeus. Am Himmel unsichtbar sind Saturn und Mars
höchstens 170 Tage, Jupiter 36 oder höchstens 10 Tage weniger, Venus 69 oder mindestens 52, Merkur 13 oder höchstens
17 Tage.

Die Farbe der Planeten wird durch das Maß ihrer Höhe
bestimmt, denn sie passen sich denjenigen Sternen an, in
deren Dunstkreis sie bei ihrem Aufstieg gelangen, und es färbt
sich der Kreis der fremden Bahn, dem sie sich von der einen
oder anderen Seite nähern: ein kälterer Stern läßt sie erblei-
chen, ein heißerer rot werden, ein windiger macht sie schauer-
lich, die Sonne aber und die Verbindungsstellen der Apsiden,
sowie die weiteste Entfernung der Bahn tauchen sie in tiefes
Dunkel. Jeder Planet hat eine ihm eigentümliche Farbe:
Saturn ist weiß, Jupiter hell, Mars feurig, *Lucifer* (Morgenstern) glänzend, *Vesper* (Abendstern) schimmernd, Merkur
strahlend, der Mond mild, die Sonne beim Aufgang glühend,
nachher strahlend. Mit diesen Ursachen muß man auch den
Anblick der übrigen am Himmel befindlichen Sterne in
Zusammenhang bringen. Denn bald befindet sich eine Menge
von Sternen dicht gedrängt um die halbe Scheibe des Mondes
im milden Licht einer ruhigen Nacht, bald sind es so wenige,
so daß man mit Verwunderung glaubt, sie seinen entflohen,
wenn der Vollmond ihre Sicht aufhebt oder wenn die Strahlen
der Sonne oder der eben genannten Planeten unsere Augen
blenden. Ohne Zweifel spürt auch der Mond selbst die Unter-
schiede der Sonnenstrahlen je nach ihrem Einfall, da die
Krümmung des Himmels sie, die im übrigen ungebeugt sind,
in ihrer Kraft beeinträchtigt, ausgenommen dann, wenn sie
im rechten Winkel auffallen. So ist er im Geviertschein der
Sonne nur zur Hälfte sichtbar, wird im Gedrittschein zum
halben leeren Kreis und wird voll im Gegenschein, und beim

ambitur orbe, inpletur autem in adverso, rursusque
minuens easdem effigies paribus edit intervallis,
simili ratione, qua super solem tria sidera.

Sol autem ipse quattuor differentias habet: bis   XVII
aequata nocte diei, vere et autumno, in centrum   81
incidens terrae octavis in partibus arietis ac librae;
bis permutatis spatiis, in auctum diei bruma, octava
in parte capricorni, noctis vero solstitio, totidem in
partibus cancri. inaequalitatis causa obliquitas est
signiferi, cum pars aequa mundi super subterque
terras omnibus fiat momentis. sed quae recta in
exortu suo consurgunt signa longiore tractu tenent
lucem; quae vero obliqua, ociore transeunt spatio.

Latet plerosque magna caeli adsectatione con-   XVIII
pertum a principibus doctrinae viris, superiorum   82
trium siderum ignes esse, qui decidui ad terras fulminum nomen habeant, sed maxime ex his medio
loco siti, fortassis quoniam contagium nimii umoris
ex superiore circulo atque ardoris ex subiecto per
hunc modum egerat: ideoque dictum Iovem fulmina iaculari. ergo ut e flagrante ligno carbo cum
crepitu, sic a sidere caelestis ignis exspuitur praescita secum adferens; ne abdicata quidem sui parte
in divinis cessante operibus. idque maxime turbato
fit aëre, quia collectus umor abundantiam stimulat
aut quia turbatur quodem ceu gravidi sideris partu.

Intervalla quoque siderum a terra multi indagare   XIX

Abnehmen zeigt er in gleichen Abständen dieselben Erscheinungen, ähnlich wie die drei über der Sonne befindlichen Planeten.

Die Sonne selbst aber weist vier Veränderungen auf: zweimal in der Tagundnachtgleiche im Frühling und im Herbst,
wenn sie über dem Mittelpunkt der Erde im 8. Grade des
Widders und der Waage steht; zweimal durch die Änderung
ihrer Wegstrecken, indem sie in der Wintersonnwende im
8. Grade des Steinbocks den Tag, zur Sommersonnwende im
gleichen Grade des Krebses die Nacht verlängert. Die Ursache dieser Ungleichheit ist die Schiefe des Tierkreises, da zu
allen Zeiten die eine Hälfte der Welt über die Erde, die andere
unter dieser sich befindet. Die Zeichen aber, welche bei ihrem
Aufgang senkrecht aufsteigen, leuchten länger; diejenigen
aber, die schief emporgehen, ziehen rascher vorüber.

Die meisten Menschen wissen noch nicht, was die gelehrte-
sten Männer durch große Bemühungen um die Himmels-
kunde entdeckt haben, daß nämlich Feuer der drei oberen
Planeten ist, was wir beim Herabfallen Blitz nennen, vor-
zugsweise aus dem mittleren (näml. Jupiter) von ihnen, vielleicht weil er die Berührung mit allzu großer Feuchtigkeit aus
dem oberen Kreis (näml. Saturn) mit Hitze aus dem unter ihm
befindlichen (näml. Mars) auf diese Weise abstößt: daher sagt
man auch, Jupiter schleudert die Blitze. Wie also von bren-
nendem Holz die Kohle mit Geräusch ausgespieen wird, so
von den Planeten das himmlische Feuer, welches überdies
noch Vorbedeutungen mit sich bringt; denn nicht einmal ein
abgelöster Teil von seinem Ganzen ist bei göttlichem Wirken
ohne Kraft. Und meistens befindet dies bei trüber Luft statt:
entweder weil die angesammelte Feuchtigkeit jenen Überfluß
zur Entladung reizt oder weil die Luft durch die Niederkunft
des gleichsam schwangeren Planeten eine Trübung erfährt.

Viele haben die Abstände der Planeten von der Erde aufzu-

temptarunt, et solem abesse a luna undeviginti par-   83
tes quantam lunam ipsam a terra prodiderunt. Pythagoras vero, vir sagacis animi, a terra ad lunam
C̄X̄X̄V̄Ī stadiorum esse collegit, ad solem ab ea
duplum, inde ad duodecim signa triplicatum. in qua
sententia et Gallus Sulpicius fuit noster.

Sed Pythagoras interdum et musica ratione   XX
appellat tonum quantum absit a terra luna, ab ea ad   84
Mercurium dimidium spatii et ab eo ad Veneris, a
quo ad solem sescuplum, a sole ad Martem tonum,
id est quantum ad lunam a terra; ab eo ad Iovem
dimidium et ab eo ad Saturni, et inde sescuplum ad
signiferum; ita septem tonis effici quam διὰ πασῶν
ἁρμονίαν vocant, hoc est universitatem concentus; in ea Saturnum Dorio moveri phthongo,
Iovem Phrygio; et in reliquis similia, iucunda magis
quam necessaria subtilitate.

Stadium CXXV nostros efficit passus, hoc est   XXI
pedes DCXXV. Posidonius non minus XL stadio   85
rum a terra altitudinem esse, in quam nubila ac
venti nubesque perveniant; inde purum liquidum-
que et inperturbatae lucis aëra. sed a turbido ad
lunam viciens C milia stadiorum, inde ad solem
quinquiens miliens, et spatio fieri, ut tam inmensa
eius magnitudo non exurat terras. plures autem
DCCCC in altitudinem nubes subire prodiderunt.
inconperta haec et inextricabilia: sed prodenda,
quia sunt prodita. in quis tamen una ratio geometri-

spüren versucht und behauptet, die Sonne sei vom Monde
neunzehnmal weiter entfernt als der Mond von der Erde. Pythagoras aber, ein sehr scharfsinniger Mann, hat die Entfernung von der Erde bis zum Mond auf 126000 Stadien berechnet, die des Mondes zur Sonne als doppelt soviel und die der
Sonne bis zu den zwölf Zeichen als dreimal mehr. Die gleiche
Meinung hatte auch der Römer Sulpicius Gallus.

Jedoch ⟨bestimmt⟩ Pythagoras diese Entfernungen zuweilen nach den Gesetzen der Musik und nennt die Entfernung
der Erde zum Mond einen Ton, vom Mond zum Merkur
einen Halbton, von diesem zur Venus ebensoviel, von dieser
bis zur Sonne anderthalb Töne, von der Sonne bis zum Mars
einen Ton, gerade soviel wie von der Erde zum Mond; vom
Mars bis zum Jupiter einen Halbton, von diesem bis zum
Saturn ebensoviel und vom Saturn zum Tierkreis anderthalb.
So entstünde in sieben Tönen das, was sie die vollständige
Harmonie oder die Gesamtheit des Zusammenklangs nennen; Saturn soll sich dabei in der dorischen, Jupiter nach der
phrygischen Tonart bewegen. Von den übrigen Planeten handelt er in ähnlichem Sinne, was jedoch mehr eine unterhalt-
same als nützliche Betätigung des Scharfsinns darstellt.

Ein Stadion beträgt 125 römische Schritte oder 625 Fuß.
Nach Poseidonios beträgt die Entfernung, bis zu welcher
Nebel, Winde und Wolken gelangen, nicht weniger als 40 Stadien von der Erde; von da an sei die Luft rein, klar und von
ungetrübter Helle. Von der Region der Stürme bis zum
Monde zählt er 2 Millionen Stadien, von da zur Sonne 500
Millionen. Dieser große Abstand bewirke es, daß die Sonne
mit ihrer unermeßlichen Größe die Erde nicht völlig verbrennt. Die Mehrzahl der Autoren hat die Wolken bis zu
einer Höhe von 900 Stadien emporsteigen lassen. Dies ist
unerwiesen und unerforschbar: es muß aber aufgeführt werden, weil es so mitgeteilt worden ist. Darunter könnte man

cae collectionis numquam fallacis possit non repu-
diari, si cui libeat altius ista persequi, nec ut mensura, – id enim velle paene dementis otii est, – sed ut
tantum aestimatio coniectanti constet animo. nam   86
cum CCCLX et fere sex partibus orbis solis ex circuitu eius patere appareat circulum, per quem meat,
semperque dimetiens tertiam partem ambitus et
tertiae paulo minus septimam colligat, apparet
dempta eius dimidia, quoniam terra centralis inter-
veniat, sextam fere partem huius inmensi spatii,
quod circa terram circuli solaris animo conprehen-
ditur, inesse altitudinis spatio; lunae vero duodeci-
mam, quoniam tanto breviore quam sol ambitu
currit. ita fieri eam medio solis ac terrae.

Miror quo procedat inprobitas cordis humani   87
parvolo aliquo invitata successu, sicut in supra dictis occasionem inpudentiae ratio largitur. ausique
divinare solis ad terram spatia eadem ad caelum
agunt, quoniam sit medius sol; ut protinus mundi
quoque ipsius mensura veniat in digitos. quantas
enim dimetiens habeat septimas, tantas habere circulum duoetvicesimas, tamquam plane a perpendi-
culo mensura caeli constet. Aegyptia ratio, quam   88
Petosiris et Nechepsos ostendere, singulas partes in
lunari circulo, ut dictum est, minimo $\overline{\text{XXXIII}}$ sta-

jedoch die auf untrügliche geometrische Grundsätze
gestützte Berechnung allein nicht verwerfen, wenn man
schon jene Dinge weiter verfolgen will, freilich nicht als eine
zuverlässige Messung – denn dies zu wollen wäre ein unsinni-
ger Zeitverlust –, sondern nur für den forschenden Geist als
Anhalt zu einer annähernden Schätzung. Da nämlich die
Sonne auf ihrer Bahn einen Kreis von fast 366 Teilen
beschreibt, wie aus ihrem Umlauf hervorgeht, der Durchmesser aber stets den dritten Teil und etwas weniger als $1/7$ des
Drittels der Peripherie ausmacht, so ist es klar, daß, wenn
man die Hälfte davon nimmt, weil die Erde im Mittelpunkt
steht, sich für die Entfernung der Sonne beinahe der sechste
Teil dieses ungeheueren Raumes ergibt, den wir für ihre
Kreisbahn um die Erde annehmen müssen; daß aber die Entfernung des Mondes nur den zwölften Teil beträgt, weil er in
entsprechend kürzerer Zeit als die Sonne ⟨die Erde⟩ umläuft.
Aus diesem Grunde befindet sich dieser mitten zwischen
Sonne und Erde.

Man muß sich wundern, wie weit die Verwegenheit des
menschlichen Geistes geht, wenn er durch irgendeinen kleinen Erfolg angereizt ist, wie z. B. die Berechnung der oben
angeführten Stelle die Gelegenheit zur Schamlosigkeit bietet.
Nachdem man einmal gewagt hat, die Entfernung der Sonne
von der Erde zu erahnen, überträgt man dies auch auf den
Himmel, weil ja die Sonne gerade in der Mitte ⟨zwischen ihm
und der Erde⟩ schwebt; so zählt man auch ohne weiteres das
Maß der Welt an den Fingern ab. Soviele Siebentel nämlich
der Durchmesser aufweise, soviele Zweiundzwanzigstel habe
die Peripherie, wie wenn das Maß des Himmels völlig auf dem
Richtblei beruhe. Nach einer ägyptischen Berechnung, die
von Petosiris und Nechepso stammt, beträgt jeder Grad der
Mondbahn, welcher, wie gesagt [§ 44], die kleinste ist, etwas
mehr als 33 000 Stadien, der des Saturn, welche die größte

diis paulo amplius patere colligit, in Saturni amplis-
simo duplum, in solis, quem medium esse diximus,
utriusque mensurae dimidium. quae computatio
plurimum habet pudoris, quoniam ad Saturni circulum addito signiferi ipsius intervallo nec numera-
bilis multiplicatio efficitur.

Restant pauca de mundo; namque et in ipso caelo   XXII
stellae repente nascuntur, complura earum genera.   89
cometas Graeci vocant, nostri crinitas, horrentes
crine sanguineo et comarum modo in vertice hispi-
das. iidem pogonias, quibus inferiore ex parte in
speciem barbae longae promittitur iuba. acontiae
iaculi modo vibrantur. ocissimo significatu haec
fuit, de qua quinto consulatu suo Titus Imperator
Caesar praeclaro carmine perscripsit, ad hunc diem
novissima visa. easdem breviores et in mucronem
fastigatas xiphias vocavere. quae sunt omnium pal-
lidissimae et quodam gladii nitore ac sine ullis
radiis, quos et disceus, nomini similis, colore autem
electro, raros e margine emittit. pitheus doliorum   90
cernitur figura, in concavo fumidae lucis. ceratias
cornus speciem habet; qualis fuit cum Graecia apud
Salamina depugnavit. lampadias ardentes imitatur
faces, hippeus equinas iubas, celerrimi motus atque
in orbem circa se euntes. fit et candidus cometes,
argenteo crine ita refulgens, ut vix contueri liceat,

Bahn hat, das doppelte, der Grad der Sonnenbahn, welche wir
als die mittlere bezeichnet haben, bildet das Mittel aus den
beiden anderen. Diese Berechnung ist noch die bescheidenste
– denn wollte man zu der Bahn des Saturn auch noch den
Abstand des Tierkreises selbst rechnen, so würden die Zahlen
sich ins Unendliche vervielfachen.

Von der Welt bleibt jetzt nur noch weniges nachzutragen;
am Himmel selbst entstehen nämlich plötzlich Sterne, und
zwar gibt es mehrere Arten. Die Griechen nennen solche
Kometen, wir Haarsterne, die durch ihren blutroten Schweif
ein schreckliches Aussehen haben und wie mit stuppigem
Haupthaar umgeben sind. Dieselben nennen Bartsterne solche, bei denen am unteren Teile eine Mähne gleich einem langen Barte herabhängt. Pfeilsterne schießen wie ein Wurfspieß
dahin. Am raschesten erfüllte sich die Vorbedeutung bei dem-
jenigen, über den der Kaiser Titus Caesar in seinem fünften
Konsulat [76 n. Chr.] in einem herrlichen Gedicht gehandelt
hat und welcher bis zum heutigen Tage als letzter erschienen
ist. Sind sie kürzer und laufen sie nach Art einer Dolchspitze
zu, so heißen sie Schwertsterne. Diese sind von allen die
bleichsten, haben ungefähr den Glanz eines Schwertes, sind
aber ohne jegliche Strahlen; auch die Scheibensterne, welche,
wie ihr Name sagt, scheibenförmig sind und die Farbe des
Bernsteins haben, lassen nur wenige Strahlen aus dem Rande
hervorgehen. Der Faßstern wird in der Gestalt von Fässern
sichtbar, im Innern mit rauchigem Licht. Der Hornstern hat
das Aussehen eines Horns; ein solcher stand am Himmel, als
Griechenland bei Salamis [480 v. Chr.] auf Leben und Tod
kämpfte. Der Lampenstern gleicht einer brennenden Fackel,
der Pferdestern einer Pferdemähne, die sich in schnellster
Bewegung im Kreise um sich dreht. Es gibt auch einen weißen
Kometen mit silberfarbigem Schweif und von solcher Strah-
lung, daß man ihn kaum ansehen kann; dabei zeigt er in sich

specieque humana dei effigiem in se ostendens.
fiunt et hirci villorum specie et nube aliqua circum-
dati. semel adhuc iubae effigies mutata in hastam
est, Olympiade CVIII, urbis anno CCCCVIII.
brevissimum quo cernerentur spatium VII dierum
adnotatum est, longissimum CLXXX.

Moventur autem aliae errantium modo, aliae   XXIII
inmobiles haerent; omnes ferme sub ipso septen-   91
trione aliqua eius parte non certa, sed maxime in
candida, quae lactei circuli nomen accepit. Aristoteles tradit et simul plures cerni: nemini conpertum
alteri, quod equidem sciam; ventos autem ab iis graves aestusve significari. fiunt et hibernis mensibus
et in austrino polo, sed ibi citra ullum iubar. dira-
que conperta Aethiopum et Aegypti populis, cui
nomen aevi eius rex dedit Typhon: ignea specie ac
spirae modo intorta, visu quoque torvo, nec stella
verius quam quidam igneus nodus. sparguntur ali-   92
quando et errantibus stellis ceterisque crines. sed
cometes numquam in occasura parte caeli est; terri-
ficum magna ex parte sidus atque non leviter pia-
tum, ut civili motu Octavio consule iterumque
Pompei et Caesaris bello, in nostro vero aevo circa
veneficium, quo Claudius Caesar imperium reli-
quit Domitio Neroni, ac deinde principatu eius
adsiduum prope ac saevum. referre arbitrantur, in
quas partes sese iaculetur aut cuius stellae vires acci-

das Bild einer Gottheit in menschlicher Gestalt. Auch andere
kommen vor, rauh wie Wolle und mit einer Wolke umgeben.
Nur einmal hat sich bisher das Bild einer Mähne in das eines
Speeres verwandelt, in der 108. Olympiade, im Jahre 408 der
Stadt Rom [346 v. Chr.]. Die kürzeste Zeit, in der ein Komet
sichtbar war, wird auf sieben Tage, die längste auf 180 Tage
angegeben.

Einige Kometen bewegen sich wie die Planeten, andere
bleiben unbeweglich am Ort; fast alle erscheinen im Norden,
zwar an keiner bestimmten Stelle, aber doch in dem weißen
Streifen, der den Namen Milchstraße erhalten hat. Aristoteles
überliefert, daß auch mehrere Kometen zugleich gesehen
werden könnten: dies hat jedoch, soviel ich weiß, noch kein
anderer bemerkt; ⟨er berichtet auch,⟩ daß durch sie starke
Winde und Hitze angekündigt werden. Auch in den Winter-
monaten und am südlichen Himmel treten sie auf, dort aber
ohne den funkelnden Schweif. Ein furchtbarer Komet zeigte
sich den Völkern der Aithiopen und Ägyptens, dem König
Typhon, der zu dieser Zeit regierte, seinen Namen lieh: er
hatte einen feurigen Schein, war gewunden wie eine Spirale,
von gräßlichem Ansehen und nicht so sehr ein Stern als ein
feuriges Knäuel. Manchmal zeigen sich auch an den Planeten
und den übrigen Sternen Haare. Niemals aber erscheint ein
Komet am westlichen Teile des Himmels; meistens ist ein solcher Stern ein schreckenerregendes Ereignis und seine Vorbedeutung ist nicht leicht abzuwenden, wie beim Bürgerkrieg
unter dem Konsul Octavius [87 v. Chr.], dann wieder beim
Krieg zwischen Pompeius und Caesar [48 v. Chr.], in unserer
Zeit aber bei der Vergiftung des Kaisers Claudius [54 n. Chr.],
als das Reich an Domitius Nero überging, und dann während
dessen Regierung, als die Erscheinung fast beständig und
gräßlich war. Man glaubt, es komme darauf an, in welcher
Richtung ein Komet davonjagt, von welchem Sterne er seine

piat quasque similitudines reddat et quibus in locis
emicet: tibiarum specie musicae arti portendere,   93
obscenis autem moribus in verendis partibus signo-
rum; ingeniis et eruditioni, si triquetram figuram
quadratamve paribus angulis ad aliquos perennium
stellarum situs edat; venena fundere in capite septentrionalis austrinaeve serpentis.

Cometes in uno totius orbis loco colitur in templo Romae, admodum faustus Divo Augusto iudi-
catus ab ipso. qui incipiente eo apparuit ludis, quos
faciebat Veneri Genetrici non multo post obitum
patris Caesaris in collegio ab eo instituto. namque   94
his verbis id gaudium prodidit: ›Ipsis ludorum
meorum diebus sidus crinitum per septem dies in
regione caeli sub septemtrionibus est conspectum;
id oriebatur circa undecimam horam diei clarum-
que et omnibus e terris conspicuum fuit. eo sidere
significari vulgus credidit Caesaris animam inter
deorum inmortalium numina receptam; quo
nomine id insigne simulacro capitis eius, quod mox
in foro consecravimus, adiectum est.‹ haec ille in
publicum; interiore gaudio sibi illum natum seque
in eo nasci interpretatus est – et, si verum fatemur,
salutare id terris fuit. sunt, qui et haec sidera perpetua esse credant suoque ambitu ire, sed non nisi
relicta ab sole cerni. alii vero qui nasci umore for-
tuito et ignea vi ideoque solvi.

Idem Hipparchus numquam satis laudatus, ut   XXIV

Kraft empfängt, welche Ähnlichkeiten er aufweist und an
welchen Orten er aufstrahlt: Flötengestalt gelte vorausdeu-
tend der Tonkonst, Erscheinen in den Schamteilen der Sternbilder deute auf unzüchtige Sitten; auf Geist und Gelehrsam-
keit weise hin, wenn der Komet ein Drei- oder Viereck von
gleichen Winkeln mit naheliegenden Fixsternen bilde; Vergiftung bedeute er, wenn man ihn im Haupte der nördlichen
oder südlichen Schlange wahrnimmt.

Nur an einem einzigen Ort der Erde, nämlich in Rom, wird
ein Komet in einem Tempel verehrt, weil ihn der Divus
Augustus als ein sehr günstiges Zeichen für sich erklärte. Er
trat nämlich zu Beginn seiner Regierung in Erscheinung während der Spiele, die er zu Ehren der Venus Genetrix kurz nach
dem Tode seines Vaters Caesar in dem noch von diesem eingesetzten Kollegium abhielt. Mit folgenden Worten äußerte
er darüber seine Freude: »Gerade an den Tagen meiner Spiele
wurde ein Haarstern sieben Tage lang am nördlichen Teile des
Himmels erblickt; er ging um die elfte Tagesstunde auf, war
sehr leuchtend und in allen Ländern sichtbar. Das Volk
glaubte, durch diesen Stern werde die Aufnahme der Seele
Caesars unter die unsterblichen Götter angezeigt; um des-
sentwillen wurde dieses Sternzeichen am Abbild seines Kop-
fes angebracht, das später auf dem Forum geweiht wurde.« So
sprach er sich öffentlich aus; in seinem Innern aber war er mit
Freude davon überzeugt, daß der Stern für ihn aufgegangen
sei, und daß er mit ihm aufgehe – und zwar, wenn wir die
Wahrheit sagen wollen, zum Heile der Welt. Manche glauben
auch, diese Sterne seien unvergänglich und liefen in ihrer eigenen Bahn, und würden nur dann sichtbar, wenn sie fern von
der Sonne sind. Andere aber meinen, sie entstünden zufällig
aus Feuchtigkeit und Feuerskraft und lösten sich deshalb
auch wieder auf.

Jener nie genug gelobte Hipparchos, welcher besser als

quo nemo magis adprobaverit cognationem cum
homine siderum animasque nostras partem esse
caeli, novam stellam in aevo suo genitam deprehendit; eiusque motu, qua die fulsit, ad dubitationem
est adductus, anne hoc saepius fieret moverenturque et eae, quas putamus adfixas, ideoque ausus
rem etiam deo inprobam, adnumerare posteris stellas ac sidera ad nomen expungere organis excogita-
tis, per quae singularum loca atque magnitudines
signaret, ut facile discerni posset ex eo non modo an
obirent ac nascerentur, sed an omnino aliquae
transirent moverenturque, item an crescrent minu-
erenturque, caelo in hereditate cunctis relicto, si
quisquam, qui cretionem eam caperet, inventus
esset.

Emicant et faces, non nisi cum decidunt visae;
qualis Germanico Caesare gladiatorum spectacu-
lum edente praeter ora populi meridiano transcucurrit. duo genera earum: lampadas vocant plane
faces, alterum bolidas; quale Mutinensibus malis
visum est. Distant, quod faces vestigia longa faciunt
priore ardente parte, bolis vero perpetua ardens
longiorem trahit limitem.

Emicant et trabes simili modo, quas δοχοὺς
vocant; qualis cum Lacedaemonii classe victi imperium Graeciae amisere. fit et caeli ipsius hiatus,
quod vocant chasma, fit et sanguinea specie et, quo
nihil terribilius mortalium timori est, incendium ad

95

XXV
96

XXVI

XXVII
97

irgend jemand die Verwandtschaft der Gestirne mit dem
Menschen und unsere Seelen als einen Teil des Himmels
nachwies, entdeckte einen neuen ⟨andersartigen⟩ Stern, der
zu seiner Zeit entstanden war; infolge seiner Bewegung an
dem Tage, an dem er leuchtete, äußerte er Zweifel, ob dies
nicht öfter geschehe und ob diejenigen, die wir als Fixsterne
ansehen, sich nicht auch bewegten, und er wagte es deswegen
– ein auch für die Gottheit verwegenes Unternehmen – für die
Nachwelt die Sterne zu zählen und die Gestirne mit Namen
aufzuführen. Er hatte sich nämlich Instrumente ausgedacht,
um damit den Standort und die Größe der einzelnen Sterne zu
bestimmen, so daß man auf diese Weise nicht nur leicht unterscheiden konnte, ob sie verschwinden oder entstehen, sondern auch, ob überhaupt welche vorbeiziehen und sich
bewegte, ebenso ob sie größer oder kleiner werden. Damit
hinterließ er allen den Himmel als Erbe, wenn nur einer sich
fände, dieses Vermächtnis anzutreten.

Es leuchten auch Fackeln ⟨am Himmel⟩ auf, sie sind aber
nur sichtbar, wenn sie herabfallen. Eine solche zog, als Germanicus Caesar Fechterspiele gab, am hellen Mittag vor den
Augen des Volkes vorbei. Man unterscheidet zwei Arten:
Leuchten *(lampades)* nennt man Fackeln schlechthin, die
anderen aber Geschosse *(bolides)*; ein solches wurde zur Zeit
des Unglücks von Mutina gesehen. Sie unterscheiden sich
dadurch, daß die Fackeln eine lange Spur hinterlassen, wobei
nur ihr vorderer Teil brennt; das Geschoß aber brennt durch-
gängig und zieht eine längere feurige Spur.

Auf ähnliche Weise erscheinen auch Balken, die sie *dokoi*
nennen; ein solcher zeigte sich, als die Lakedaimonier, zur See
besiegt, die Herrschaft über Griechenland verloren haben. Es
entsteht auch eine Spaltung des Himmels selbst, die sie
chasma nennen, auch ein blutroter Schimmer zeigt sich und –
für die furchtsamen Menschen die schrecklichste Erschei-

terras cadens inde, sicut Olympiadis CVII anno
tertio, cum rex Philippus Graeciam quateret.

Atque ego haec statis temporibus naturae ut
cetera, arbitror exsistere non, ut plerique, variis de
causis, quas ingeniorum acumen excogitat; quippe
ingentium malorum fuere praenuntia, sed ea accidisse non quia haec facta sunt arbitror, verum haec
ideo facta, quia incasura erant illa, raritate autem
occultam eorum esse rationem ideoque non, sicut
exortus supra dictos defectusque et multa alia,
nosci.

Cernuntur et stellae cum sole totis diebus, ple-   XXVIII
rumque et circa solis orbem ceu spiceae coronae et   98
versicolores circuli; qualiter Augusto Caesare in
prima iuventa urbem intrante post obitum patris ad
nomen ingens capessendum. exsistunt eaedem   XXIX
coronae circa lunam et circa mobilia astra, caelo
quoque inhaerentia. circa solem arcus adparuit L.
Opimio Q. Fabio cos., orbis C. Porcio M'. Acilio,
circulus rubri coloris L. Iulio P. Rutilio cos.

Fiunt prodigiosi et longiores solis defectus, qua-   XXX
lis occiso dictatore Caesare et Antoniano bello
totius paene anni pallore continuo. et rursus soles   XXXI
plures simul cernuntur, nec supra ipsum nec infra,   99
sed ex obliquo numquam iuxta nec contra terram
nec noctu, sed aut oriente aut occidente. semel et
meridie conspecti in Bosporo produntur, qui ab

nung – ein Brand, der vom Himmel zur Erde herabfällt, wie es
im dritten Jahr der 107. Olympiade [349 v. Chr.] zu sehen
war, als König Philipp Griechenland erbeben ließ.

Ich glaube, daß diese sowie die übrigen Naturerscheinungen zu bestimmten Zeiten auftreten, nicht aber, wie die meisten meinen, aus verschiedenen Ursachen, welche sich der
Scharfsinn der Einbildungskraft ausdenkt. Sie sind zwar Vor-
boten großer Unglücksfälle gewesen, allein ich glaube, daß
diese nicht deswegen eintrafen, weil jene Erscheinungen vorausgingen, sondern daß jene vorausgingen, weil diese eintreffen sollten, daß aber bei ihrer Seltenheit uns ihre Ursache verborgen ist und wir sie daher nicht so kennen, wie die oben
beschriebenen Aufgänge, Finsternisse und vieles andere.

Man erblickt auch Sterne bei der Sonne ganze Tage lang, oft
auch um die Sonnenscheibe etwa einen wie aus Ähren
geflochtenen Kranz und buntfarbige Kreise; ein solcher
erschien, als Kaiser Augustus in früher Jugend Rom betrat,
um nach dem Tode seines Vaters dessen hohe Würde anzutreten. Es entstehen dieselben Kränze auch um den Mond und
um die beweglichen Sterne, auch um die Fixsterne. Ein Bogen
um die Sonne erschien unter dem Konsulat von L. Opimius
und Q. Fabius [121 v. Chr.], ein Kreis unter C. Porcius und
M'. Acilius [114 v. Chr.], ein roter Kreis unter L. Iulius und P.
Rutilius [90 v. Chr.].

Es findet auch ein bedeutsames und längeres Nachlassen
der Sonnenleuchtkraft statt, wie bei der Ermordung des Dik-
tators Caesar und im Kriege gegen Antonius, als ihr Licht fast
ein ganzes Jahr hindurch bleich war. Anderseits sieht man
zuweilen mehrere Sonnen gleichzeitig, aber weder ober- noch
unterhalb der Sonne, sondern ihr schräg gegenüber, niemals
neben der Erde und ihr gegenüber, noch des Nachts, sondern
entweder bei ihrem Auf- oder ihrem Untergang. Einmal sollen solche ⟨Nebensonnen⟩ auch mittags am Bosporos gesehen

matutino tempore duraverunt in occasum. trinos
soles et antiqui saepius videre, sicut Sp. Postumio
Q. Mucio et Q. Marcio M. Porcio et M. Antonio P.
Dolabella et M. Lepido L. Planco cos., et nostra
aetas vidit Divo Claudio principe, consulatu eius
Cornelio Orfito collega. plures quam tres simul visi
ad hoc aevi numquam produntur. lunae quoque tri-   XXXII
nae, ut Cn. Domitio C. Fannio consulibus, appa-
ruere.

    Quod plerique appellaverunt soles nocturnos,   XXXIII
lumen de caelo noctu visum est C. Caecilio Cn.   100
Papirio consulibus et saepe alias, ut diei species
nocte luceret.

    Clipeus ardens ab occasu ad ortum scintillans   XXXIV
transcucurrit solis occasu L. Valerio C. Mario consulibus. scintillam e stella cadere et augeri terrae   XXXV
adpropinquantem...; at postquam lunae magnitudine facta sit, inluxisse ceu nubilo die, dein, cum in
caelum se reciperet, lampadem factam semel
umquam proditur Cn. Octavio C. Scribonio consulibus; vidit id Silanus proconsul cum comitatu
suo.

    Fieri videntur et discursus stellarum numquam   XXXVI
temere, ut non ex ea parte truces venti cooriantur.

    Exsistunt stellae et in mari terrisque: vidi noctur-   XXXVII
nis militum vigiliis inhaerere pilis pro vallo fulgu-   101

worden sein und vom Morgen bis zum Abend gedauert
haben. Drei Sonnen haben die Alten öfters gesehen, so unter
den Konsuln Sp. Postumius und Q. Mucius [174 v. Chr.],
unter Q. Marcius und M. Porcius [118 v. Chr.], unter M.
Antonius und P. Dolabella [44 v. Chr.] und unter M. Lepidus
und L. Plancus [42 v. Chr.]; auch unsere Zeit erlebte solche
unter der Regierung des Divus Claudius, als dieser mit Cornelius Orfitus den Konsulat bekleidete [51 n. Chr.]. Daß
mehr als drei Sonnen gleichzeitig gesehen worden seien, wird
bis auf heute niemals überliefert. Auch drei Monde sind sichtbar gewesen, so unter den Konsuln Cn. Domitius und C.
Fannius [122 v. Chr.].

Nächtliches Licht vom Himmel, das man zumeist als
Nachtsonnen bezeichnet hat, ist unter dem Konsulat des C.
Caecilius und Cn. Papirius [113 v. Chr.] und außerdem noch
oft gesehen worden, so daß es in der Nacht taghell war.

Ein brennender Schild fuhr unter den Konsuln L. Valerius
und C. Marius [100 v. Chr.] funkensprühend bei Sonnenuntergang von Westen nach Osten. Daß ein Funke aus einem
Stern herabfällt und bei der Annäherung an die Erde größer
wird, ⟨ist häufig zu beobachten⟩; daß er aber dann so groß wie
der Mond geworden sei und dann wie an einem nebligen Tage
geleuchtet habe, danach aber, als er sich in den Himmel
zurückzog, zu einer Fackel geworden sei, wird nur einmal
überliefert unter dem Konsulat des Cn. Octavius und C. Scri-
bonius [76 v. Chr.]; der Prokonsul Silanus und sein Gefolge
haben diese Erscheinung ebenfalls erlebt.

Man beobachtet auch, daß Sterne hin und her fahren,
jedoch nie von ungefähr, d. h. ohne daß von dieser Seite her
heftige Stürme sich erhöben.

Sternerscheinungen gibt es sogar zu Wasser und auf dem
Lande: ich selbst habe bei nächtlichen Feldwachen an den
Wurfspießen der vor dem Walle stehenden Soldaten solche

rum effigie eas. et antemnis navigantium aliisque
navium partibus ceu vocali quodam sono insistunt,
ut volucres sedem ex sede mutantes; graves, cum
solitariae venere, mergentesque navigia et, si in
carinae ima deciderint, exurentes, geminae autem
salutares et prosperi cursus nuntiae. quarum
adventu fugari diram illam ac minacem appellatam-
que Helenam ferunt et ob id Polluci ac Castori id
numen adsignant eosque in mari invocant. hominum quoque capita vespertinis magno praesagio
circumfulgent. omnia incerta ratione et in naturae
maiestate abdita.

Hactenus de mundo ipso sideribusque: nunc   XXXVIII
reliqua caeli memorabilia. namque et hoc caelum   102
appellavere maiores, quod alio nomine aëra: omne
quod inani simile vitalem hunc spiritum fundit.
infra lunam haec sedes multoque inferior, ut anim-
adverto propemodum constare, infinitum ex superiore natura aëris, infinitum terreni halitus miscens
utraque sorte confunditur. hinc nubila, tonitrua et
alia fulmina, hinc grandines, pruinae, imbres, pro-
cellae, turbines, hinc plurima mortalium mala et
rerum naturae pugna secum. terrena in caelum ten-   103
dentia deprimit siderum vis eademque, quae sponte
non subeant, ad se trahit. decidunt imbres, nebulae
subeunt, siccantur amnes, ruunt grandines; torrent
radii et terram in medio mundi undique inpellunt,
iidem infracti resiliunt et quae potuere auferunt

von blitzförmiger Gestalt erlebt. Sie lassen sich auch auf den
Segelstangen und anderen Teilen der Schiffe nieder und ver-
ursachen dabei ein vernehmbares Geräusch, indem sie wie
Vögel von einer Stelle zur andern wechseln; einzeln sind sie
gewichtig, versenken die Schiffe oder verbrennen sie, wenn
sie in deren Kielraum fallen; zu zweit dagegen sind sie glückbringend und verkünden eine gute Fahrt. Durch ihr Auftreten, sagt man, wurde jene schreckliche und unheilbringende
sogenannte Helena verscheucht. Daher schreibt man auch
dem Castor und Pollux dieses göttliche Walten zu und ruft sie
auf dem Meer an. Manchmal umstrahlen sie auch am Abend
das menschliche Haupt, was von großer Vorbedeutung ist.
Die Ursache all dieser Erscheinungen ist ungewiß und liegt in
der Majestät der Natur verborgen.

Soviel von der Welt selbst und den Gestirnen: wir gehen
jetzt zu den übrigen Merkwürdigkeiten des Himmels über.
Denn unsere Vorfahren verwendeten das Wort Himmel auch
für das, was sie mit einem anderen Namen Luft nannten: alles,
was als scheinbar leerer Raum diesen belebenden Hauch ver-
strömt. Dieser Bereich ⟨der Luft⟩ befindet sich unterhalb des
Mondes, und zwar, wie ich fast allgemein angenommen sehe,
viel tiefer, derart, daß eine unendliche Menge der oberen Luft
und eine unendliche Menge irdischer Ausdünstungen sich
mischen und zu beiden Teilen her sich verbinden. Daraus entstehen Wolken, Donner und auch Blitze, daher Hagel, Reif,
Regen, Stürme und Wirbelwinde, daher die meisten Plagen
der Menschen und der Kampf der Naturkräfte untereinander.
Die Gewalt der Gestirne drückt die irdischen, zum Himmel
strebenden Teile herab und zieht zugleich die, welche nicht
von selbst emporsteigen, an sich. Regen fällt herab, Nebel
steigt auf, die Flüsse vertrocknen, Hagel stürzt nieder; es dör-
ren die Sonnenstrahlen und treiben die Erde in die Mitte der
Welt von allen Seiten, dann prallen sie gebrochen zurück und

secum. vapor ex alto cadit rursusque in altum redit.
venti ingruunt inanes iidemque cum rapina remeant. tot animalium haustus spiritum e sublimi trahit, at ille contra nititur, tellusque ut inani caelo spiritum fundit. sic ultro citro commeante natura ut   104
tormento aliquo mundi celeritate discordia accenditur; nec stare pugnae licet, sed adsidue rapta con-
volvitur et circa terram immenso rerum causas
globo ostendit, subinde per nubes caelum aliud
obtexens. ventorum hoc regnum. itaque praecipua
eorum natura ibi et ferme reliquas complexa aëris
causas, quoniam tonitruum et fulminum iactus
horum violentiae plerique adsignant; quin et ideo
lapidibus pluere interim, quia vento sint rapti, et
multa similiter. quam ob rem simul plura dicenda
sunt.

Tempestatum imbriumque quasdam statas esse   XXXIX
causas, quasdam vero fortuitas aut adhuc rationis   105
inconpertae, manifestum est. quis enim aestates et
hiemes quaeque in temporibus annua vice intelleguntur siderum motu fieri dubitet? ergo ut solis
natura temperando intellegitur anno, sic reliquorum quoque siderum propria est cuiusque vis et ad
suam cuique naturam fertilis: alia sunt in liquorem
soluti umoris fecunda, alia concreti in pruinas aut
coacti in nives aut glaciati in grandines, alia flatus,
teporis alia aut vaporis, alia roris, alia rigoris. nec
vero haec tanta debent existimari, quanta cernun-

führen, was sie können, mit sich fort. Die Hitze kommt von
oben und steigt wieder dorthin zurück. Die Winde stürzen
leer herbei und kehren mit Beute beladen wieder zurück. Das
Atmen so vieler Lebewesen zieht die Luft von oben herab,
allein diese strebt wieder empor, und die Erde ergießt den
Hauch in den gleichsam entleerten Himmel. Während sich
die Natur in dieser Art hin und her bewegt, wird der Streit der
Elemente durch die schnelle Umdrehung der Welt wie durch
ein Triebwerk entfacht; und der Kampf darf nicht ruhen, sondern wälzt sich, ohne Unterbrechung fortgerissen, weiter und
zeigt in dem gewaltigen Weltball rund um die Erde die Ursachen der Dinge, wobei er von Zeit zu Zeit durch Wolken
einen anderen Himmel über sie zieht. Hier ist das Reich der
Winde. Daher zeigt sich ihre besondere Natur dort, welche
fast alle übrigen Ursachen des Luftraums umfaßt, da ja die
meisten auch den Donner und Blitz der Gewalt der Winde
zuschreiben; ja sie sagen sogar, daß es deswegen manchmal
Steine regnet, weil sie vom Winde emporgerissen wurden und
vieles Ähnliche mehr. Deshalb müssen wir mehrere Dinge auf
einmal besprechen.

Daß es für die Stürme und den Regen zum Teil bestimmte,
zum Teil zufällige oder noch unerforschte Ursachen gibt, ist
offenkundig. Denn wer möchte bezweifeln, daß Sommer und
Winter, der Wechsel der Jahreszeiten überhaupt, durch den
Lauf der Gestirne bedingt werden? Wie also die Natur der
Sonne an der Regelung des Jahresablaufs erkannt wird, so
haben auch alle übrigen Gestirne ihre eigene Kraft, die ihrer
Natur entsprechend wirksam wird: einige sind fruchtbar an
feuchtem Dunst, der sich in Flüssigkeit auflöst, andere an
Feuchtigkeit, die sich zu Reif verdichtet oder zu Schnee
zusammengezogen hat oder zu Hagel gefroren ist; andere
bringen Wind, andere Wärme oder Hitze, andere Tau, andere
Frost. Man darf sich aber die Sterne nicht so klein vorstellen,

tur, cum esse eorum nullum minus luna tam inmen-
sae altitudinis ratio declaret. igitur in suo quaeque   106
motu naturam suam exercent, quod manifestum
Saturni maxime transitus imbribus faciunt. nec
meantium modo siderum heac vis est, sed multorum etiam adhaerentium caelo, quotiens errantium
accessu inpulsa aut coniectu radiorum exstimulata
sunt, qualiter in Suculis sentimus accidere, quas
Graeci ob id pluvio nomine appellant. quin et sua
sponte quaedam statisque temporibus, ut Haedo-
rum exortus. Arcturi vero sidus non ferme sine
procellosa grandine emergit.

Nam Caniculae exortu accendi solis vapores quis   XL
ignorat? cuius sideris effectus amplissimi in terra   107
sentiuntur: fervent maria exoriente eo, fluctuant in
cellis vina, moventur stagna. orygem appellat
Aegyptus feram, quam in exortu eius contra stare et
contueri tradit ac velut adorare, cum sternuerit.
canes quidem toto eo spatio maxime in rabiem agi
non est dubium.

Quin partibus quoque signorum quorundam sua   XLI
vis inest, ut autumnali aequinoctio brumaeque,   108
cum tempestatibus confici sidus intellegimus, nec
imbribus tantum tempestatibusque, sed multis et
corporum et ruris experimentis. adflantur alii
sidere, alii commoventur statis temporibus alvo,
nervis, capite, mente. olea et populus alba et salices

wie sie sich dem Auge bieten; daß nämlich keiner von ihnen
kleiner ist als der Mond, wird durch ihre unendliche Höhe
bewiesen. Jeder also betätigt während seines Laufs das ihm
innewohnende Wesen, was am ehesten an den Vorübergän-
gen des Saturn mit ihrem Dauerregen ersichtlich wird. Aber
nicht nur die Planeten zeigen diese Eigenschaft, sondern auch
viele Fixsterne, so oft sie durch die Annäherung der Planeten
beeinflußt oder durch die auf sie fallenden Strahlen angeregt
werden, wie wir dies an den »Schweinchen« *(Suculae)* beobachten, welche die Griechen mit einem vom Regen abgeleite-
ten Namen ⟨Hyades⟩ genannt haben. Einige äußern ihren
Einfluß auch aus eigenem Antrieb und zu bestimmten Zeiten,
wie die »Böckchen« *(Haedi)* bei ihrem Aufgang. Ebenso
erscheint der *Arcturus* fast nie ohne Hagelsturm.

Wer weiß ferner nicht, daß mit dem Aufgang des Hundssterns *(Sirius)* sich die Hitze der Sonne steigert? Die Wirkungen dieses Gestirns werden am meisten auf der Erde gefühlt:
wenn er aufgeht, braust das Meer auf, gärt der Wein im Keller
und die stehenden Gewässer kommen in Bewegung. Ein wil-
des Tier in Ägypten, *oryx* genannt, soll sich ihm, wie man
sagt, bei seinem Aufgang entgegenstellen, ihn betrachten und
durch Niesen gleichsam verehren. Daß die Hunde wenigstens
um diese ganze Zeit am ehesten in Tollwut geraten, unterliegt
keinem Zweifel.

Ja, auch den Abschnitten gewisser Sternbahnen wohnt eine
besondere Kraft inne, so der Herbst-Tagundnachtgleiche und
dem kürzesten Tage, wenn wir sehen, daß das Gestirn durch
Stürme beeinträchtigt wird, was wir dann nicht bloß durch
Regen und Unwetter bemerken, sondern durch viele Erfahrungen an unserem Körper und auf dem Felde. Einige stehen
unter dem Anhauch des Gestirns, andere leiden zu bestimmten Zeiten am Unterleib, an der Spannkraft, am Kopf und
Geist. Der Ölbaum, die weiße Pappel und die Weiden rollen

solstitio folia circumagunt. floret ipso brumali die
suspensi in tectis arentis herba pulei, rumpuntur
intentae spiritu membranae. miretur hoc, qui non   109
observet cotidiano experimento herbam unam,
quae vocatur heliotropium, abeuntem solem intu-
eri semper omnibusque horis cum eo verti, vel
nubilo obumbrante; iam quidem lunari potestate
ostrearum   conchyliorumque   et   concharum
omnium corpora augeri ac rursus minui; quin et
soricum fibras respondere numero lunae exquisi-
vere diligentiores, minimumque animal, formicam,
sentire vires sideris interlunio semper cessantem.
quo turpior homini inscitia est fatenti praecipue   110
iumentorum quorundam in oculis morbos cum
luna increscere ac minui. patrocinatur vastitas caeli,
inmensa discreta altitudine in duo atque septua-
ginta signa, hoc est rerum aut animantium effigies,
in quas digessere caelum periti. in his quidam MDC
adnotavere stellas, insignes scilicet effectu visuve:
exempli gratia in cauda tauri septem, quas appellavere Vergilias, in fronte Suculas, Booten, quae
sequitur septem triones.

Extra has causas non negaverim exsistere imbres   XLII
ventosque, quoniam umidam a terra, alias vero   111
propter vaporem fumidam exhalari caliginem certum est nubesque liquore egresso in sublime aut ex
aëre coacto in liquorem gigni. densitas earum cor-

bei der Sommersonnenwende ihre Blätter zusammen. Am
Tag der Wintersonnenwende selbst blüht der unter dem Dach
zum Trocknen aufgehängte Polei, und mit Luft gefüllte Bla-
sen zerplatzen. Nur derjenige mag sich darüber wundern,
welcher nicht in täglicher Prüfung beobachtet, daß eine
Pflanze, »Sonnenwende« *(heliotropion)* genannt, stets der
scheidenden Sonne nachblickt und sich zu jeder Stunde mit
ihr wendet, selbst wenn jene von Wolken verdeckt wird; daß
ebenso unter dem Einfluß des Mondes alle Austern,
Muscheln und Schalentiere an Umfang zu- und wieder
abnehmen. Gründlichere Forscher haben sogar herausge-
bracht, daß die Leberfasern der Spitzmäuse der Tageszahl des
Mondes entsprechen und daß sogar das kleinste Tierchen, die
Ameise, die Wirkung des Gestirns verspürt und bei Neumond alle Tätigkeit einstellt. Um so mehr ist für die Menschen die Unwissenheit eine Schande, da er nicht leugnen
kann, daß die Augenkrankheiten einiger Saumtiere mit dem
Mond zu- und abnehmen. Als Entschuldigung hat er die
ungeheuere Weite des Himmels, da die unermeßliche Höhe in
72 Sternbilder aufgeteilt ist, d. h. in Bilder von Gegenständen
und Tieren, in welche Gelehrte den Himmel zerlegt haben.
Unter ihnen haben einige 1600 Sterne angemerkt, die durch
Wirkung und Anblick besonders auffallen: zum Beispiel sieben im Schwanze des Stieres, welche man *Vergiliae* genannt
hat, an seinem Kopfe die »Schweinchen« *(Suculae)* und den
»Ochsentreiber« *(Bootes)*, der den »7 Pflugochsen« *(septem
triones)* folgt.

Ich will nicht leugnen, daß auch unabhängig von diesen
Ursachen Regen und Wind entstehen, da es sicher ist, daß die
Erde einen feuchten und bisweilen bei großer Hitze damp-
fenden Dunst ausatmet und Wolken aus in die Höhe gestiege-
ner Feuchtigkeit oder aus zur Feuchtigkeit verdichteter Luft
hervorgebracht werden. Ihre Dichte und Körperhaftigkeit

pusque haud dubio coniectatur argumento, cum
solem obumbrent, perspicuum alias etiam urinanti-
bus in quamlibet profundam aquarum altitudinem.

Igitur non eam infitias posse in has et ignes   XLIII
superne stellarum decidere, quales sereno saepe   112
cernimus; quorum ictu concuti aëra verum est,
quando et tela vibrata stridunt; cum vero in nubem
perveniunt, vaporem dissonum gigni, ut candente
ferro in aquam demerso, et fumidum verticem
volvi. hinc nasci procellas et, si in nube luctetur flatus aut vapor, tonitrua edi; si erumpat ardens, fulmina; si longiore tractu nitatur, fulgetras. his findi
nubem, illis perrumpi, et esse tonitrua inpactorum
ignium plagas, ideoque protinus coruscare igneas
nubium rimas. posse et repulsu siderum depres-   113
sum, qui a terra meaverit, spiritum nube cohibitum
tonare, natura strangulante sonitum, dum rixetur,
edito fragore cum erumpat, ut in membrana spiritu
intenta. posse et attritu, dum praeceps feratur,
illum, quisquis est, spiritum accendi. posse et con-
flictu nubium elidi, ut duorum lapidum, scintillan-
tibus fulgetris. sed haec omnia esse fortuita; hinc
bruta fulmina et vana, ut quae nullam habeant
rationem naturae; his percuti montes, his maria,
omnesque alios inritos iactus. illa vero fatidica ex
alto statisque de causis et ex suis venire sideribus.

läßt sich ohne Zweifel aus der Tatsache erschließen, daß sie
die Sonne verdunkeln, die sonst doch auch den Tauchern
unter Wasser in jeder beliebigen Tiefe sichtbar bleibt.

Nicht will ich also in Abrede stellen, daß auf diese Wolken
von oben auch das Feuer der Sterne herabfallen kann, wie wir
es oft bei heiterem Himmel sehen; daß durch dessen Auf-
schlag die Luft erschüttert wird, trifft zu, da ja auch abge-
schossene Pfeile schwirren; wenn aber das Feuer in eine
Wolke gelangt ist, entsteht offenbar unter Zischen Dampf,
wie wenn man glühendes Eisen in Wasser taucht, und es bildet sich wirbelnder Qualm. Auf diese Weise entsteht Gewit-
tersturm; staut sich in einer Wolke Wind oder Dunst, so gibt
es den Donner; bricht der glühende Dunst hervor, so entstehen die Blitze; wenn er eine längere Strecke dahinfährt, das
Wetterleuchten. Durch dieses werden die Wolken gespalten,
durch jene zerrissen. Die Donnerschläge sind Schläge von
herabprallendem Feuer, und deshalb zeigen auch sogleich die
aufgerissenen Wolken einen feurigen Schein. Auch die von
der Erde emporgestiegene Luft kann, durch den Gegendruck
der Gestirne zurückgedrängt, in einer Wolke eingeschlossen,
zum Donner führen. Solange die Luft im Kampfe liegt,
erstickt die Natur jeden Laut, bricht sie aber hervor, so entsteht ein Knall wie beim Zerplatzen einer mit Atem gefüllten
Blase. Auch durch Reibung kann sich die Luft, wie immer sie
beschaffen sein mag, während des schnellen Herabstürzens
entzünden. Ebenso kann sie beim Zusammenprall von Wolken mit zuckenden Blitzen herausgestoßen werden, ähnlich
wie ⟨das Feuer⟩ aus zwei Steinen. Dies alles jedoch, heißt es,
ist zufällig; hieraus entstehen die stumpfen und nichtssagen-
den Blitze, die aus keinem Naturgesetz hervorgehen; die
einen treffen Berge, die anderen Meere und alle anderen fahren wirkungslos herab. Jene schicksalverkündenden Blitze
jedoch kommen aus höheren Bereichen, aus bestimmten
Ursachen und aus ihren eigenen Gestirnen.

Simili modo ventos vel potius flatus posse et   XLIV
arido siccoque anhelitu terrae gigni non negaverim;   114
posse et aquis aëra exspirantibus, qui neque in
nebulam densetur nec crassescat in nubes, posse et
solis inpulsu agi, quoniam ventus haud aliud intel-
legatur quam fluctus aëris, pluribusque etiam
modis. namque et e fluminibus ac nivibus et e mari
videmus, et quidem tranquillo, et alios, quos vocant
altanos, e terra consurgere; qui cum e mari redeunt,
tropaei vocantur, si pergunt, apogei.

Montium vero flexus crebrique vertices et con-   115
flexa cubito aut confracta in umeros iuga, concavi
vallium sinus, scindentes inaequalitate ideo resul-
tantem aëra, quae causa etiam voces multis in locis
reciprocas facit, sine fine ventos generant. iam quidem et specus, qualis in Dalmatia ore vasto, praeceps hiatu, in quem deiecto levi pondere quamvis
tranquillo die turbini similis emicat procella;
nomen loco est Senia. quin et in Cyrenaica provincia rupes quaedam Austro traditur sacra, quam
profanum sit attrectari hominis manu, confestim
Austro volvente harenas. in domibus etiam multis
madefacta inclusa opacitate conceptacula auras suas
habent. adeo causa non deest.

Sed plurimum interest, flatus sit an ventus. illos   XLV
statos atque perspirantes, quos non tractus aliquis,   116
verum terrae sentiunt: qui non aurae, non procel-

Daß auf ähnliche Weise Winde oder vielmehr Luftzüge aus
einer dürren und trockenen Ausdünstung der Erde entstehen
können, will ich nicht leugnen; auch nicht, daß sie aus der
vom Wind ausgehauchten Luft, die sich weder zum Nebel
verdichtet noch zu Wolken zusammenballt, auch nicht, daß
sie durch den Einfluß der Sonne – denn mit Wind meinen wir
doch nichts anderes als eine Luftströmung – und auf vielerlei
andere Art in Bewegung kommt. Denn man sieht ⟨Winde⟩ aus
den Flüssen, aus Schneemassen und aus dem Meere, auch wenn
es ruhig ist, und andere, die sie Hochseewinde *(altani)* nennen,
vom Lande her aufsteigen; diese werden, wenn sie vom Meer
zurückkehren, Kehrwinde *(tropaioi)* genannt, wenn sie wei-
terhin zum Meer hinwehen, Landwinde *(apogaioi).*
    Die Bergzüge aber, die zahlreichen Anhöhen und die wie
zu einem Ellenbogen gekrümmten oder zu zwei Schultern
abgebrochenen Joche, die hohlen Einbuchtungen der Täler,
welche durch ihre Ungleichmäßigkeit die eben deswegen
anprallende Luft zerreißen, wodurch sich an vielen Stellen
auch das Echo bildet, erzeugen unablässig Winde, ebenso
einige Höhlen, wie an der Küste von Dalmatien es eine solche
mit weiter Mündung und jähem Schlunde gibt, aus welcher,
wenn man einen ganz leichten Gegenstand selbst an einem
ruhige Tage hineinwirft, ein wirbelwindähnlicher Sturm hervorbricht; der Ort heißt Senia. Auch in der Provinz Kyre-
naïka soll ein dem Auster geheiligter Felsen stehen, den keine
menschliche Hand berühren darf, da dann sofort der Auster
die Sandmassen aufwirbeln würde. Auch in vielen Häusern
entwickeln modrige Kammern durch Mangel an Licht ihren
eigenen Luftzug. So fehlt es nie an einer Ursache.
    Es besteht jedoch ein sehr großer Unterschied zwischen
Luftströmen und Winden. Jene wehen zu bestimmten Zeiten,
sind anhaltend und werden auch nicht an einem bestimmten
Landstrich, sondern in ganzen Ländern verspürt: sie sind

lae, sed, mares appellatione quoque ipsa, venti sunt,
sive adsiduo mundi incitu et contrario siderum
occursu nascuntur, sive hic est ille generabilis
rerum naturae spiritus huc illuc tamquam in utero
aliquo vagus, sive disparili errantium siderum ictu
radiorumque multiformi iactu flagellatus aër, sive a
suis sideribus exeunt his propioribus sive ab illis
caelo adfixis cadunt: palam est illos quoque legem
habere naturae non ignotam, etiamsi nondum per-
cognitam.

Viginti amplius auctores Graeci veteres prodi-   117
dere de his observationes. quo magis miror orbe
discordi et in regna, hoc est in membra, diviso tot
viris curae fuisse tam ardua inventu, inter bella
praesertim et infida hospitia, piratis etiam, omnium
mortalium hostibus, transitus fama terrentibus, ut
hodie quaedam in suo quisque tractu ex eorum
commentariis, qui numquam eo accessere, verius
noscat quam indigenarum scientia; nunc vero pace
tam festa, tam gaudente proventu rerum artiumque
principe, omnino nihil addisci nova inquisitione,
immo ne veterum quidem inventa perdisci. non   118
erant maiora praemia, in multos dispersa fortunae
magnitudine, et ista plures sine praemio alio quam
posteros iuvandi eruerunt. namque mores homi-

weder zarte Lüftchen noch Stürme, sondern die eigentlichen
Winde, männlich auch in ihrer Bezeichnung; diese Winde
entstehen entweder durch den stetigen raschen Schwung der
Welt und durch den entgegengesetzten Lauf der Gestirne
oder sie sind selbst jener erzeugende Hauch der Natur, der
gleichsam im Mutterleib ⟨der Welt⟩ hin und her wogt; oder
sie sind die Luft, die durch den nach verschiedenen Richtungen wirkenden Druck der Planeten und den vielfältigen Wurf
der Strahlen gepeitscht wird; oder sie kommen von ihren
eigenen Sternen her, die diesen näher sind, oder sie fallen von
den Fixsternen ein: jedenfalls ist deutlich, daß auch sie eine
natürliche Gesetzlichkeit haben, die zwar nicht unbekannt,
aber auch noch nicht hinreichend erkannt ist.

Mehr als zwanzig alte griechische Schriftsteller haben zu
diesem Gegenstande Beobachtungen überliefert. Um so mehr
wundere ich mich darüber, daß zu der Zeit, da der Erdkreis
uneinig und in verschiedenen Staaten, d. h. in einzelne Glieder geteilt war, so viele Männer sich diesen schwer zu erfor-
schenden Gegenständen gewidmet hatten, zumal unter Krie-
gen und bei unzuverlässigem Gastrecht, als schon das bloße
Gerücht von Seeräubern, den Feinden aller Menschen, die
Verbindungsstraßen durch seine Schrecken unterbrach, so
daß noch heute jeder manches in der eigenen Heimat aus den
Schriften derer, die niemals dorthin gekommen sind, richtiger
erfahren kann als durch das Wissen der Einheimischen; daß
wir jetzt, während eines so feierlichen Friedens und unter
einem durch den Fortschritt der Wissenschaften und Künste
so beglückten Fürsten, überhaupt nichts durch neue Forschung hinzugelernt, ja nicht einmal das von den Alten Entdeckte vollständig erlernt haben. Die Belohnungen waren
nicht größer, als die Menge der Glücksgüter unter viele ver-
teilt war, und jene Entdeckungen haben die meisten um keinen anderen Lohn ermittelt als um der Nachwelt zu nützen.

num senuere, non fructus; et inmensa multitudo
aperto, quodcumque est, mari hospitalique litorum
omnium adpulsu navigat, sed lucri, non scientiae
gratia. nec reputat caeca mens et tantum avaritiae
intenta id ipsum scientia posse tutius fieri. quapropter scrupulosius, quam instituto fortassis conveniat operi, tractabo ventos, tot milia navigantium
cernens.

Veteres quattuor omnino servavere per totidem   XLVI
mundi partes, ideo nec Homerus plures nominat,   119
hebeti, ut mox iudicatum est, ratione. secuta aetas
octo addidit nimis subtili atque concisa. proximis
inter utramque media placuit, ad brevem ex nume-
rosa additis quattuor. sunt ergo bini in quattuor
caeli partibus: ab oriente aequinoctiali Subsolanus,
ab oriente brumali Volturnus; illum Apelioten,
hunc Graeci Eurum appellant. a meridie Auster et
ab occasu brumali Africus; Notum et Liba nomi-
nant; ab occasu aequinoctiali Favonius, ab occasu
solstitiali Corus; Zephyrum et Argesten vocant; a
septentrionibus Septenrio, interque eum et exortum solstitialem Aquilo, Aparctias et Boreas dicti.
numerosior ratio quattuor his interiecerat; Thras-   120
cian media regione inter septentrionem et occasum

Denn die sittliche Kraft der Menschen ist altersschwach
geworden, nicht ihr Ertrag; eine zahllose Menge durchfährt
jetzt, da jedes Meer offen steht und man an allen Küsten als
Gast landen kann, die See, jedoch um des Gewinnes, nicht um
der Wissenschaft willen. Der blinde, nur der Habsucht zugewandte Sinn überlegt nicht, daß durch Wissenschaft gerade
dieses Ziel mit größerer Sicherheit erreicht werden kann.
Deswegen will ich nun gründlicher, als es sich vielleicht mit
dem Plan meines Werkes verträgt, von den Winden sprechen,
die Tausende von Seefahrern vor Augen.

Die Alten haben im ganzen nur vier Winde angenommen,
nach den vier Himmelsrichtungen, weshalb auch Homer
nicht mehr nennt, in einer Einteilung, die nach späterem
Urteil nicht scharf genug war. Das folgende Zeitalter fügte
acht weitere hinzu in einer Einteilung, die allzu fein und
genau war. Den nächsten gefiel ein Mittelweg zwischen beiden Annahmen und man fügte der kleineren Zahl vier von der
größeren hinzu. Es kommen also je zwei auf die vier Richtungen des Himmels: vom Aufgang der Sonne bei der Tagundnachtgleiche weht der Subsolanus [O], vom Aufgang am kürzesten Tag der Volturnus [OSO]; jenen nennen die Griechen
Apeliotes, diesen Euros. Von Mittag her weht der Auster [S],
vom Untergang der Sonne am kürzesten Tag der Africus
[WSW], ⟨von den Griechen⟩ Notos bzw. Libs benannt; vom
Sonnenuntergang bei der Tagundnachtgleiche der Favonius
[W], vom Sonnenuntergang bei der Sommersonnenwende
der Corus [WNW], die sie Zephyros und Argestes nennen;
vom Norden der Septentrio [N] und zwischen diesem und
dem Sonnenaufgang bei der Sommersonnenwende der Aquilo [NNO], ⟨von den Griechen⟩ Aparktias und Boreas
genannt. Eine erweiterte Einteilung hatte zwischen diese
noch vier eingeschoben: den Thraskias [NNW] zwischen
dem Norden und dem Sonnenuntergang bei der Sommerson-

solstitialem, itemque Caecian media inter Aquilonem et exortum aequinoctialem ab ortu solstitiali,
Phoenica media regione inter ortum brumalem et
meridiem, item inter Liba et Notum conpositum ex
utroque medium inter meridiem et hibernum occi-
dentem Libonotum. nec finis: alii quippe Mesen
nomine etiamnum addidere inter Borean et Caecian
et inter Eurum Notumque Euronotum. sunt enim
quidam peculiares quibusque gentibus venti, non
ultra certum procedentes tactum, ut Atheniensibus
Sciron, paulo ab Argeste deflexus, reliquae Graeciae ignotus; aliubi elatior idem Olympias vocatur;   121
consuetudo omnibus his nominibus Argesten intel-
legit. Caecian aliqui vocant Hellespontian, et eosdem alii aliter. item in Narbonensi provincia claris-
simus ventorum est Circius nec ullo violentia inferior, Ostiam plerumque recto Ligustico mari perfe-
rens. idem non modo in reliquis partibus caeli
ignotus est, sed ne Viennam quidem eiusdem pro-
vinciae urbem attingens: paucis ante milibus iugi
modici occursu tantus ille ventorum coercitus. et
Austros in Aegyptum penetrare negat Fabianus.
quo fit manifesta lex naturae, ventis etiam et tempore et fine dicto.

Ver ergo aperit navigantibus maria; cuius in prin-   XLVII
cipio Favonii hibernum molliunt caelum sole aqua-   122
rii XXV obtinente partem; is dies sextus Februarias

nenwende, den Kaikias [ONO] in der Mitte zwischen dem
Aquilo und dem Sonnenaufgang bei der Tagundnachtgleiche,
in der Gegend des Aufgangs bei der Sommersonnenwende,
den Phoinix [SSO] in der Mitte zwischen dem Aufgang der
Sonne am kürzesten Tag und Mittag, ebenso zwischen Libs
und Notos, aus beiden zusammengesetzt, den Libonotos
[SSW], zwischen Mittag und Sonnenuntergang im Winter.
Und das ist nicht alles: andere setzten auch noch zwischen
Boreas und Kaikias den sogenannten Meses [zwischen NNO
und ONO] und zwischen Euros und Notos den Euronotos
[SSO]. Es gibt nämlich einige Winde, die nur gewissen Völkern eigentümlich sind und die niemals über eine bestimmte
Zone hinauswehen, wie bei den Athenern der nur wenig vom
Argestes abweichende Skiron, der dem übrigen Griechenland
unbekannt ist; anderswo heißt der gleiche Wind, wenn er
etwas mehr von oben kommt, Olympias; gewöhnlich versteht
man unter allen diesen Namen den Argestes. Den Kaikias nennen manche Hellespontias, und dieselben Winde nennen
andere wieder anders. Ebenso ist in der Narbonensischen Provinz der bekannteste Wind der Circius, der keinem anderen an
Heftigkeit nachsteht und geradewegs über das Ligurische
Meer bis nach Ostia streicht. Der gleiche Wind ist nicht nur in
den übrigen Gegenden unbekannt, sondern er gelangt nicht
einmal nach Vienna, einer Stadt der gleichen Provinz: wenige
Meilen vor ihrem Gebiet wird dieser so gewaltige Wind durch
einen ihm entgegenstehenden Bergrücken von mäßiger Größe
aufgehalten. So bestreitet auch Fabianus, daß die Austri bis
nach Ägypten dringen. Es offenbart sich darin das Naturgesetz, das auch den Winden Zeit und Grenzen vorschreibt.

   Der Frühling also öffnet den Seefahrern die Meere. Bei seinem Beginn mildert der Favonius [W] den winterlichen Himmel beim Eintritt der Sonne in den 25. Grad, den des Wasser-
mannes; dies geschieht am sechsten Tag vor den Iden des

ante Idus. conpetit ferme et hoc omnibus, quos
deinde ponam; per singulas intercalationes uno die
anticipantibus rursusque lustro sequenti ordinem
servantibus. Favonium quidam a. d. VIII Kalendas
Martias Chelidonian vocant ab hirundinis visu,
nonnulli vero Ornithian, uno et LXX die post brumam ab adventu avium flantem per dies IX. Favo-
nio contrarius est, quem Subsolanum appellavi-
mus.

Dat aestatem exortus Vergiliarum in totidem   123
partibus tauri VI diebus ante Maias Idus, quod tempus Austrinum est, huic vento Septentrione contrario. ardentissimo autem aestatis tempore exoritur
Caniculae sidus sole primam partem leonis ingre-
diente, qui dies XV ante Augustas Kalendas est.
huius exortum diebus VIII ferme Aquilones ante-
cedunt, quos prodromos appellant. post biduum   124
autem exortus iidem Aquilones constantius per-
flant diebus XL, quos Etesias appellant. mollire eos
creditur solis vapor geminatus ardore sideris, nec
ulli ventorum magis stati sunt. post eos rursus Austri frequentes usque ad sidus Arcturi, quod exoritur
XI diebus ante aequinoctium autumni. cum hoc
Corus incipit. Corus autumnat; huic est contrarius
Volturnus.

Post id aequinoctium diebus fere IV et XL Vergi-   125
liarum occasus hiemem inchoat, quod tempus in III
Idus Novembres incidere consuevit. hoc est Aqui-
lonis hiberni multumque aestivo illi dissimilis;

Februar [8. 2.]. Das Gleiche gilt auch von fast allen Winden,
die ich weiter unten anführen werde; nur bei jedem Schaltjahr
treffen sie einen Tag früher ein, halten aber während der nächsten drei Jahre wieder die alte Ordnung ein. Einige nennen
den Favonius vom 8. Tage vor den Kalenden des März [22. 2.]
an »Schwalbenwind« (Chelidonias), weil man um diese Zeit
die Schwalben wieder sieht; manche aber »Vogelwind«
(Ornithias), da er vom 71. Tage der Wintersonnenwende an
nach der Ankunft der Vögel für neun Tage weht. Dem Favonius entgegengesetzt ist der Wind, welchen wir Subsolanus
genannt haben.

Den Sommer bringt der Aufgang der Vergiliae in dem gleichen [25.] Grad des Stieres, am 6. Tag vor den Iden des Mai
[10. 5.]: es ist die Zeit des Auster [S], dem der Septentrio [N]
entgegenweht. In der heißesten Zeit des Sommers jedoch geht
der Hundsstern auf, wenn nämlich die Sonne in den 1. Grad
des Löwen tritt, also am 15. Tag vor den Kalenden des August
[18. 7.]. Ungefähr acht Tage vor seinem Aufgang treten die
Aquilones [NNO] auf, welche daher »Vorläufer« [prodromoi]
heißen. Zwei Tage nach dem Aufgang aber wehen dieselben
Aquilones beständiger während vierzig Tagen, unter dem
Namen Etesien. Man glaubt, daß die durch die Hitze dieses
Gestirns [des Hundssterns] verdoppelte Sonnenglut sie mil-
dere, und keine anderen Winde kehren so zuverlässig wieder.
Nach ihnen wehen wieder die Austri [S] häufig bis zum Aufgang des Arcturus, elf Tage vor der Herbst-Tagundnachtgleiche. Mit dieser setzt der Corus ein. Er dauert den Herbst hindurch; ihm entgegen weht der Volturnus.

Ungefähr 44 Tage nach dieser Tagundnachtgleiche leitet
der Untergang der Vergiliae den Winter ein, was zeitlich
gewöhnlich auf den dritten Tag vor den Iden des November
[11. 11.] fällt. Damit beginnt auch der winterliche Aquilo
[NNO], welcher sich sehr von dem im Sommer unterschei-

cuius ex adverso est Africus. ante brumam autem
VII diebus totidemque post eam sternitur mare
alcyonum feturae, unde nomen hi dies traxere. reliquum tempus hiemat. nec tamen saevitia tempestatum concludit mare: piratae primum coëgere mor-
tis periculo in mortem ruere et hiberna experiri
maria; nunc idem avaritia cogit.

Ventorum frigidissimi sunt, quos a septentrione   XLVIII
diximus spirare et vicinus his Corus; hi et reliquos   126
conpescunt et nubes abigunt. umidi Africus et
praecipue Auster Italiae; narrant et in Ponto
Caecian in se trahere nubes. sicci Corus et Volturnus, praeterquam desinentes. nivales Aquilo et Septentrio, grandines Septentrio inportat et Corus,
aestuosus Auster, tepidi Volturnus et Favonius;
iidem Subsolano sicciores. et in totum omnes a septentrione et occidente sicciores quam a meridie et
oriente. saluberrimus autem omnium Aquilo,   127
noxius Auster et magis siccus, fortassis quia umidus
frigidior est. minus esurire eo spirante creduntur
animantes. Etesiae noctu desinunt fere et a tertia
diei oriuntur. in Hispania et Asia ab oriente flatus
est eorum, in Ponto ab aquilone, reliquis in partibus a meridie. Spirant autem et a bruma, cum
vocantur Ornithiae, sed leniores et paucis diebus.
permutant et duo naturam cum situ: Auster Africae
serenus, Aquilo nubilus.

Omnes venti vicibus suis spirant, maiore ex parte   128

det; ihm entgegengesetzt ist der Africus [WSW]. Sieben Tage
vor und ebenso viele nach dem kürzesten Tag beruhigt sich
das Meer zur Brut der Eisvögel *(alkyones)*, woher auch diese
Tage ihren Namen erhalten haben. Die übrige Zeit ist es Winter. Aber nicht einmal das Ungestüm des Wetters setzt der
Seefahrt ein Ende: zuerst zwangen die Seeräuber, aus Furcht
vor dem Tode sich in den Tod zu stürzen und die Fahrt auf
das winterliche Meer zu wagen; jetzt zwingt die Habsucht
ebendazu.

Die kältesten Winde sind die von uns genannten Nord-
winde sowie der ihnen benachbarte Corus; sie halten die übrigen Winde zurück und verjagen die Wolken. Der Africus und
vor allem der Auster sind feucht für Italien; im Pontos soll
auch der Kaikias Wolken an sich ziehen. Trocken sind der
Corus und Volturnus, außer wenn sie bald aufhören zu
wehen. Schnee bringen der Aquilo und der Septentrio, Hagel
der Septentrio und der Corus. Heiß ist der Auster, lau sind
der Volturnus und der Favonius; diese beiden sind trockener
als der Subsolanus. Überhaupt sind alle vom Norden und
vom Westen wehenden Winde trockener als die von Süden
und Osten. Am gesündesten aber von allen ist der Aquilo;
schädlich ist der Auster, mehr noch der trockene, vielleicht
weil der mit Feuchtigkeit gesättigte kälter ist. Bei seinem
Wehen sollen die Tiere weniger Hunger verspüren. Die Etesien hören meist nachts auf und setzen nach der dritten Tagesstunde wieder ein. In Spanien und Asien wehen sie von Osten,
im Pontos von Nord-Nordosten, in den übrigen Gebieten von
Süden. Sie wehen aber auch nach der Wintersonnenwende, zu
welcher Zeit sie dann »Vogelwinde« *(Ornithiai)* heißen, dann
aber sanfter und nur an wenigen Tagen. Zwei Winde ändern
auch ihre Natur nach der Gegend: der Auster bringt in Afrika
heiteres Wetter, der Aquilo Wolken.

Alle Winde wehen in bestimmtem Wechsel, größtenteils

ita ut contrarius desinenti incipiat. cum proximi
cadentibus surgunt, a laevo latere in dextrum ut sol
ambiunt. de ratione eorum menstrua quarta
maxime luna decernit. iisdem autem ventis in contrarium navigatur prolatis pedibus, ut noctu plerumque adversa vela concurrant. Austro maiores
fluctus eduntur quam Aquilone, quoniam ille infer-
nus ex imo mari spirat, hic summo. ideoque post
Austros noxii praecipue terrae motus. noctu   129
Auster, interdiu Aquilo vehementior, et ab ortu
flantes diuturniores sunt ab occasu flantibus. Septentriones inpari fere desinunt numero, quae observatio et in aliis multis rerum naturae partibus valet;
mares itaque existimantur inpares numeri. sol et
auget et conprimit flatus: auget exoriens, occidens,
conprimit meridianus aestivis temporibus. itaque
medio diei aut noctis plerumque sopiuntur, quia
aut nimio frigore aut aestu solvuntur. et imbribus
venti sopiuntur. exspectantur autem maxime unde
nubes discussae adaperuere caelum. omnium qui-   130
dem, si libeat observare minimos ambitus, redire
easdem vices quadriennio exacto Eudoxus putat,
non ventorum modo, verum et reliquarum tempestatum magna ex parte. et est principium lustri eius
semper intercalario anno Caniculae ortu. de gene-
ralibus ventis haec.

Nunc de repentinis flatibus, qui exhalante terra,   XLIX
ut dictum est, coorti rursusque deiecti, interim   131

aber so, daß der entgegengesetzte einsetzt, wenn der andere
aufhört. Erheben sich nach dem Abflauen der einen die
jeweils zunächst liegenden, so geht die Reihe, wie bei der
Sonne, von links nach rechts. Über die monatliche Ordnung
entscheidet der vierte Tag des Neumonds. Man kann mit den
gleichen Winden auch in entgegengesetzter Richtung segeln,
wenn man die Schoten nachläßt, weshalb auch nachts häufig
Segler in einander entgegengesetzter Fahrt zusammenstoßen.
Der Auster verursacht größere Wogen als der Aquilo, weil
jener zu unterst aus der Tiefe des Meeres weht, dieser aber nur
an der Oberfläche. Daher folgen die unheilvollen Erdbeben
vorwiegend den Südwinden. In der Nacht ist der Auster, bei
Tag der Aquilo heftiger, die von Osten wehenden Winde dauern länger als die von Westen. Die Septentriones [N] flauen
meist nach einer ungeraden Zahl von Tagen ab, eine Beobachtung, die auch für viele andere Naturerscheinungen gilt, weshalb die ungeraden Zahlen auch als männliche gelten. Die
Sonne verstärkt und hemmt die Winde: sie verstärkt sie bei
ihrem Auf- und Untergang, hemmt sie mit sommerlicher
Hitze zur Mittagszeit. Sie legen sich deshalb meistens um die
Mitte des Tages oder der Nacht, weil sie durch allzu große
Kälte oder Hitze geschwächt werden. Auch bei Regen schlafen
die Winde ein. Man erwartet sie aber am meisten von der Seite,
wo zerteilte Wolken den Himmel haben durchblicken lassen.
Daß die gleiche Reihenfolge aller Winde, wenn man die klein-
sten Umläufe in Betracht ziehen wollte, nach Ablauf von vier
Jahren wiederkehre, ist die Meinung des Eudoxos, und zwar
glaubt er das nicht nur von den Winden, sondern zum großen
Teil auch von den anderen Witterungsverhältnissen. Diese
Periode beginnt in jedem Schaltjahr mit dem Aufgang des
Hundssterns. Soviel von den Winden im allgemeinen.
    Nun von den plötzlich auftretenden Winden, die sich, wie
gesagt [§ 111], aus den Ausdünstungen der Erde bilden, dann

obducta nubium cute, multiformes exsistunt. vagi
quippe et ruentes torrentium modo, ut aliquis pla-
cere ostendimus, tonitrua et fulgura edunt. maiore
vero inlati pondere incursuque, si late siccam
rupere nubem, procellam gignunt, quae vocatur a
Graecis ecnephias; sin vero depresso sinu artius
rotati effregerunt, sine igni, hoc est sine fulmine,
verticem faciunt, qui typhon vocatur, id est vibra-
tus ecnephias. defert hic secum aliquid abruptum e   132
nube gelida, convolvens versansque et ruinam suam
illo pondere adgravans ac locum ex loco mutans
rapida vertigine. praecipua navigantium pestis, non
antemnas modo, verum ipsa navigia contorta fran-
gens; tenui remedio aceti in advenientem effusi, cui
frigidissima est natura. idem inlisu ipso repercussus
correpta secum in caelum refert sorbetque in excel-
sum.

Quod si maiore depressae nubis eruperit specu,   L
sed minus lato quam procella, nec sine fragore, tur-   133
binem vocant, proxima quaeque prosternentem.
idem ardentior accensusque, dum furit, prester
vocatur, amburens contacta pariter et proterens.
non fit autem aquilonius typhon, nec nivalis aut
nive iacente ecnephias; quod si simul rupit nubem
exarsitque et ignem habuit, non postea concepit,
fulmen est. distat a prestere quo flamma ab igni; hic   134
late funditur flatu, illud conglobatur impetu. vertex

aber, inzwischen von einer Wolkenhülle umgeben, nieder-
stürzen und in vielerlei Gestalten erscheinen. Ohne feste
Richtung nämlich und wie reißende Gießbäche einbrechend,
erzeugen sie – wie wir als Meinung einiger erwähnt haben –
Donner und Blitz. Fahren sie jedoch mit größerem Gewicht
und Ansturm einher, so erzeugen sie, wenn sie weithin eine
trockene Wolke durchbrochen haben, einen Orkan, den die
Griechen Eknephias nennen; haben sie dagegen, enger sich
drehend, die Wolke in einem flachen Bogen durchbrochen,
ohne Feuer, d. h. ohne Blitz, so bilden sie einen Wirbel, welcher Typhon heißt, ein gewirbelter Eknephias. Dieser führt
ein von der kalten Wolke abgerissenes Stück mit sich herab,
wickelt es ein, dreht es und beschleunigt durch die Gewichtszunahme den eigenen Sturz, in reißendem Wirbel von Ort zu
Ort ziehend. Besonders für die Seefahrer ist er ein gefährli-
ches Übel, da er nicht nur die Takelage, sondern auch die
Fahrzeuge selbst zertrümmert, indem er sie im Kreise herum-
schleudert. Es gibt nur ein schwaches Mittel dagegen, indem
man Essig, der ja sehr kalter Natur ist, dem nahenden Sturm
entgegengießt. Nach heftigem Anprall zurückgestoßen, führt
dieser alles, was er nur fassen kann, mit sich zum Himmel und
schlürft es nach oben.

Wenn jedoch die Höhlung der herabgepreßten Wolke, aus
der er mit Krachen hervorbricht, größer ist, aber weniger
breit als beim Sturmwind, heißt er Wirbelwind *(prester)*, der
alles gleichmäßig verbrennt und zerstört, was mit ihm in
Berührung kommt. Niemals aber entsteht der Typhon beim
Aquilo [NNO], der Eknephias nie bei Schneewetter oder
solange Schnee liegt; entzündet er sich sogleich bei seinem
Durchbruch durch die Wolke und hat er Feuer bei sich und es
nicht erst später empfangen, so wird er zum Blitz. Er unterscheidet sich vom Wirbelwind wie die Flamme vom Feuer; dieser verbreitet sich weithin in seinem Wehen, jener ballt sich in

autem remeando distat a turbine et quo stridor a
fragore; procella latitudine ab utroque, disiecta
nube verius quam rupta. fit et caligo beluae similis
in nube dira navigantibus. vocatur et columna, cum
spissatus umor rigensque ipse se sustinet; ex eodem
genere et aulon, cum veluti fistula nubes aquam trahit.

Hieme et aestate rara fulmina contrariis de cau-   LI
sis. Quoniam hieme densatus aër nubium crassiore   135
corio spissatur, omnisque terrarum exhalatio rigens
ac gelida quicquid accipit ignei vaporis exstinguit.
quae ratio inmunem Scythiam et circa rigentia a fulminum casu praestat, e diverso nimius ardor
Aegyptum; siquidem calidi siccique halitus terrae
raro admodum tenuesque et infirmas densantur in
nubes. vere autem et autumno crebriora fulmina,   136
corruptis in utroque tempore aestatis hiemisque
causis. qua ratione crebra in Italia, quia mobilior
aër mitiore hieme et aestate nimbosa semper quodammodo vernat vel autumnat. in Italiae quoque
partibus iis, quae a septentrione descendunt ad
teporem, qualis est urbis et Campaniae tractus,
iuxta hieme et aestate fulgurat, quod non in alio situ
evenit.

Fulminum ipsorum plura genera traduntur. quae   LII
sicca veniunt, non adurunt, sed dissipant; quae   137
umida, non urunt, sed infuscant; tertium est, quod

eigenem Schwung zusammen. Der Drehwind *(vertex)* aber
unterscheidet sich vom Wirbelwind *(turbo)* durch seine Wie-
derkehr und wie ein prasselndes Geräusch vom Krachen. Von
beiden aber unterscheidet sich der Sturmwind *(procella)* durch
seine Breite; er schleudert die Wolken mehr auseinander als
daß er sie durchbricht. Es gibt auch eine Verfinsterung durch
eine einem Ungeheuer ähnliche Wolke, welche den Seefahrern
Unheil bringt. Auch von einer »Säule« *(columna)* spricht man,
wenn die verdichtete und starrende Feuchtigkeit sich selbst
aufrecht erhält; zur gleichen Gattung gehört die Wolke, welche gleich einer Röhre das Wasser weithin emporzieht.

Im Winter und Sommer sind, aus entgegengesetzten Ursachen, Blitze selten. Im Winter wird nämlich die ohnehin verdichtete Luft durch die dickere Wolkendecke noch mehr verdichtet und alle Ausdünstung der Erde ist kalt und eisig und
läßt, was sie an feuriger Hitze empfängt, erlöschen. Dieser
Grund macht Skythien und die umliegenden kalten Länder
frei von niederfahrenden Blitzen, in Ägypten dagegen
bewirkt es die allzu große Hitze; denn die heißen und trockenen Dünste der Erde verdichten sich nur recht selten und
dann nur zu einer dünnen und schwachen Wolkendecke. Im
Frühjahr und im Herbst aber sind die Blitze häufiger, weil die
Auswirkungen von Sommerhitze und Winterkälte zu beiden
Zeiten abgeschwächt sind. Deshalb sind die Blitze in Italien
häufig, weil die Luft infolge des linden Winters und feuchten
Sommers beweglich bleibt und sich gewissermaßen wie im
Frühling und im Herbst verhält. Auch in den Teilen Italien,
die sich von Norden zum wärmeren Gebiet hinziehen, wie
Rom und Kampanien, gibt es in gleicher Weise im Winter wie
im Sommer Blitze, was in anderer Lage nicht der Fall ist.

Von den Blitzen selbst werden mehrere Arten angeführt.
Die trockenen zünden nicht, sondern zertrümmern nur; die
feuchten verbrennen nicht, sondern schwärzen; eine dritte

clarum vocant, mirificae maxime naturae: quo dolia
exhauriuntur intactis operimentis nulloque alio
vestigio relicto; aurum et aes et argentum liquatur
intus, sacculis ipsis nullo modo ambustis ac ne con-
fuso quidem signo cerae. Marcia, princeps Roma-
narum, icta gravida partu exanimato ipsa citra
ullum aliud incommodum vixit. in Catilinianis
prodigiis Pompeiano ex municipio M. Herennius
decurio sereno die fulmine ictus est.

Tuscorum litterae novem deos emittere fulmina   LIII
existimant, eaque esse undecim generum; Iovem   138
enim trina iaculari. Romani duo tantum ex iis servavere, diurna attribuentes Iovi, nocturna Summano,
rariora sane eadem de causa frigidioris caeli. Etruria
erumpere terra quoque arbitratur, quae infera
appellat, brumali tempore facta saeva maxime et
exsecrabilia, cum sint omnia, quae terrena existimant, non ut illa generalia nec a sideribus venientia,
sed ex proxima atque turbidiore natura. argumentum evidens, quod omnia superiora e caelo deci-
dentia obliquos habent ictus, haec autem, quae
vocant terrena, rectos. sed quia ex propiore materia   139
cadunt; ideo creduntur e terra exire, quoniam ex
repulsu nulla vestigia edunt, cum sit illa ratio non
inferi ictus, sed adversi. a Saturni ea sidere proficisci

Art, der grelle Blitz genannt, ist vor allem von wunderbarer
Beschaffenheit: er leert die Fässer aus, ohne ihre Deckel zu
beschädigen und ohne irgendeine andere Spur zu hinterlassen; Gold, Kupfer und Silber bringt er in den Beuteln zum
Schmelzen, ohne diese im geringsten zu versengen oder auch
nur ein Wachssiegel zu verletzen. Marcia, eine sehr vornehme
Römerin, wurde während der Schwangerschaft vom Blitz
getroffen; die Leibesfrucht starb, sie selbst blieb ohne weitere
Schädigung am Leben. Zu den Vorzeichen, die den Catilinari-
schen Unruhen vorausgingen, zählt auch, daß der Ratsherr
M. Herennius aus der Stadt Pompeji bei heiterem Himmel
vom Blitz erschlagen wurde.

Nach den Schriften der Etrusker sollen neun Götter Blitze
schleudern, wobei es sich um elf Arten handle; denn *Iuppiter*
allein schleudere dreierlei. Die Römer haben nur zwei von
diesen beibehalten, die Blitze bei Tag, welche sie dem *Iuppiter*, und die bei Nacht, die sie dem *Summanus* zuschreiben,
welch letztere wegen der kühlen Temperatur seltener sind. In
Etrurien glaubt man auch, daß Blitze aus der Erde hervorbre-
chen, und nennt sie unterirdische, die zur Zeit der Wintersonnenwende entstünden und besonders schrecklich und verder-
benbringend seien, da alle, denen sie einen irdischen
Ursprung zuweisen, nicht wie jene gewöhnlichen seien und
nicht von den Sternen herabkämen, sondern aus den nächsten
und unreineren Stoffen der Natur bestünden. Ein deutlicher
Beweisgrund ist es, daß alle hoch vom Himmel fallenden
Blitze schräge Einschläge schaffen, die sogenannten Erdblitze
aber senkrechte. Sie gehen jedoch aus einer uns näheren Materie aus; und so glaubt man, sie kämen aus der Erde, weil sie
keine Spur eines Einschlags entstehen lassen, der sich der
Sache nach ja nicht bei einem von unten kommenden, sondern nur bei einem Aufprall aus entgegengesetzter Richtung
finden kann. Diejenigen, welche den Vorgängen genauer

subtilius ista consectati putant, sicut cremantia a
Martis; qualiter cum Volsinii, oppidum Tuscorum
opulentissimum, totum concrematum est fulmine.
vocant et familiaria in totam vitam fatidica, quae
prima fiunt familiam suam cuique indepto. ceterum
existimant non ultra decem annos portendere privata, praeterquam aut primo patrimonio facta aut
natali die, publica non ultra tricesimum annum,
praeterquam in deductione oppidi.

Exstat annalium memoria sacris quibusdam et   LIV
precationibus vel cogi fulmina vel impetrari. vetus   140
fama Etruriae est, impetratum Volsinios urbem
depopulatis agris subeunte monstro, quod vocavere Voltam, evocatum a Porsina suo rege. et ante
eum a Numa saepius hoc factitatum in primo annalium suorum tradidit L. Piso. gravis auctor, quod
imitatum parum rite Tullum Hostilium ictum fulmine. lucosque et aras et sacra habemus interque
Statores ac Tonantes et Feretrios Elicium quoque
accepimus Iovem. varia in hoc vitae sententia et pro   141
cuiusque animo. imperare naturae sacra audacis est
credere, nec minus hebetis beneficiis abrogare
vires, quando in fulgurum quoque interpretatione
eo profecit scientia, ut ventura alia finito die praeci-
nat et an peremptura sint fatum aut apertura prius

nachgegangen sind, glauben, diese Blitze kämen vom Planeten
Saturn wie die zündenden vom Mars. Durch einen solchen
Blitz wurde Volsinii, die reichste Stadt der Etrusker, ganz nie-
dergebrannt. Familienblitze nennt man solche, die für das
ganze Leben bedeutsam sind und welche dem, der eine Familie
gründet, zuerst erscheinen. Im übrigen meinen sie, daß die
Vorbedeutungen der Blitze in Privatangelegenheiten nicht
länger als zehn Jahre gelten, außer, wenn sie bei der Gründung
eines eigenen Hausstandes oder am Geburtstag erscheinen; im
öffentlichen Leben gelten sie nicht länger als dreißig Jahre, ausgenommen bei der Anlage einer neuen Stadt.

In den Annalen gibt es die Überlieferung, daß durch
bestimmte heilige Handlungen und Gebete Blitze beeinflußt
oder erbeten werden können. In Etrurien lautet eine alte Sage,
man habe einen Blitz gewonnen, als einst ein Ungeheuer,
Volta genannt, nach Verwüstung der Felder sich der Stadt
Volsinii näherte und dieser Blitz sei durch deren König Porsenna herbeigerufen worden. L. Piso, ein gewichtiger Schriftsteller, überliefert im ersten Buch seiner Annalen, daß, lange
vor Porsenna, Numa dasselbe öfters bewirkt habe und daß
Tullus Hostilius, als er es ihm nicht ganz kunstgerecht nach-
machen wollte, vom Blitz erschlagen worden sei. Wir haben
Haine, Altäre und heilige Gebräuche und haben neben dem
Iuppiter Stator, Tonans und *Feretrius* auch noch den *Iuppiter
Elicius* überkommen. Die Ansichten über diese Dinge sind in
diesem Bereich des Lebens verschieden und richten sich nach
der Überzeugung eines jeden. Vermessen ist es, zu glauben,
Kulthandlungen könnten die Natur beherrschen und von
nicht weniger schwachem Verstand ist, wer meint, den Wohl-
taten der Natur ihre Kräfte absprechen zu können, nachdem
die Wissenschaft auch in der Erklärung der Blitze so weit
gekommen ist, daß sie teils ihr Eintreffen auf den Tag genau
voraussagen kann, teils, ob sie ein Schicksal zunichte machen

alia fata, quae lateant; innumerabilibus in utroque
publicis privatisque experimentis. quam ob rem
sint ista ut rerum naturae libuit, alias certa alias
dubia, aliis probata aliis damnanda: nos de cetero,
quae sunt in his memorabilia, non omittemus.

Fulgetrum prius cerni quam tonitrum audiri,   LV
cum simul fiant, certum est, – nec mirum, quoniam   142
lux sonitu velocior; ictum autem et sonitum congruere ita modulante natura, sed sonitum profecti
esse fulminis, non inlati, etiamnum spiritum ocio-
rem fulmine; ideo quati prius omne et adflari quam
percuti; nec quemquem tangi, qui prior viderit fulmen aut tonitrum audierit. laeva prospera existimantur, quoniam laeva parte mundi ortus est. nec
tam adventus spectatur quam reditus, sive ab ictu
resilit ignis sive opere confecto aut igne consumpto
spiritus remeat. in sedecim partes caelum in eo   143
spectu divisere Tusci: prima est a septemtrionibus
ad aequinoctialem exortum, secunda ad meridiem,
tertia ad aequinoctialem occasum, quarta obtinet,
quod est reliquum ab occasu ad septemtriones. has
iterum in quaternas divisere partes, ex quibus octo
ab exortu sinistras, totidem e contrario appellavere
dextras. ex his maxime dirae, quae septemtriones ab

oder im voraus noch verborgene andere Schicksale andeuten;
für beide Fälle gibt es zahllose Erfahrungen aus dem öffentlichen und privaten Leben. Mögen diese Vorgänge, wie es der
Natur der Dinge beliebt, bald gewiß, bald zweifelhaft sein,
einigen glaubwürdig, anderen verwerflich erscheinen: wir
wollen, was noch weiter an ihnen erwähnenswert ist, des weiteren nicht übergehen.

Gewiß ist, daß man den Blitz früher sieht als man den Donner hört, obgleich beide gleichzeitig entstehen – und dies ist
nicht verwunderlich, da das Licht sich schneller fortpflanzt
als der Schall; gewiß ist aber auch, daß Schlag und Schall
zusammenfallen, nachdem die Natur es so einrichtet, daß
dann aber der Schall die Wirkung des ausfahrenden Blitzes ist,
nicht des einschlagenden und daß auch dann die Luftbewegung schneller ist als der Blitz; daher werde alles eher erschüttert und vom Wehen erreicht als vom Strahl getroffen; und es
werde niemand erschlagen, der den Blitz bereits gesehen oder
den Donner gehört hat. Blitze von links gelten als glückbringend, weil der Sonnenaufgang auf der linken Seite der Welt
liegt. Und man achtet nicht so sehr auf das Einschlagen des
Blitzes als auf seine Rückkehr, ob nämlich sogleich nach dem
Schlag eine Feuererscheinung zurückspringt oder ob, nachdem alles vorbei ist und das Feuer sich selbst verzehrt hat, der
Dunst wieder aufsteigt. Die Etrusker haben bei solcher
Betrachtung den Himmel in sechzehn Bezirke geteilt: das
erste Viertel reicht vom Norden bis zum Sonnenaufgang bei
der Tagundnachtgleiche, das zweite von hier bis zum Süden,
das dritte von da bis zum Sonnenuntergang bei der Tagundnachtgleiche, das vierte umfaßt das übrige von hier bis zum
Norden. Jedes Viertel haben sie wieder in vier Abschnitte
unterteilt, von denen sie die acht beim Sonnenaufgang als die
linken, die acht auf der Gegenseite als die rechten bezeichneten. Von diesen Blitzen sind diejenigen am meisten unheil-

occasu attingunt. itaque plurimum refert, unde
venerint fulmina et quo concesserint. optimum est
in exortivas redire partes. ideo cum a prima caeli   144
parte venerint et in eandem concesserint, summa
felicitas portendetur, quale Sullae dictatori ostentum datum accepimus. cetera ipsius mundi portione minus prospera aut dira. quaedam fulgura
enuntiare non putant fas nec audire, praeterquam si
hospiti indicentur aut parenti. magna huius obser-
vationis vanitas tacta Iunonis aede Romae deprehensa est Scauro consule, qui mox princeps fuit.

Noctu magis quam interdiu sine tonitribus ful-   145
gurat. unum animal, hominem, non semper exstinguit, cetera ilico; hunc videlicet natura tribuente
honorem, cum tot beluae viribus praestent. omnia
contrarias incubant partes; homo, nisi convertatur
in percussas, non respirat. superne icti considunt;
vigilans ictus coniventibus oculis, dormiens paten-
tibus reperitur. hominem ita exanimatum cremari
fas non est, condi terra religio tradidit. nullum animal nisi exanimatum fulmine accenditur. vulnera
fulminatorum frigidiora sunt reliquo corpore.

Ex his, quae terra gignuntur, lauri fruticem non   LVI
icit nec umquam quinque altius pedibus descendit   146
in terram. ideo pavidi altiores specus tutissimos

voll, die vom Westen nach Norden auftreten. Es ist daher sehr
wesentlich, woher die Blitze gekommen und wohin sie gefahren sind. Am besten ist es, wenn sie zum Ausgange wieder
zurückkehren. Sind sie also aus dem ersten Abschnitt des
Himmels gekommen und dorthin zurückgekehrt, so verkünden sie das höchste Glück, ein Vorzeichen, wie es der Diktator Sulla erhalten haben soll. Die übrigen Blitze sind je nach
der Himmelsgegend weniger glückbringend oder gar unheil-
voll. Gewisse Blitze soll man nicht nennen oder nennen
hören, ausgenommen wenn man sie einem Gastfreund oder
einem Elternteil ankündigt. Die ganze Gehaltlosigkeit einer
solchen Beobachtung wurde augenscheinlich erkannt, als in
Rom unter dem Konsulat des Scaurus [115 v. Chr.], welcher
bald darauf Senatsvorsitzender wurde, der Blitz in den Tempel der Juno einschlug.

Blitze ohne Donner treten häufiger in der Nacht als bei Tag
auf. Ein einziges Lebewesen, der Mensch, wird vom Blitz
nicht immer getötet, die übrigen sterben auf der Stelle; diesen
Vorzug verleiht ihm die Natur offenbar deswegen, weil ihn so
viele Tiere an Stärke übertreffen. Alle Tiere fallen auf die
⟨dem Schlag⟩ entgegengesetzte Seite; der Mensch aber kann
nur dann wieder Atem holen, wenn er sich auf die getroffene
Seite dreht. Die von oben Getroffenen sinken in sich zusammen; wer im Wachen erschlagen ist, wird mit geschlossenen
Augen, der im Schlaf Getroffene mit offenen Augen gefunden. Ein auf diese Weise getöteter Mensch darf nicht verbrannt werden, aber der religiöse Brauch erlaubte die Erdbe-
stattung. Kein Tier wird vom Blitz verbrannt, wenn es nicht
schon tot war. Die vom Blitz herrührenden Wunden sind kälter als der übrige Körper.

Von allem, was die Erde hervorbringt, trifft der Blitz allein
den Lorbeerbaum nicht, und niemals dringt er über fünf Fuß
tief in die Erde ein. Daher halten Furchtsame tiefere Höhlen

putant aut tabernacula pellibus beluarum, quas
vitulos appellant, quoniam hoc solum animal ex
marinis non percutiat, sicut nec e volucribus aqui-
lam, quae ob hoc armigera huius teli fingitur. in Italia inter Tarracinam et aedem Feroniae turres belli-
cis temporibus desiere fieri, nulla non earum fulmine diruta.

Praeter haec inferiore caelo relatum in monu-   LVII
menta est lacte et sanguine pluisse M'. Acilio C.   147
Porcio cos. et saepe alias, sicut carne P. Volumnio
Servio Sulpicio cos., exque ea non perputruisse
quod non diripuissent aves; item ferro in Lucanis
anno ante quam M. Crassus a Parthis interemptus
est omnesque cum eo Lucani milites, quorum magnus numerus in exercitu erat; effigies, quae pluit,
ferri spongiarum similis fuit; haruspices praemo-
nuerunt superna vulnera. L. autem Paulo C. Marcello cos. lana pluit circa castellum Compsanum,
iuxta quod post annum T. Annius Milo occisus est.
eodem causam dicente lateribus coctis pluisse in
acta eius anni relatum est.

Armorum crepitus et tubae sonitus auditos e   LVIII
caelo Cimbricis bellis accepimus, crebroque et   148
prius et postea. tertio vero consulatu Marii ab Ame-
rinis et Tudertibus spectata arma caelestia ab ortu
occasuque inter se concurrentia, pulsis, quae ab

für am sichersten oder auch Zelte aus den Häuten der sogenannten Meerkälber (Seehunde), weil unter allen Seetieren
diese die einzigen sind, die nicht vom Blitz erschlagen werden, wie unter den Vögeln der Adler, den man deshalb als
Träger dieses Geschosses des Iuppiters darstellt. In Italien
baut man zwischen Terracina und dem Tempel der Feronia in
Kriegszeiten keine Türme mehr, weil bis jetzt noch jeder vom
Blitz zerstört wurde.

Außerdem wird, was die untere Himmelsregion betrifft,
urkundlich berichtet, daß es unter den Konsuln M'. Acilius
und C. Porcius [114 v. Chr.) und sonst noch oft Milch und
Blut geregnet habe, unter den Konsuln P. Volumnius und
Servius Sulpicius [461 v. Chr.] aber Fleisch, und daß davon
die Stücke, welche die Vögel nicht weggeschleppt hatten,
nicht verfaulten; ferner, daß es in Lukanien Eisen regnete, ein
Jahr bevor M. Crassus mit allen lukanischen Soldaten, deren
sich eine große Anzahl in seinem Heer befand, von den Par-
thern erschlagen wurde [54 v. Chr.); das herabgefallene Eisen
hatte das Aussehen von Schwämmen; die Eingeweideschauer
warnten schon vorher vor Wunden, die von oben kämen.
Unter den Konsuln L. Paulus und C. Marcellus [50 v. Chr.]
aber regnete es Wolle in der Nähe des Kastells von Compsa,
bei welchem ein Jahr später T. Annius Milo erschlagen
wurde. Daß es, während dieser seinen Prozeß führte, Ziegel-
steine regnete, ist in den Akten jenes Jahres eingetragen.

Wir haben gehört, daß während des Krieges gegen die Kimbern Waffengeklirr und Trompetenklang vom Himmel zu
hören war und häufig auch vorher und danach. Im dritten
Konsulat des Marius [103 v. Chr.] aber sahen die Bewohner
von Ameria und Tuder Waffen am Himmel, die von Ost und
West gegeneinander fuhren, wobei diejenigen, die von
Westen kamen, in die Flucht geschlagen wurden. Daß auch
der ganze Himmel in Feuer gerät, ist keineswegs wunderbar

occasu erant. ipsum ardere caelum minime mirum
est et saepius visum maiore igni nubibus correptis.

Celebrant Graeci Anaxagoran Clazomenium   LIX
Olympiadis LXXVIII secundo anno praedixisse   149
caelestium litterarum scientia, quibus diebus saxum
casurum esset e sole, idque factum interdiu in Thra-
ciae parte ad Aegos flumen. qui lapis etiam nunc
ostenditur magnitudine vehis, colore adusto,
comete quoque illis noctibus flagrante. quod si quis
praedictum credat, simul fateatur necesse est, maioris miraculi divinitatem Anaxagorae fuisse solvique
rerum naturae intellectum et confundi omnia, si aut
ipse sol lapis esse aut umquam lapidem in eo fuisse
credatur. decidere tamen crebro non erit dubium: 150
in Abydi gymnasio ex ea causa colitur hodieque
modicus quidem, sed quem in media terrarum
casurum idem Anaxagoras praedixisse narretur.
colitur et Cassandriae, quae Potidaea vocitata est,
ob id deducta. ego ipse vidi in Vocontiorum agro
paulo ante delatum.

Arcus vocamus extra miraculum frequentes et   LX
extra ostentum. nam ne pluvios quidem aut serenos
dies cum fide portendunt. manifestum est radium
solis inmissum cavae nubi repulsa acie in solem re-
fringi, colorumque varietatem mixtura nubium,
ignium, aëris fieri. certe nisi sole adverso non fiunt

und wurde öfter schon gesehen, wenn die Wolken von einem
größeren Feuer erfaßt wurden.

Die Griechen rühmen, daß Anaxagoras aus Klazomenai im
zweiten Jahre der 78. Olympiade [467/6 v. Chr.] vermöge seiner Kenntnis der astronomischen Wissenschaft vorausgesagt
habe, an welchen Tagen ein Stein von der Sonne herabfallen
werde, und daß dies tatsächlich am hellen Tage in einer
Gegend von Thrakien am »Ziegenfluß« *(Aigos potamos)*
geschehen sei. Dieser Stein wird noch jetzt gezeigt, hat die
Größe einer Wagenladung und ist von schwärzlicher Brand-
farbe; auch stand ein feuriger Komet in jenen Nächten am
Himmel. Wer an eine solche Voraussage glaubt, muß notwendigerweise eingestehen, daß die Sehergabe des Anaxagoras ein noch größeres Wunder war und daß unsere Einsicht in
das Wesen der Dinge sich in Nichts auflöse und daß alles sich
verwirre, wenn man annehmen wollte, die Sonne sei selbst ein
Stein und daß jemals ein Stein in ihr gewesen sein könnte. Daß
jedoch Steine häufig herabfallen, wird nicht zweifelhaft sein:
im Gymnasion zu Abydos verehrt man aus diesem Grund
noch jetzt einen Stein, der zwar nicht sehr groß ist, von dem
aber Anaxagoras ebenfalls vorhergesagt haben soll, daß er
mitten auf die Erde fallen werde. Ein solcher Stein war auch
zu Kassandreia verehrt, das ehedem Potidaia hieß, wohin man
aus diesem Grund eine Kolonie gelegt hat. Ich selbst sah einen
im Gebiet der Vokontier, der kurz vorher niedergegangen
war.

Was wir als Regenbogen bezeichnen, ist für Wunder und
Vorbedeutung eine zu häufige Erscheinung. Denn nicht einmal Regen oder schönes Wetter zeigen sie zuverlässig an.
Deutlich ist, daß der in eine hohle Wolke fallende Sonnen-
strahl an der Spitze gebrochen gegen die Sonne zurückgewor-
fen wird und daß die Verschiedenheit der Farben durch die
Mischung von Wolken, Feuer und Luft entsteht. Gewiß ist,

nec umquam nisi dimidia circuli forma nec noctu,
quamvis Aristoteles prodat aliquando visum, quod
tamen fatetur idem non nisi XXX luna posse fieri.
fiunt autem hieme maxime ab aequinoctio autum-   151
nali die decrescente. quo rursus crescente ab aequinoctio verno non exsistunt, nec circa solstitium
longissimis diebus; bruma vero, id est brevissimis,
frequenter. iidem sublimes humili sole humilesque
sublimi; et minores oriente aut occidente, sed in
latitudinem dimissi, meridie exiles, verum ambitus
maioris. aestate autem per meridiem non cernuntur, post autumni aequinoctium quacumque hora,
nec umquam plures simul quam duo.

Cetera eiusdem naturae non multis dubia esse   LXI
video: grandinem conglaciato imbre gigni et nivem   152
eodem umore mollius coacto, pruinam autem ex
rore gelido; per hiemem nives cadere, non grandines, ipsasque grandines interdiu saepius quam
noctu, et multo celerius resolvi quam nives; nebulas
nec aestate nec maximo frigore exsistere, rores
neque gelu neque ardoribus neque ventis nec nisi
serena nocte; gelando liquorem minui, resolutaque
glacie non eundem inveniri modum; varietates
colorum figurarumque in nubibus cerni, prout
admixtus ignis superet aut vincatur.

Praeterea quasdam proprietates quibusdam locis   LXII
esse; roscidas aestate Africae noctes, in Italia Locris 153

daß Regenbogen nur an der der Sonne entgegengesetzten
Seite entstehen und immer nur in der Gestalt eines Halbkrei-
ses und auch nie nachts, obgleich Aristoteles berichtet, daß
man einmal einen in der Nacht gesehen habe, indem er aber
zugleich gesteht, dies sei nur möglich, wenn der Mond dreißig
Tage alt ist. Sie bilden sich aber am häufigsten im Winter,
wenn die Tage von der Herbst-Tagundnachtgleiche an
abnehmen. Wenn diese vom Frühlingsäquinoktium an wieder länger werden, so erscheinen sie ebenso wenig als an den
längsten Tagen um die Zeit der Sommersonnenwende; bei der
Wintersonnenwende jedoch, an den kürzesten Tagen, sind sie
häufig. Sie stehen hoch, wenn die Sonne niedrig, und tief,
wenn diese hoch steht; bei Sonnenaufgang oder -untergang
sind sie kleiner, aber breiter, um die Mittagszeit schmal, aber
von größerem Ausmaß. Im Sommer sieht man sie aber mittags nicht, nach der Herbst-Tagundnachtgleiche zu jeder
Stunde; nie erscheinen mehr als zwei zugleich.

Die übrigen Naturerscheinungen dieser Art sind, wie ich
sehe, nur weniger zweifelhaft: daß Hagel aus gefrorenem
Regen, der Schnee aus der gleichen, nur weniger festgeworde-
nen Feuchtigkeit entsteht, der Reif aber aus gefrorenem Tau;
daß im Winter Schnee fällt, aber kein Hagel, der Hagel selbst
häufiger bei Tage als in der Nacht und daß er viel schneller
schmilzt als der Schnee; daß Nebel weder im Sommer noch
bei sehr großer Kälte entstehen, der Tau weder bei Kälte noch
bei großer Hitze noch bei windigem Wetter, sondern nur in
heiteren Nächten; daß beim Gefrieren das Wasser weniger
wird und daß, wenn das Eis aufgetaut ist, sich nicht die gleiche
Menge findet; daß man in den Wolken verschiedene Farben
und Gestalten wahrnimmt, je nachdem das beigemischte
Feuer vorherrscht oder zurücktritt.

Daß außerdem gewisse Eigentümlichkeiten verschiedenen
Orten zugehören: daß im Sommer in Afrika die Nächte tau-

et in lacu Velino nullo non die apparere arcus,
Rhodi et Syracusis numquam tanta nubila obduci,
ut non aliqua hora sol cernatur. qualia aptius suis
referentur locis. haec sint dicta de aëre.

Sequitur terra, cui uni rerum naturae partium   LXIII
eximia propter merita cognomen indidimus mater-   154
nae venerationis. sic hominum illa, ut caelum dei;
quae nos nascentes excipit, natos alit semelque editos et sustinet semper, novissime conplexa gremio
iam a reliqua natura abdicatos, tum maxime ut
mater operiens, nullo magis sacra merito quam quo
nos quoque sacros facit. etiam monimenta ac titulos
gerens nomenque prorogans nostrum et memoriam
extendens contra brevitatem aevi; cuius numen
ultimum iam nullis precamur irati grave, tamquam
nesciamus hanc esse solam, quae numquam irasca-
tur homini. aquae subeunt in imbres, rigescunt in   155
grandines, tumescunt in fluctus, praecipitantur in
torrentes; aër densatur nubibus, furit procellis: at
haec benigna, mitis, indulgens ususque mortalium
semper ancilla. quae coacta generat, quae sponte
fundit, quos odores saporesque, quos sucos, quos
tactus, quos colores! quam bona fide creditum
faenus reddit! quae nostra causa alit! pestifera enim
animantia, vitali spiritu habente culpam: illi necesse
est semina excipere et genita sustinere; sed in malis

feucht sind, daß in Italien zu Lokroi und am Velinersee jeden
Tag Regenbögen erscheinen, daß auf Rhodos und in Syrakus
niemals so viele Wolken den Himmel überziehen, daß nicht
wenigstens zu irgendeiner Stunde die Sonne sichtbar wäre.
Alles dies werde ich zweckmäßiger an den geeigneten Stellen
vortragen. Soviel über die Luft.

Es folgt nun die Erde, der wir als einzigem von allen Teilen
der Natur, ihrer hervorragenden Verdienste wegen, den
ehrenden Beinamen »Mutter« verliehen haben. Sie ist für uns
Menschen das, was für die Gottheit der Himmel ist; sie, die
uns aufnimmt, wenn wir geboren werden, die uns nach der
Geburt ernährt und, wenn wir geboren sind, immerfort trägt,
zuletzt aber, wenn die übrige Natur sich von uns losgesagt
hat, uns in ihren Schoß aufnimmt und uns dann wie eine Mutter ganz besonders bedeckt, durch kein Verdienst uns heiliger
als dadurch, daß sie auch uns heilig macht. Auch trägt sie
unsere Denkmäler und Ehrentitel, verlängert die Dauer unseres Namens und läßt unser Andenken sich im Gegensatz zur
Kürze unseres Lebens erstrecken; sie ist das heilige Wesen,
das, wie wir bitten, am Ende keinem im Zorne schwer sein
möge, als wenn wir nicht wüßten, daß sie allein es ist, die nie
einem Menschen zürnt. Das Wasser wird zu Regen, erstarrt
zu Hagel, schwillt zu Fluten an und stürzt als reißender Strom
dahin; die Luft verdichtet sich zu Wolken und wütet in Stürmen: die Erde aber ist gütig, mild, nachsichtig, den Bedürfnis-
sen der Sterblichen stets dienstbar. Was erzeugt sie durch
Zwang, was spendet sie freiwillig, welche Genüsse für
Geruch und Gaumen, Geschmack, Gefühl und Farbempfin-
dung! Mit welcher Treue erstattet sie Anvertrautes mit Zins
zurück! Was ernährt sie um unsertwillen! Denn was die
schädlichen Tiere anlangt, so trägt sie belebende Luft an ihrer
Entstehung Schuld: die Erde muß gezwungen werden, ihren
Samen zu empfangen und sie, wenn sie einmal geboren sind,

generantium noxa est. illa serpentem homine per-
cusso amplius non recipit poenasque etiam iner-
tium nomine exigit. illa medicas fundit herbas et
semper homini parturit. quin et venena nostri mise-   156
ritam instituisse credi potest, ne in taedio vitae
fames, mors terrae meritis alienissima, lenta nos
consumeret tabe, ne lacerum corpus abrupta dis-
pergerent; ne laquei torqueret poena praepostera
incluso spiritu, cui quaereretur exitus; ne in profundo quaesita morte sepultura pabulo fieret, ne
ferri cruciatus scinderet corpus. ita est: miserita
genuit id, cuius facillimo haustu inlibato corpore et
cum toto sanguine exstingueremur, nullo labore,
sitientibus similes, qualiter defunctos non volucres,
non ferae attingerent terraeque servaretur, qui sibi
ipsi periisset. verum fateamur: terra nobis malorum   157
remedium genuit, nos illud vitae facimus venenum.
non enim et ferro, quo carere non possumus, simili
modo utimur? nec tamen quereremur merito, etiamsi maleficii causa tulisset. adversus unam quippe
naturae partem ingrati sumus, quas non ad delicias
quasque non ad contumelias servit homini? in
maria iacitur aut, ut freta admittamus, eroditur;
aquis, ferro, igni, ligno, lapide, fruge omnibus cru-
ciatur horis multoque plus, ut deliciis quam ut ali-
mentis famuletur nostris.

zu erhalten. Vom Übel aber liegt die Schuld beim Erzeuger. Die Erde nimmt die Schlange, welche einen Menschen getötet hat, nicht mehr auf und straft so auch im Namen derer, die selbst untätig bleiben. Sie spendet heilsame Kräuter und ist ständig für den Menschen trächtig. Ja man kann sogar glauben, daß sie die Gifte nur aus Mitleid mit uns erzeugt hat, damit uns nicht, wenn wir des Lebens überdrüssig sind, der Hunger, eine den Verdiensten der Erde ganz unangemessene Todesart, in langsamem Siechtum zehre, oder ein Abgrund den zerschmetterten Körper zerstreue; damit die Strafe des Stricks uns nicht vorzeitig quäle durch Abschnüren des Atems, für den wir doch einen Ausweg suchen sollten; damit nicht, indem wir in Wassertiefe den Tod suchen, unser Begräbnis dem Fraß der Fische zuteil werde, und daß nicht die Qual des Eisens unseren Leib zerreiße. So ist es: aus Mitleid erzeugt sie, was wir mühelos mit einem Schluck einnehmen und wodurch wir, ohne den Körper zu verletzen, ohne allen Blutverlust, ohne Qual sterben könnten, Dürstenden ähnlich, so daß, wenn wir auf diese Weise den Tod gefunden haben, kein Vogel, kein Tier uns berühre und, wer sich selbst gestorben, der Erde erhalten bleibe. Um die Wahrheit zu gestehen: die Erde hat für uns ein Heilmittel gegen die Übel geschaffen, wir aber haben es zum Gift für das Leben anderer gemacht. Gebrauchen wir nicht auch das Eisen, welches wir nicht entbehren können, auf ähnliche Weise? Dennoch hätten wir kein Recht, uns zu beklagen, selbst wenn sie die Gifte zu böser Tat geschaffen hätte, uns zu schaden. Denn gegen diesen einzigen Teil der Natur sind wir undankbar, sie aber, zu welchem Vergnügen, zu welchen Schandtaten dient sie nicht dem Menschen? Sie wird ins Meer geschüttet oder, um dem Meer Zugang zu verschaffen, weggeschafft; Wasser, Eisen, Feuer, Holz, Steine und Feldfrucht martern sie zu allen Stunden, und zwar weit mehr deswegen, daß sie zu unserer Lust als zu unserer Nahrung diene.

Et tamen quae summa patitur atque extrema cute   158
tolerabilia videantur: penetramus in viscera, auri
argentique venas et aeris ac plumbi metalla fodien-
tes, gemmas etiam et quosdam parvulos quaerimus
lapides scrobibus in profundum actis. viscera eius
extrahimus, ut digito gestetur gemma, quo petitur.
quot manus atteruntur, ut unus niteat articulus! si
ulli essent inferi, iam profecto illos avaritiae atque
luxuriae cuniculi refodissent! et miramur, si eadem
ad noxam genuit aliqua! ferae enim, credo, custo-   159
diunt illam arcentque sacrilegas manus; non inter
serpentes fodimus et venas auri tractamus cum
veneni radicibus? placatiore tamen dea ob haec,
quod omnes hi opulentiae exitus ad scelera caedes-
que et bella tendunt, quodque sanguine nostro riga-
mus insepultisque ossibus tegimus, quibus tamen
velut exprobrato furore tandem ipsa se obducit et
scelera quoque mortalium occultat. inter crimina
ingrati animi et hoc duxerim quod naturam eius
ignoramus.

Est autem figura prima, de qua consensus iudi-   LXIV
cat. orbem certe dicimus terrae globumque vertici-   160
bus includi fatemur. neque enim absoluti orbis est
forma in tanta montium excelsitate, tanta campo-
rum planitie; sed cuius amplexus, si capita liniarum
conprehendantur ambitu, figuram absoluti orbis
efficiat. id, quod ipsa rerum natura cogit, non iisdem causis, quas attulimus in caelo. namque in illo

Mag auch das noch eher erträglich erscheinen, was man an
ihrer Oberfläche, an ihrer äußeren Rinde vornimmt: wir
dringen aber auch in ihre Eingeweide, graben nach Gold- und
Silberadern, nach Erz und Blei, wir treiben Schächte in die
Tiefe und suchen nach Edelsteinen und irgendwelchen kleinen Steinen. Wir reißen ihr Eingeweide heraus, damit wir
einen Edelstein an dem Finger tragen, mit dem wir sie angrei-
fen. Wieviele Hände reiben sich auf, damit nur ein Fingerglied
glänzen kann! Gäbe es irgendwelche Bewohner der Unterwelt – gewiß hätten jene die Gänge der Habsucht und der
Üppigkeit bereits ausgescharrt! Und da wundern wir uns,
wenn sie etwas zu unserem Schaden hervorgebracht hat! Die
wilden Tiere nämlich, wie ich glaube, bewachen sie und halten die frevelnden Menschenhände ab; ist es nicht so, daß wir
mitten unter Schlangen graben und daß wir mit den Gold-
adern zusammen Giftwurzeln bearbeiten? Die Göttin jedoch
zürnt aus dem Grunde weniger, weil alle diese Reichtümer
selbst letztlich auf Verbrechen, Mord und Krieg zielen und
weil wir sie mit unserem Blute benetzen und mit unseren
unbestatteten Gebeinen bedecken, über die sie doch, als sei
nun unser Wahnwitz verhöhnt, sich endlich selbst breitet und
so auch die Verbrechen der Menschheit verbirgt. Zu den
Anklagepunkten unserer undankbaren Gesinnung möchte
ich auch dieses zählen, daß wir ihr Wesen nicht kennen.

Es ist aber ihre Gestalt das erste, worüber eine einhellige
Meinung herrscht. Mit Recht sprechen wir von dem Erdkreis
und glauben, daß eine Kugel von zwei Polen eingeschlossen
werde. Indessen kann sie wegen der beträchtlichen Berghö-
hen und der weiten Ebenen keine vollendete Kugel darstellen;
jedoch läßt ihr Umfang, wenn man die Endpunkte mit einer
Linie verbindet, einen vollkommenen Kreis entstehen. Zu
dieser Annahme zwingt uns das Wesen der Natur, allerdings
nicht aus den gleichen Gründen, die wir beim Himmel ange-

cava in se convexitas vergit et cardini suo, hoc est
terrae, undique incumbit. haec ut solida ac conferta
adsurgit intumescenti similis extraque protenditur.
mundus in centrum vergit, at terra exit a centro,
inmensum eius globum in formam orbis adsidua
circa eam mundi volubilitate cogente.

Ingens hic pugna litterarum contraque vulgi, cir-   LXV
cumfundi terrae undique homines conversisque   161
inter se pedibus stare, et cunctis similem esse verticem, simili modo ex quacumque parte medim cal-
cari; illo quaerente, cur non decidant contra siti,
tamquam non ratio praesto sit, ut nos non decidere
mirentur illi. intervenit sententia quamvis indocili
probabilis turbae, inaequali globo, ut si sit figura
pineae nucis, nihilo minus terram undique incoli.
sed quid hoc refert, alio miraculo exoriente, pen-   162
dere ipsam ac non cadere nobiscum? ceu spiritus
vis, mundo praesertim inclusi, dubia sit, aut possit
cadere, natura repugnante et quo cadat negante.
nam sicut ignium sedes non est nisi in ignibus,
aquarum nisi in aquis, spiritus nisi in spiritu, sic terrae, arcentibus cunctis, nisi in se locus non est. globum tamen effici mirum est in tanta planitie maris
camporumque. cui sententiae adest Dicearchus, vir
in primis eruditus, regum cura permensus montes,

führt haben. Denn dieser bildet eine in sich selbst gewölbte
Hohlkugel und auf seinen Angelpunkt, die Erde, drängt er
von allen Seiten. Diese aber, fest und dicht, erhebt sich gleich
einer anschwellenden Masse und strebt nach außen. Die Welt
neigt sich zum Mittelpunkt, die Erde aber geht von diesem
aus, und ihre ungeheuere Masse wird durch die beständige
Umdrehung der sie umgebenden Welt in die Kugelform
gezwungen.

Ein gewaltiger Streit herrscht hier zwischen der Gelehr-
samkeit und Volkmeinung, einerseits, daß die Erde überall
von Menschen bewohnt sei und daß diese sich einander die
Füße zukehren, daß alle als einen ähnlichen Scheitelpunkt
⟨den Himmel über sich⟩ haben und man auf ähnliche Weise
überall in ihrer Mitte stehe. Jene fragt anderseits, warum
unsere Antipoden nicht herabfallen, als ob sie sich nicht aus
berechtigtem Grunde auch wundern müßten, warum wir
nicht herabfallen. Dazu kommt noch eine andere Meinung,
die einem noch so ungebildeten Haufen annehmbar sein
könnte, daß die Erde in der Gestalt einer ungleichen Kugel,
ähnlich einem Pinienzapfen, nichtsdestoweniger überall
bewohnt sein könne. Doch was bedeutet das schon, wenn ein
anderes Wunder entsteht, daß sie selbst frei schwebt und
nicht mit uns herabfällt? Als wenn die Kraft der Luft, besonders da sie von der Welt eingeschlossen ist, zu bezweifeln
wäre oder die Welt herabfallen könnte, wenn die Natur dem
widerstrebt und den Raum versagt, wohin sie fallen könnte.
Denn wie der Sitz des Feuers nur im Feuer, des Wassers nur
im Wasser und der Luft nur in der Luft ist, so hat die Erde,
vom All umschlossen, nur ihren Platz in sich selbst. Wunderbar erscheint es aber dennoch, daß sie bei so großen Meer-
und Landflächen eine Kugel bildet. Dieser Auffassung pflich-
tet auch Dikaiarchos bei, ein überaus gelehrter Mann, der im
Auftrag von Königen die Berge vermessen hat, unter denen er

ex quibus altissimum prodidit Pelium MCCL passuum ratione perpendiculi, nullam esse eam portionem universae rotunditatis colligens. mihi incerta
haec videtur coniectatio, haud ignaro quosdam
Alpium vertices longo tractu nec breviore quinqua-
ginta milium passuum adsurgere.

Sed vulgo maxime haec pugna est, si coactam in
verticem aquarum quoque figuram credere coga-
tur. atqui non aliud in rerum natura adspectu mani-
festius: namque et dependentes ubique guttae par-
vis globantur orbibus et pulveri inlatae frondium-
que lanugini inpositae absoluta rotunditate cernuntur, et in poculis repletis media maxime tument,
quae propter subtilitatem umoris mollitiamque in
se residentem ratione facilius quam visu deprehen-
duntur. idque etiam magis mirum, in poculis repletis addito umore minimo circumfluere, quod
supersit, contra evenire ponderibus additis ad vice-
nos saepe denarios; scilicet quia intus recepta liquorem in verticem attollant, at cumulo eminenti
infusa delabantur. eadem est causa, propter quam e
navibus terra non cernatur, e navium malis conspicua, ac procul recedente navigio, si quid quod ful-
geat religetur in mali cacumine, paulatim descendere videatur et postremo occultetur. denique
Oceanus, quem fatemur ultimum, quanam alia
figura cohaereret atque non decideret nullo ultra
margine includente?

Id ipsum ad miraculum redit, quonam modo,
etiamsi globetur, extremum non decidat mare. con-

163

164

als höchsten den Pelion mit 1250 Schritten in senkrechter
Richtung angab, dabei aber erschloß, daß dieser Anteil im
Verhältnis zum ganzen Erdenrund nichts sei. Mir erscheint
diese Vermutung nicht zuverlässig, da ich einige Alpengipfel
kenne, die in langer Ausdehnung von nicht weniger als 50
Meilen auftragen.

Am meisten aber wird im Volke darüber gestritten, ob man
glauben müsse, daß sich auch das Wasser zu einem Scheitelpunkt erhebe. Und doch gibt es in der Natur nichts, was
schon beim Anblick handgreiflicher wäre: denn die überall
herabhängenden Tropfen bilden kleine Kugeln und erscheinen, wenn sie auf Staub fallen oder wenn man sie auf den zar-
ten Flaum der Blätter bringt, vollkommen rund, und in vollen
Bechern steht das Wasser in der Mitte am höchsten, was sich
wegen der Feinheit der Flüssigkeit und wegen ihrer Beweglichkeit, die in sich zusammensinkt, leichter in der Theorie als
in der Anschauung erfassen läßt. Noch seltsamer ist es, daß
bei vollen Bechern der geringste Zusatz von Flüssigkeit ein
Überlaufen dessen bewirkt, was zuviel ist, was hingegen nicht
der Fall ist, wenn man Gewichte, selbst bis zu zwanzig Dena-
ren, hineinlegt; der Grund ist der, daß Gegenstände innerhalb
der Flüssigkeit diese in der Mitte in die Höhe heben, während
das, was auf die Wölbung gegossen wird, wieder abläuft. Dies
ist auch der Grund, daß man das Land von den Schiffen aus
nicht sieht, wenn man es schon vom Mastbaum aus erkennen
kann, und daß bei einem fortsegelnden Schiff, an dessen
Mastspitze ein glänzender Gegenstand befestigt ist, dieser allmählich an Höhe abzunehmen scheint und zuletzt ganz verschwindet. Wie würde schließlich der Ozean, den wir als den
äußersten anerkennen, in einer anderen Gestalt zusammen-
bleiben und nicht herabfließen, da ihn kein Ufer einschließt?

Gleichwohl bleibt gerade das ein Wunder, warum trotz der
Kugelgestalt der Rand des Meers nicht absinkt. Gegen diese

tra quod, ut sint plana maria et qua videntur figura,
non posse id accidere, magno suo gaudio magnaque
gloria inventores Graeci subtilitate geometrica
docent. namque cum e sublimi in inferiora aquae   165
ferantur et sit haec natura earum confessa nec quisquam dubitet in litore ullo accessisse eas quo longissime devexitas passa sit, procul dubio apparere,
quo quid humilius sit, propius a centro esse terrae,
omnesque linias, quae emittantur ex eo ad proximas
aquas, breviores fieri quam quae ad extremum mare
a primis aquis; ergo totas omnique ex parte aquas
vergere in centrum ideoque non dedidere, quoniam
in interiora nitantur.

Quod ita formasse artifex natura credi debet, ut,   LXVI
cum terra arida et sicca constare per se ac sine   166
umore non posset, nec rursus stare aqua nisi susti-
nente terra, mutuo inplexu iungerentur, hac sinus
pandente, illa vero permeante totam, intra extra
supra infra venis ut vinculis discurrentibus. atque
etiam in summis iugis erumpente, quo spiritu acta
et terrae pondere expressa, siphonum modo emicat
tantumque a periculo decidendi abest, ut in summa
quaeque et altissima exsiliat. qua ratione manifestum est, quare tot fluminum cotidiano accessu
maria non crescant. est igitur in toto suo globo tellus medio ambitu praecincta circumfluo mari; nec
argumentis hoc investigandum, sed iam experimentis cognitum.

Möglichkeit machen griechische Forscher mit geometrischer
Genauigkeit zur eigenen Freude und zum eigenen Ruhme
geltend, daß dies auch dann nicht eintreten könne, wenn die
Meere eben wären und ihre augenscheinliche Gestalt tatsächlich hätten. Da nämlich das Wasser von oben nach unten
ströme und diese natürliche Eigenschaft allgemein bekannt
sei und da niemand bezweifle, daß es an jedem Ufer noch so
hoch gestiegen sei, als es dessen Abschüssigkeit gestatte, so sei
ohne Zweifel deutlich, daß, je niedriger etwas sei, es dem Erdmittelpunkt näher stehe und daß alle Linien, die von diesem
Mittelpunkt zur nächsten Wasseroberfläche gezogen werden,
kürzer seien als diejenigen, welche vom nächsten Wasser bis
zum äußersten Meere verlaufen; demnach strebe die ganze
Wassermasse von überall her nach dem Mittelpunkt und
könne nicht herabfließen, weil sie nach innen strebe.

Da die dürre und trockene Erde für sich ohne Feuchtigkeit
nicht bestehen kann und sich anderseits das Wasser ohne
Unterstützung der Erde nicht zu halten vermag, muß angenommen werden, die kunstreiche Natur habe diese so einge-
richtet, daß beide durch wechselseitige Verknüpfung miteinander verbunden sind, indem die Erde ihren Schoß öffnet und
das Wasser sie ganz durchströmt, von innen und von außen,
von oben und von unten, wobei Adern gleichwie Bänder sie
nach allen Richtungen durchziehen. Sogar auf den höchsten
Bergen bricht es hervor, wohin es durch die Luft getrieben
und das Gewicht der Erde herausgedrückt wird; da springt es
wie aus Röhren hervor und ist von der Gefahr des Abfallens
so weit entfernt, daß es sogar in die steilsten Höhen auf-
springt. Daraus erklärt es sich auch, warum das Meer trotz
des täglichen Zuflusses so vieler Ströme nicht steigt. Es ist also
die Erde in ihrer ganzen Rundung in der Mitte vom Meer
umflossen. Dies braucht nicht erst durch Vernunftgründen
erforscht zu werden, sondern es ist bereits durch Erfahrung
bekannt.

A Gadibus columnisque Herculis Hispaniae et   LXVII
Galliarum circuitu totus hodie navigatur occidens.   167
septentrionalis vero Oceanus maiore ex parte navi-
gatus est, auspiciis Divi Augusti Germaniam classe
circumvecta ad Cimbrorum promunturium et inde
inmenso mari prospecto aut fama cognito Scythi-
cam ad plagam et umore nimio rigentia. propter
quod minime verisimile est illic maria deficere, ubi
umoris vis superet. iuxta vero ab ortu ex Indico
mari sub eodem sidere pars tota vergens in Caspium mare pernavigata est Macedonum armis
Seleuco atque Antiocho regnantibus, qui et Seleu-
cida et Antiochida ab ipsis appellari voluere. et circa   168
Caspium multa Oceani litora explorata parvoque
brevius quam totus hinc aut illinc septentrio eremi-
gatus, ut tamen coniecturae locum sic quoque non
relinquat ingens argumentum paludis Maeoticae,
sive ea illius Oceani sinus est, ut multos adverto
credidisse, sive angusto discreti situ restagnatio.

Alio latere Gadium ab eodem occidente magna
pars meridiani sinus ambitu Mauretaniae navigatur
hodie. maiorem quidem eius partem et orientis vic-
toriae Magni Alexandri lustravere usque in Arabi-
cum sinum; in quo res gerente C. Caesare Augusti
filio signa navium ex Hispaniensibus naufragiis
feruntur agnita. et Hanno Carthaginis potentia flo-   169
rente circumvectus a Gadibus ad finem Arabiae
navigationem eam prodidit scripto, sicut ad extera

Von Gades und den Säulen des Herakles aus wird heute das ganze westliche Meer längs der Küste von Spanien und Gallien befahren. Das Nordmeer aber ist zu seinem größten Teil befahren worden, als im Auftrag des Divus Augustus eine Flotte um Germanien herum bis zum Vorgebirge der Kimbern fuhr, von wo aus man ein unermeßliches Meer vor sich liegen sah oder durch Gerüchte von ihm hörte, bis zum skythischen Lande und zu wasserreichen, von Eis starrenden Gegenden. Es ist deswegen keineswegs wahrscheinlich, daß dort das Meer aufhört, wo ja ein Überfluß an Wasser ist. Ebenso wurde aber im Osten vom Indischen Meere aus immer unter demselben Sternbild der ganze gegen das Kaspische Meer liegende Teil von makedonischen Kriegern befahren unter der Regierung des Seleukos und Antiochos, welche dieses Meer als Seleukis und als Antiochis nach ihren Namen bekannt haben wollten. Auch um das Kaspische Meer sind viele Küsten des Ozeans erforscht worden, und bis auf eine kleine Strecke wurde das ganze Nordmeer von dieser und jener Seite durchfahren, so daß doch endlich das gewichtige Beweisstück des Maiotischen Sumpfes keinen Anlaß zu Vermutungen mehr gestattet, mag er, wie meiner Beobachtung nach viele geglaubt haben, eine Ausbuchtung des Ozeans sein, oder ein Aufstau von Gewässern, der durch eine schmale Landzunge von diesem getrennt ist.

Auf der anderen Seite von Gades wird heute im Westen ebenfalls ein großer Teil der südlichen Ausbuchtung längs Mauretanien von Schiffen befahren. Einen größeren Teil davon und des Ostens haben bis hin zum Arabischen Meerbusen die Siege Alexanders des Großen erschlossen. Als C. Caesar, der Sohn des Augustus, dort Krieg führte, soll man Schiffszeichen von gestrandeten spanischen Schiffen erkannt haben. Auch Hanno fuhr, in der Blütezeit Karthagos, von Gades herum nach der Küste Arabiens, und beschrieb diese

Europae noscenda missus eodem tempore
Himilco. praeterea Nepos Cornelius auctor est
Eudoxum quendam sua aetate, cum Lathyrum
regem fugeret, Arabico sinu egressum Gades usque
pervectum, multoque ante eum Caelius Antipater
vidisse se, qui navigasset ex Hispania in Aethio-
piam commercii gratia. idem Nepos de septentrio-   170
nali circuitu tradit Quinto Metello Celeri, Afranii
in consulato collegae, sed tum Galliae proconsuli,
Indos a rege Sueborum dono datos, qui ex India
commercii causa navigantes tempestatibus essent in
Germaniam abrepti. Sic maria circumfusa undique
dividuo globo partem orbis auferunt nobis, nec
inde huc nec hinc illo pervio tractu. quae contem-
platio apta detegendae mortalium vanitati poscere
videtur, ut totum hoc, quicquid est, in quo singulis
nihil satis est, ceu subiectum oculis quantum sit
ostendam.

Iam primum in dimidio conputari videtur, tam-   LXVIII
quam nulla portio ipsi decidatur Oceano, qui toto   171
circumdatus medio et omnes ceteras fundens reci-
piensque aquas et quicquid exit in nubes ac sidera
ipsa tot ac tantae magnitudinis pascens: quo tandem amplitudinis spatio credetur habitare? inproba
et infinita debet esse tam vastae molis possessio.
adde, quod ex relicto plus abstulit caelum. nam cum   172
sint eius quinque partes, quas vocant zonas, infesto

Fahrt in einer Aufzeichnung, wie auch Himilco, der zur gleichen Zeit ausgesandt war, um die äußersten Grenzen Europas
zu erforschen. Außerdem berichtet Cornelius Nepos, daß zu
seiner Zeit ein gewisser Eudoxos auf seiner Flucht vor dem
König Lathyros vom Arabischen Meerbusen aus bis nach
Gades gesegelt sei, und lange vor ihm will Caelius Antipater
einen Mann gesehen haben, der des Handels wegen von Spanien nach Aithiopien zur See gefahren ist. Derselbe Nepos
berichtet von einer Nordumsegelung, daß nämlich dem
Quintus Metellus Celer, Mitkonsul des Afranius, der damals
Prokonsul in Gallien war, von dem König der Sueben Inder
zum Geschenk gemacht worden seien, die wegen Handelsge-
schäften von Indien abgesegelt und durch Stürme nach Germanien verschlagen worden seien. So entziehen uns die
Meere, von allen Seiten die Hälfte der Erdkugel umströmend,
einen Teil derselben, da es weder von dort zu uns noch von
uns zu ihnen eine gangbare Verbindung gibt. Diese Betrachtung, welche dazu angetan ist, die Eitelkeit der Menschen auf-
zudecken, scheint zu verlangen, dieses Ganze, was immer es
sei, in welchem dem einzelnen nichts genügt, in seiner Größe
gleichsam vor Augen zu stellen.

Als erstes: man scheint ⟨das feste Land als⟩ die Hälfte ⟨der
Erde⟩ zu berechnen, wie wenn dadurch nicht dem Ozean ein
Teil abgeschnitten würde, der das Ganze in der Mitte umschließt, alle übrigen Gewässer ausströmt und wieder aufnimmt, sowie das, was in die Wolken übergeht und in die
Gestirne selbst, die so zahlreich und so groß sind, als Nahrung spendet: welch ausgedehnte Räume wird man als seinen
Sitz annehmen müssen? Unermeßlich und unendlich muß der
Bereich dieser weiten Masse sein. Man rechne hinzu, was vom
übriggebliebenen Teil obendrein noch die klimatischen Verhältnisse weggenommen haben. Denn da die Erde fünf Teile
aufweist, die man Zonen nennt, wird alles, was den beiden

rigore et aeterno gelu premitur omne, quicquid est
subiectum, duabus extremis utrimque circa vertices, hunc, qui trionum septem vocatur, eumque,
qui adversus illi austrinus appellatur. perpetua
caligo utrobique et alieno molliorum siderum
adspectu maligna ac pruina tantum albicans lux.
media vero terrarum, qua solis orbita est, exusta
flammis et cremata comminus vapore torretur.
circa duae tantum inter exustam et rigentes tempe-
rantur eaeque ipsae inter se non perviae propter
incendium siderum.

Ita terrae tres partes abstulit caelum; Oceani   173
rapina in incerto est. sed et relicta nobis una portio
haud scio an etiam in maiore damno sit, idem siquidem Oceanus infusus in multos, ut dicemus, sinus
adeo vicino accessu interna maria adlatrat, ut cen-
tum quindecim milibus passuum Arabicus sinus
distet ab Aegyptio mari, Caspius vero $\overline{\text{CCCLXXV}}$
a Pontico, idem interfusus intrat per tot maria, quibus Africam, Europam, Asiam dispescit, quantum
terrarum occupet? conputetur etiamnum mensura   174
tot fluminum, tantarum paludium, addantur et lacus, stagna, iam elata in caelum et ardua aspectu
quoque iuga, iam silvae vallesque praeruptae et
solitudines ac mille causis deserta. detrahantur hae
tot portiones terrae, immo vero, ut plures tradi-
dere, mundi puncto – neque enim aliud est terra in
universo –: haec est materia gloriae nostrae, haec
sedes, hic honores gerimus, hic exercemus imperia,
hic opes cupimus, hic tumultuamur humanum

äußersten Zonen unterworfen ist, um die beiden Pole herum, von denen der eine »Nordpol«, der entgegengesetzte »Südpol« heißt, von gefahrvoller Kälte und ewigem Eis bedeckt. Ewige Finsternis herrscht an beiden, fremd ist ihnen der Anblick milderer Gestirne und nur ein spärlicher, durch Reif erzeugter weißlicher Lichtschimmer wird ihnen zuteil. Die mittlere Zone aber, über der die Sonne kreist, ist von der Hitze versengt und verbrannt und, durch deren Nähe, vom Gluthauch ausgedörrt. Nur zwei Zonen, zwischen der heißen und den beiden kalten, sind gemäßigt, stehen aber wegen der Sonnenglut nicht miteinander in Verbindung.

So hat der Himmel der Erde drei Teile entrissen; der Raub des Ozeans läßt sich nicht festlegen. Ich weiß aber nicht, ob der uns noch übriggebliebene einzige Teil nicht noch größerem Verlust ausgesetzt ist, wo doch der Ozean, wie wir noch ausführen werden, in vielen Buchten strömt und, dadurch so nahe gerückt, gegen die inneren Meere anbrandet, daß der Arabische Meerbusen nur 115 Meilen vom Ägyptischen Meer und das Kaspische Meer aber nur 375 Meilen vom Pontos entfernt ist, während er selbst durch so viele Meere eindringt, durch die er Afrika, Europa und Asien voneinander trennt, – und wieviel Land dabei in Besitz nimmt? Man rechne hinzu das Ausmaß so vieler Flüsse, so große Sümpfe, dazu die Seen und Teiche und die in den Himmel ragenden und selbst dem Blick entrückten steilen Bergjoche, ferner die Wälder und abschüssigen Schluchten, Einöden und aus tausend verschiedenen Ursachen wüsten Gegenden. Man ziehe diese vielen Teile von der Erde ab oder vielmehr von dem Punkte im Weltall, wie ihn einige genannt haben – denn nichts anderes ist die Erde im All –; dies ist dann die Grundlage unserer Ruhmsucht, dies der Sitz, hier bekleiden wir Ehrenstellen, hier üben wir unsere Herrschaft aus, hier begehren wir Schätze, hier stiften wir Unruhe unter dem Menschenge-

genus, hic instauramus bella etiam civilia, mutuis-
que caedibus laxiorem facimus terram! et, ut publi-   175
cos gentium furores transeam, haec, in qua conter-
minos pellimus furtoque vicini caespitem nostro
solo adfodimus, ut, qui latissime rura metatus fuerit
ultraque famam exegerit adcolas, quota terrarum
parte gaudeat vel, cum a mensuram avaritiae suae
propagaverit, quam tandem portionem eius
defunctus obtineat?

Mediam esse mundi totius haud dubiis constat   LXIX
argumentis, sed clarissimo aequinoctii paribus   176
horis. nam nisi in medio esset, aequales dies noctesque habere non posse deprehendere et dioptrae,
quae vel maxime confirmant, cum aequinoctiali
tempore ex eadem linia ortus occasusque cernatur,
solstitiali exortus per suam liniam, brumali occasus.
quae accidere nullo modo possent nisi in centro sita
esset.

Tres autem circuli supra dictis zonis inplexi inae-   LXX
qualitates temporum distingunt: solstitialis a parte   177
signiferi excelsissima nobis ad septentrionalem plagam versus, contraque ad alium polum brumalis,
item medio ambitu signiferi orbis incedens aequi-
noctialis.

Reliquorum quae miramur causa in ipsius terrae   LXXI
figura est; quam globo similem et cum ea aquas iisdem intellegitur argumentis. sic enim fit haud
dubie, ut nobis septentrionalis plagae sidera numquam occidant, contra meridianae numquam ori-

schlecht, hier beginnen wir Kriege, die auch Bürgerkriege sein
können, und durch gegenseitiges Morden machen wir uns die
Erde geräumiger! Und, um den Völkerwahnsinn zu übergehen, das ist es, wo wir unsere Angrenzer vertreiben und die-
bisch die Scholle des Nachbarn zu unserem Felde hinzugra-
ben, so daß, wer am weitesten sein Land abgesteckt und über
die Reichweite üblen Rufes hinaus seine Nachbarn vertrieben
hat, sich ach, an welch kleinen Teile der Erde erfreuen darf
oder, wenn er sein Eigentum seiner Habsucht entsprechend
erweitert hat, was für einen Teil davon schließlich nach seinem Tode behalten wird.

Daß die Erde in der Mitte der ganzen Welt liegt, steht aufgrund von unbezweifelbaren Beweisen fest, am deutlichsten
nach der gleichen Stundenverteilung bei der Tagundnachtgleiche. Denn wäre sie nicht in der Mitte, könnte sie Tage und
Nächte nicht gleich haben. Das kann man erweisen und das
bestätigt auch die Dioptra am besten, da man bei der Tagundnachtgleiche Auf- und Untergang der Sonne auf derselben
Linie wahrnimmt, auf einer besonderen Linie bei der Sommerwende den Aufgang, bei der Winterwende den Untergang. Dieses könnte auf keine Weise der Fall sein, wenn die
Erde nicht im Mittelpunkt läge.

Anderseits bestimmen drei über den oben genannten
Zonen verflochtene Kreise die Ungleichheit der Zeiten: der
Sommerwendekreis, an der von uns am höchsten nach Norden hin liegenden Seite des Tierkreises und gegenüber zum
anderen Pol hin der Winterwendekreis, ebenso mitten durch
den Tierkreis sich hinziehend, der Äquinoktialkreis.

Die Ursache der übrigen uns wunderbar dünkenden
Erscheinungen liegt in der Gestalt der Erde selbst; ihre samt
den Gewässern kugelrunde Form erhellt aus den gleichen
Beweisgründen. Daher kommt es ohne Zweifel, daß für uns
die Gestirne am nördlichen Himmel niemals untergehen, hin-

antur, rursusque haec illis non cernantur, attollente
se contra medios visus terrarum globo. septentrio-   178
nes non cernit Trogodytice et confinis Aegyptus,
nec Canopum Italia et quem vocant Berenices cri-
nem, item quem sub Divo Augusto cognominavere
Caesaris thronon, insignes ibi stellas. adeoque
manifesto adsurgens fastigium curvatur, ut Cano-
pus quartam fere partem signi unius supra terram
eminere Alexandriae intuentibus videatur, eadem a
Rhodo terram quodammodo ipsam stringere, in
Ponto omnino non cernatur, ubi maxime sublimis
septentrio. idem a Rhodo absconditur magisque
Alexandriae, in Arabia Novembri mense, prima
vigilia occultus, secunda se ostendit; in Meroë solstitio vesperi paulisper apparet paucisque ante
exortum Arcturi diebus pariter cum die cernitur.
navigantium haec maxime cursus deprehendunt, in   179
alia adverso, in alia prono mari, subitoque conspi-
cuis atque ut e freto emergentibus, quae in anfractu
pilae latuere, sideribus. neque enim, ut dixere aliqui, mundus hoc polo excelsiore se attollit ita ut
undique cernerentur haec sidera. verum haec
eadem quibusque proximus sublimiora credentur
eademque demersa longinquis, utque nunc sublimis in deiectu positis videtur hic vertex, sic in illam

gegen die am südlichen Himmels niemals aufgehen und daß
ferner die Bewohner des Südens unsere Sterne nicht sehen
können, weil die Kugelgestalt der Erde sich gegen den Blick
über die Mitte erhebt. Im Lande der Trogodyten und im
benachbarten Ägypten sieht man den Großen Bären nicht,
hingegen in Italien nicht den Kanopos und die sogenannte
»Locke der Berenike« wie auch einen anderen Stern, der unter
dem Divus Augustus den Namen »Caesars Thron« erhielt,
Sternbilder, die doch in jenen Ländern sichtbar sind. Ja, die
Krümmung der Erde steigt so deutlich an, daß der Kanopos
den Beobachtern zu Alexandreia um den vierten Teil eines
Tierkreiszeichens über dem Horizont zu stehen scheint, während er auf Rhodos die Erde scheinbar streift, im Pontos, wo
der Große Bär am höchsten steht, überhaupt unsichtbar ist.
Der Große Bär wird aber nicht auf Rhodos unsichtbar und
noch mehr in Alexandreia sichtbar, in Arabien ist er während
der ersten Nachtwache im November verborgen, erscheint
aber in der zweiten; in Meroë zeigt er sich am Abend nur
kurze Zeit bei der Sommersonnenwende und wenige Tage
vor dem Aufgang des Arcturus sieht man ihn bei Tagesanbruch. Bei den Fahrten der Seefahrer können dieser Erscheinungen am besten beobachtet werden, wenn das Meer gegen
die einen Gestirne in die Höhe steigt, gegen die anderen wieder absinkt, wodurch diejenigen, die durch die Krümmung
des Erdballs verborgen waren, plötzlich sichtbar werden und
gleichsam aus dem Meere auftauchen. Keineswegs erhebt sich
der Himmel, wie manche behauptet haben, so daß dieser Pol
höher wäre, sonst müßte man die Sterne überall sehen; sondern die gleichen Sterne scheinen denen, die jeweils ⟨dem Pol⟩
am nächsten wohnen, höher, und niedriger denen, die weiter
entfernt sind. Wie der nördliche Pol denen, die auf der ⟨nach
ihm hin⟩ abfallenden Seite wohnen, hoch vorkommt, so müssen für die, welche zu jenen ⟨südlich⟩ abfallenden Teil der

terrae devexitatem transgressis illa se attollunt, residentibus quae hic excelsa fuerant, quod nisi in figura pilae accidere non posset.

Ideo defectus solis ac lunae vespertinos orientis incolae non sentiunt nec matutinos ad occasum habitantes, meridianos vero serius nobis illi. apud Arbilam Magni Alexandri victoria luna defecisse noctis secunda hora est prodita eademque in Sicilia exoriens. solis defectum Vipstano et Fonteio cos., qui fuere ante paucos annos, factum pridie Kalendas Maias Campania hora diei inter septimam et octavam sensit, Corbulo dux in Armenia inter horam diei decimam et undecimam prodidit visum; circuitu globi alia aliis detegente et occultante. quod si plana esset terra, simul omnia apparerent cunctis noctesque non fierent inaequales; nam aeque aliis quam in medio sitis paria duodecim horarum intervalla cernerentur, quae nunc non in omni parte simili modo congruunt. LXXII 180

Ideo nec nox diesque, quamvis eadem, toto orbe simul est, opposite globi noctem aut ambitu diem adferente. multis hoc cognitum experimentis: in Africa Hispaniaque turrium Hannibalis, in Asia vero propter piraticos terrores simili specularum praesidio excitato; in quis praenuntios ignes sexta LXXIII 181

Erde hin übergewechselt sind, jene ⟨südlichen⟩ Sterne aufsteigen und die, welche bei uns hoch standen, herabsinken, was alles nicht der Fall sein könnte, wenn die Erde nicht Kugelgestalt hätte.

Daher werden die am Abend stattfindenden Sonnen- und Mondfinsternisse nicht von den Bewohnern des Ostens und die am Morgen stattfindenden nicht von denen des Westens gesehen; die mittags auftretenden sehen die Bewohner des Ostens später als wir. Als Alexander der Große seinen Sieg bei Arbela erfocht, soll sich der Mond in der zweiten Nachtstunde verfinstert haben, in Sizilien aber schon bei seinem Aufgang. Die Sonnenfinsternis, welche sich vor wenigen Jahren unter den Konsuln Vipstanus und Fonteius [59 n. Chr.] am Tage vor den Kalenden des Mai [30. 4.] ereignete, sah man in Kampanien zwischen der siebten und achten Tagesstunde, während Corbulo, als Feldherr in Armenien, sie, wie er sagt, zwischen der zehnten und elften Tagesstunde gesehen hat; so zeigt oder verbirgt die Erde durch ihre Kugelgestalt dem einen dies, dem andern jenes. Denn wäre die Erde eine ebene Fläche, so müßte den Menschen alles zur gleichen Zeit sichtbar sein, die Nächte wären nicht ungleich lang; denn es würden nicht nur von denen, welche in der Mitte wohnen, sondern auch von allen anderen zwölf gleich lange Stunden beobachtet werden, während sie jetzt nicht überall völlig miteinander übereinstimmen.

Deshalb ist es auch nie auf der ganzen Erde zugleich Nacht oder Tag, wenn es sich auch um die gleiche Sache handelt, da die Zwischenstellung des Erdballs Nacht und die Umdrehung den Tag bewirkt. Durch viele Erfahrungen ist dies erkannt worden: In Afrika und in Spanien wurden von Hannibal Türme, in Asien ähnliche Warten zum Schutz wegen der schrecklichen Überfälle durch Seeräuber errichtet. Wenn man auf diesen um die sechste Tagesstunde Signalfeuer

hora diei accensos saepe conpertum est tertia noctis
a tergo ultimis visos. eiusdem Alexandri cursor
Philonides ex Sicyone Elin mille et ducenta stadia
novem diei confecit horis indeque, quamvis declivi
itinere, tertia noctis hora remensus est saepius.
causa, quod eunti cum sole iter erat, eundem re-
means obvium contrario praetervertebat occursu.
qua de causa ad occasum navigantes, quamvis bre-
vissimo die, vincunt spatia nocturnae navigationis,
ut solem ipsum comitantes.

Vasaque horoscopa non ubique eadem sunt usui,   LXXIV
in trecenis stadiis aut, ut longissime, in quingenis   182
mutantibus semet umbris solis. itaque umbilici,
quem gnomonem appellant, umbra in Aegypto
meridiano tempore aequinoctii die paulo plus
quam dimidiam gnomonis mensuram efficit, in
urbe Roma nona pars gnomonis deest umbrae, in
oppido Ancona superest quinta tricesima, in parte
Italiae, quae Venetia appellatur, iisdem horis umbra
gnomoni par fit.

Simili modo tradunt in Syene oppido, quod est   LXXV
supra Alexandriam quinque milibus stadium, sol-   183
stitii die medio nullam umbram iaci puteumque
eius experimenti gratia factum totum inluminari. ex
quo apparere tum solem illi loco supra verticem
esse, quod et in India supra flumen Hypasim fieri
tempore eodem Onesictritus scribit. constatque in
Berenice urbe Trogodytarum, et inde stadiis $\overline{IV}$ ·
DCCCXX in eadem gente Ptolemaide oppido,
quod in margine Rubri maris ad primos elephanto-
rum venatus conditum est, hoc idem ante solstitium

anzündete, machte man oft die Erfahrung, daß sie von den rückwärts [nach Osten] liegenden Türmen um die dritte Nachtstunde gesichtet wurden. Philonides, ein Läufer des schon genannten Alexander des Großen, legte den 1200 Stadien langen Weg von Sikyon nach Elis in neun Tagesstunden zurück; von da aber kehrte er, obgleich der Weg bergab ging, oft erst in der dritten Nachtstunde wieder. Die Ursache war, daß er auf dem Hinweg mit der Sonne lief, auf dem Rückweg aber die ihm entgegenkommende Sonne überholte. Aus dem gleichen Grunde bewältigen die nach Westen segelnden Seefahrer selbst am kürzesten Tage längere Strecken als in der Nacht, weil sie gleichsam mit der Sonne segeln.

Nicht überall kann man die gleichen Sonnenuhren gebrauchen, da sich die Sonnenschatten mit je 300 oder höchstens 500 Stadien ändern. So beträgt die Schattenlänge des Zeigers, *gnomon* genannt, in Ägypten mittags bei der Tagundnachtgleiche etwas mehr als die halbe Länge des Zeigers; in Rom ist der Schatten um den neunten Teil des *gnomons* kürzer, in Ancona um $1/35$ länger; in dem Teil Italiens, der Venetien heißt, ist in den gleichen Stunden der Schatten dem *gnomon* gleich.

Ebenso erzählt man, daß zu Syene, einer Stadt, welche 5000 Stadien südlich von Alexandreia liegt, die Sonne mittags bei der Sommersonnenwende keinen Schatten werfe und daß ein Brunnen, den man der Forschung halber gegraben habe, ganz vom Sonnenlicht getroffen werde. Hieraus gehe hervor, daß die Sonne für diesen Ort gerade im Scheitelpunkt stehe, was auch, wie Onesikritos schreibt, gleichzeitig in Indien über dem Fluß Hypasis der Fall sein soll. Es steht fest, daß zu Berenike, einer Stadt der Trogodyten, und dem 4820 Stadien entfernt liegenden, zum gleichen Volke gehörenden Ptolemaïs, das an der Küste des Roten Meeres wegen der ersten Elefantenjagden angelegt worden war, sich die gleiche Erscheinung

quadragenis quinis diebus totidemque postea fieri,
et per eos XC dies in meridiem umbras iaci. rursus   184
in Meroë – insula haec caputque gentis Aethiopum
V milibus stadium a Syene in amne Nilo habitatur –
bis anno absumi umbras, sole duodevicesimam
tauri partem et quartam decimam leonis tunc obtinente. in Indiae gente Oretum mons est Maleus
nomine, iuxta quem umbrae aestate in austrum,
hieme in septentrionem iaciuntur; quindecim tantum noctibus ibi apparet septentrio. in eadem India
Patalis, celeberrimo portu, sol dexter oritur,
umbrae in meridiem cadunt. septentrionem ibi   185
Alexandro morante adnotatum prima tantum parte
noctis aspici. Onesicritus, dux eius, scripsit, quibus
in locis Indiae umbrae non sint, septentrionem non
conspici, et ea loca appellari ascia, nec horas dinu-
merari ibi.

Et tota Trogodytice umbras bis quadraginta   LXXVI
quinque diebus in anno Eratosthenes in contrarium
cadere prodidit.

Sic fit, ut vario lucis incremento in Meroë longis-   LXXVII
simus dies XII horas aequinoctiales et octo partes   186
unius horae colligat, Alexandriae vero XIV horas,
in Italia XV, in Britannia XVII, ubi aestate lucidae
noctes haud dubie repromittunt, id quod cogit ratio
credi, solstitii diebus accedente sole propius verticem mundi angusto lucis ambitu subiecta terrae
continuos dies habere senis mensibus noctesque e
diverso ad brumam remoto. quod fieri in insula   187
Thyle Pytheas Massiliensis scribit, sex dierum navi-

45 Tage vor und ebenso viele nach der Sommersonnenwende
zeigt und daß jene 90 Tage hindurch der Schatten nach Süden
fällt. Auch zu Meroë – dies ist eine Insel und die Hauptstadt
der Aithiopen, die 5000 Stadien von Syene entfernt im Nil lie-
gend bewohnt wird – verschwinden zweimal im Jahre die
Schatten, wenn nämlich die Sonne gerade im 18. Grad des
Stieres und im 14. des Löwen steht. In Indien, beim Volke der
Oreten, liegt ein Berg, Maleus genannt, in dessen Bereich im
Sommer die Schatten nach Süden, im Winter nach Norden
fallen; dort ist der Große Bär nur 15 Nächte lang sichtbar.
Ebenfalls in Indien, im befahrenen Seehafen Patala, geht die
Sonne zur Rechten auf und die Schatten fallen nach Süden.
Während Alexander sich dort aufhielt, verzeichnete man, daß
der Große Bär nur während des ersten Teiles der Nacht sichtbar war. Onesikritos, sein Flottenführer, zeichnete auf, daß
an den Orten Indiens, wo Schatten fehlen, der Große Bär
nicht sichtbar sei, daß man diese Orte »schattenlose« *(askia)*
heiße und dort auch keine Stunden zähle.

Im ganzen Trogodytenlande jedoch sollen, nach Eratosthenes, die Schatten zweimal im Jahr 45 Tage hindurch auf
die entgegengesetzte [südliche] Seite fallen.

So geschieht es, daß durch die unterschiedliche Zunahme
der Tagesdauer der längste Tag in Meroë 12 Äquinoktialstunden und 8 Teile einer Stunde beträgt, in Alexandreia aber 14,
in Italien 15 und in Britannien 17 Stunden, wo die während
des Sommers hellen Nächte versprechen, was zu glauben
schon die Vernunft zwingt, daß nämlich in den Tagen der
Sommerwende, wo die Sonne sich dem Weltpole nähert und
ihr Licht einen engeren Kreis beschreibt, die darunter liegenden Teile der Erde sechs Monate hindurch Tag, dagegen,
wenn sich die Sonne bis zur Winterwende entfernt hat,
ebenso lange Nacht haben. Das gleiche soll, wie Pytheas aus
Massilia berichtet, auf der Insel Thule der Fall sein, die sechs

gatione in septentrionem a Britannia distante. quidam vero et in Mona, quae distat a Camaloduno
Britanniae oppido circiter $\overline{CC}$, adfirmant. umbra- LXXVIII
rum hanc rationem et quam vocant gnomonicen
invenit Anaximenes Milesius, Anaximandri, de quo
diximus, discipulus, primusque horologium, quod
appellant sciothericon, Lacedaemone ostendit.

Ipsum diem alii aliter observavere: Babylonii LXXIX
inter duos solis exortus, Athenienses inter duos 188
occasus, Umbri a meridie ad meridiem, vulgus
omne a luce ad tenebras, sacerdotes Romani et qui
diem finiere civilem, item Aegyptii et Hipparchus a
media nocte in mediam. minora autem intervalla
esse lucis inter ortus solis iuxta solstitia quam
aequinoctia apparet, quia positio signiferi circa
media sui obliquior est, iuxta solstitium autem rec-
tior.

Contexenda sunt his caelestibus nexa causis. LXXX
namque et Aethiopas vicini sideris vapore torreri 189
adustisque similes gigni, barba et capillo vibrato,
non est dubium, et adversa plaga mundi candida
atque glaciali cute esse gentes, flavis promissas cri-
nibus, truces vero ex caeli rigore has, illas mobili-
tate sapientes, ipsoque crurum argumento illis in
supera sucum revocari natura vaporis, his in inferas
partes depelli umore deciduo; hic graves feras, illic
varias effigies animalium provenire et maxime ali-

Schiffstagereisen nördlich von Britannien liegt. Einige behaupten dies auch von der Insel Mona, welche etwa 200 Meilen von der Stadt Camalodunum in Britannien entfernt liegt. Diese Lehre von den Schatten und die sogenannte Gnomonik hat Anaximenes aus Milet erfunden, ein Schüler des Anaximandros, von dem wir bereits gesprochen haben [§ 31], und er stellte als erster in Lakedaimon einen Stundenzeiger aus, den sie »Schattenjäger« *(skiotherikon)* nennen.

Die Länge des Tages selbst hat man auf die eine und andere Weise beobachtet: die Babylonier rechnen von einem Sonnenaufgang bis zum anderen, die Athener von einem Untergang bis zum anderen, die Umbrer von Mittag zu Mittag, die große Menge von Morgen bis zum Abend, die römischen Priester und diejenigen, die den bürgerlichen Tag festlegen, ebenso die Ägypter und Hipparchos von Mitternacht zu Mitternacht. Daß aber die Abwesenheit des Tageslichtes von einem Sonnenaufgang zum anderen zur Zeit der Sommersonnenwende kürzer ist als zur Zeit der Tagundnachtgleiche, ist deutlich, weil die Lage des Tierkreises nach der Mitte hin schräger ist, bei der Sommersonnenwende aber senkrechter.

Damit ist zu verbinden, was mit den Ursachen der himmlischen Erscheinungen in Zusammenhang steht. Es wird nämlich niemand bezweifeln, daß die Aithiopen, mit krausem Bart- und Haupthaar, durch die Hitze der nahen Sonne schwarz werden und Verbrannten gleich zur Welt kommen und daß im entgegengesetzten kalten Himmelsstrich die Völker weiße Haut und lange blonde Haare haben; daß diese die starrende Kälte trutzig, jene die Beweglichkeit der Luft klug werden läßt, und daß man selbst an den Beinen zu erkennen vermag, daß bei den einen der Saft nach oben geholt wird durch die Hitze, bei den andern aber durch die nach unten strebende Feuchtigkeit zu den unteren Teilen gezogen wird; daß endlich hier schwerfällige Tiere, dort allerlei Tiergestal-

tum multas figuras gigni volucres...; corporum
autem proceritatem utrobique, illic ignium nisu,
hic umoris alimento; medio vero terrae salubri   190
utrimque mixtura fertiles ad omnia tractus, modi-
cos corporum habitus magna et in colore temperie,
ritus molles, sensus liquidos, ingenia fecunda toti-
usque naturae capacia; iisdem imperia, quae numquam extimis gentibus fuerint, sicut ne illae quidem
his paruerint, avolsae ac pro immanitate naturae
urguentis illas solitariae.

Babyloniorum placita et motus terrae hiatusque,   LXXXI
qua cetera omnia, siderum vi existimant fieri, sed   191
illorum trium, quibus fulmina adsignant; fieri
autem meantium cum sole aut congruentium et
maxime circa quadrata mundi. praeclara quaedam
et inmortalis in eo, si credimus, divinitas perhibetur
Anaximandro Milesio physico; quem ferunt Lace-
daemoniis praedixisse ut urbem ac tecta custodi-
rent, instare enim motum terrae; cum et urbs tota
eorum corruit et Taygeti montis magna pars, ad
formam puppis eminens, abrupta cladem eam insu-
per ruina pressit. perhibetur et Pherecydi, Pytha-
gorae doctori, alia coniectatio, sed et illa divina,
haustu aquae e puteo praesensisse ac praedixisse
civibus terrae motum. quae si vera sunt, quantum   192
a deo tandem videri possunt tales distare, dum

ten, vor allem Vögel... entstehen; daß aber in beiden Zonen
die Körper schlank werden, dort durch die treibende Kraft
der Hitze, hier durch die nährende Feuchtigkeit. Daß in der
Mitte der Erde in gesunder beiderseitiger Mischung Landstriche sich befinden, in allem fruchtbar; und daß hier der Körper
eine mittlere Größe und die richtige reiche Farbenmischung
aufweist, daß die Sitten mild sind, der Verstand beweglich,
der Geist fruchtbar ist und fähig, die ganze Natur zu erfassen;
hier gibt es auch große Reiche, wie es sie niemals bei den Völkern am Rande der Welt gegeben hat, so wie sie auch ihnen
nicht untertan waren, losgetrennt und wegen der Unwirtlich-
keit der sie bedrängenden Natur vereinsamt.

Nach der Lehre der Babylonier rühren sogar Erdbeben,
Erdrisse wie alle anderen derartigen Erscheinungen von der
Kraft der Gestirne her, vor allem aber nur jener drei, denen sie
auch die Blitze zuschreiben. Diese Erscheinungen treffen –
wie sie sagen – dann ein, wenn die Gestirne mit der Sonne laufen oder mit ihr zusammenkommen, hauptsächlich wenn sie
mit ihr im Geviertschein stehen. Eine ausgezeichnete und
göttliche Sehergabe besaß, wenn wir es glauben wollen, der
Naturforscher Anaximandros aus Milet. Dieser soll die Lakedaimonier im voraus ermahnt haben, auf Stadt und Häuser
achtzugeben, da ein Erdbeben bevorstehe; wirklich stürzte
die ganze Stadt zusammen, und ein großes Stück des Berges
Taygetos, welches gleich dem Hinterteil eines Schiffes her-
vorragte, löste sich los und überschüttete die Ruinen mit seinen Trümmern. Auch Pherekydes, dem Lehrer des Pythagoras, wird eine andere, aber nicht weniger göttliche Sehergabe
zugeschrieben: er soll nämlich durch einen Trunk Wasser aus
einem Brunnen ein Erdbeben im voraus erkannt und seinen
Mitbürgern vorhergesagt haben. Wenn dies wahr ist, wie
wenig können sich offenbar diese Männer schon bei Lebzei-
ten von den Göttern unterschieden haben? Doch dies mag

vivant? et haec quidem arbitrio cuiusque existi-
manda relinquantur: ventos in causa esse non
dubium reor. neque enim umquam intremiscunt
terrae nisi sopito mari caeloque adeo tranquillo, ut
volatus avium non pendeant, subtracto omni spiritu qui vehit, nec umquam nisi post ventos, con-
dito scilicet in venas et cava eius occulta flatu. neque
aliud est in terra tremor quam in nube tonitruum,
nec hiatus aliud quam cum fulmen erumpit incluso
spiritu luctante et ad libertatem exire nitente.

Varie itaque quatitur, et mira eduntur opera: LXXXII
alibi prostratis moenibus, alibi hiatu profundo   193
haustis, alibi egestis molibus, alibi emissis amnibus,
nonnumquam etiam ignibus calidisve fontibus,
alibi averso fluminum cursu. praecedit vero comi-
taturque terribilis sonus, alias murmuri similis,
alias mugitibus aut clamori humano armorumve
pulsantium fragori, pro qualitate materiae exci-
pientis formaque vel cavernarum vel cuniculi, per
quem meet; exilius grassante in angusto, eodem
rauco in recurvis, resultante in duris, fervente in
umidis, fluctuante in stagnantibus, furente contra
solida. itaque et sine motu saepe editur sonus. nec   194
simplici modo quatitur umquam, sed tremit vibrat-
que. hiatus vero alias remanet ostendens quae sor-
buit, alias occultat ore conpresso rursusque ita
inducto solo, ut nulla vestigia exstent, urbibus plerumque devoratis agrorumque tractu hausto. mari-

dem Ermessen jedes einzelnen anheimgestellt sein: daß
Winde die Ursache von Erdbeben sind, möchte ich nicht in
Zweifel ziehen. Nur dann nämlich bebt die Erde, wenn das
Meer still und die Atmosphäre so ruhig ist, daß selbst die
Vögel nicht schweben können, da der sie tragende Luftzug
völlig fehlt; und nur nach einem Sturme, wenn der Wind sich
gleichsam in den Adern und versteckten Höhlen der Erde
verborgen hat. Und nicht anders ist das Beben in der Erde als
der Donner in den Wolken und ein Erdriß ist nichts anderes
als wenn ein Blitz hervorbricht, indem die eingeschlossene
Luft kämpft und sich gewaltsam zu befreien sucht.

Erdbeben äußert sich auf verschiedene Weise und wunderbare Wirkungen treten auf: hier stürzen Mauern ein, dort
werden sie von der klaffenden Tiefe verschlungen, hier werden Erdmassen ausgeworfen, dort brechen Ströme hervor,
manchmal auch Feuer oder warme Quellen, dort ändert sich
der Lauf der Flüsse. Voraus oder nebenbei geht jedoch
schreckliches Getöse, das bald einem Brummen ähnlich ist,
bald dem Brüllen der Rinder, bald menschlichem Geschrei,
bald Waffengeklirr, je nach Art des Stoffes, auf den es stößt,
und der Gestalt der Höhlen oder des Ganges, durch die es
hindurchfährt. Schwächer wirkt es, wenn es durch enge,
dumpf, wenn es durch gekrümmte, widerhallend, wenn es
durch trockene, brausend, wenn es durch feuchte, wogend,
wenn es durch sumpfartige, und krachend, wenn es gegen
feste Körper geht. Oft hört man deshalb auch ein solches
Getöse, ohne daß ein Erdbeben folgt. Niemals erhält die Erde
nur einen einfachen Stoß, sondern sie zittert und schwankt
hin und her. Zuweilen bliebt der Riß offen und zeigt das, was
er verschlungen hat, zuweilen verbirgt er es, wobei sich der
Schlund schließt und der Boden wieder so darüberlegt, daß
keine Spuren übrigbleiben, vor allem wenn Städte verschlungen oder Landstrecken eingesogen worden sind. Die Küsten-

tima autem maxime quatiuntur, nec montuosa tali
malo carent. exploratum mihi est Alpes Appenni-
numque saepius tremuisse. et autumno ac vere ter-   195
rae crebrius moventur, sicut fulmina. ideo Galliae
et Aegyptus minime quatiuntur, quoniam hic
aestatis causa obstat, illic hiemis. item noctu saepius
quam interdiu; maximi autem motus exsistunt
matutini vespertinique, sed propinqua luce crebri,
interdiu autem circa meridiem. fiunt et solis lunaeque defectu, quoniam tempestates tunc sopiuntur,
praecipue vero cum sequitur imbres aestus
imbresve aestum.

Navigantes quoque sentiunt non dubia coniec-   LXXXIII
tura, sine flatu intumescente fluctu subito aut qua-   196
tiente ictu. intremunt vero et in navibus postes
aeque quam in aedificiis crepituque praenuntiant.
quin et volucres non inpavidae sedent. est et in
caelo signum praeceditque motu futuro aut interdiu aut paulo post occasum sereno tenuis ceu lineae
nubes in longum porrecta spatium.

Est et in puteis turbidior aqua nec sine odoris   LXXXIV
taedio; sicut in iisdem et remedium, quale et crebri   197
specus praebent: conceptum enim spiritum exha-
lant. quod in totis notatur oppidis. minus quatiuntur crebris ad eluviem cuniculis cavata, multoque
sunt tutiora in iisdem illis quae pendent, sicuti
Neapoli in Italia intellegitur, parte eius, quae solida
est, ad tales casus obnoxia. tutissimi sunt aedifici-

länder aber sind am meisten den Erdbeben ausgesetzt, doch
auch gebirgige Länder bleiben von diesem Übel nicht ver-
schont. Es ist mir bekannt, daß die Alpen und der Apennin
öfters erschüttert worden sind. Im Herbst und im Frühling
sind die Erdbeben, wie die Blitze, häufiger. Gallien und
Ägypten spüren sie daher am wenigsten, weil hier die Hitze,
dort die Kälte sie verhütet. Ebenso treten sie bei Nacht öfter
als am Tage auf; die heftigsten Beben aber entstehen am Morgen und am Abend, häufig sind sie aber vor Tagesanbruch,
tagsüber aber um die Mittagszeit. Auch bei Sonnen- und
Mondfinsternissen finden sie statt, weil dann die Stürme sich
legen, vor allem aber, wenn auf Regen Hitze oder auf Hitze
Regen folgt.

Auch die Seefahrer spüren ein Erdbeben durch die Deutung sicherer Zeichen, wenn nämlich die Wogen ohne Sturm
plötzlich anschwellen oder ein Stoß das Schiff erschüttert. Es
beben aber die Türen auf den Schiffen ebenso wie in den Häusern und kündigen es durch ein Klirren an. Sogar die Vögel
bleiben nicht ohne Furcht sitzen. Auch am Himmel ist ein
Zeichen bemerkbar; einem nahen Erdbeben geht nämlich ein
langer, strichförmiger Wolkenstreifen voraus, der sich entweder bei Tag oder kurz nach Sonnenuntergang am heiteren
Himmel zeigt.

In den Brunnen ferner ist das Wasser mehr aufgewühlt und
von widerlichem Geruch; diese Brunnen sind ein Schutzmit-
tel gegen Erdbeben, ebenso wie zahlreiche Höhlen: sie dienen
nämlich als Ausgang für die zusammengepreßte Luft. Dies ist
bei ganzen Städten festzustellen. Weniger häufig werden
nämlich von Erdbeben solche heimgesucht, die von zahlreichen Abzugskanälen unterhöhlt sind, und viel sicherer sind in
ihnen die Gebäude, die auf Gewölben stehen, wie man an
Neapolis in Italien sehen kann, dessen auf festem Boden
gebauter Stadtteil ⟨weit mehr⟩ solchen Unglücksfällen unter-

orum fornices, anguli quoque parietum postesque,
alterno pulsu renitente. et latere terreno facti parie-
tes minore noxa quatiuntur. magna differentia est et   198
in ipso genere motus, pluribus siquidem modis
quatitur. tutissimum est cum vibrat crispante aedi-
ficiorum crepitu et cum intumescit adsurgens alter-
noque motu residit; innoxium et cum concurrentia
tecta contrario ictu arietant, quoniam alter motus
alteri renititur. undantis inclinatio et fluctus more
quaedam volutatio infesta est aut cum in unam partem totus se motus inpellit. desinunt autem tremo-
res, cum ventus emersit; sin vero duravere, non
ante XL dies sistuntur, plerumque et tardius,
utpote cum quidam annuo et bienni spatio durave-
rint.

Factum est semel, quod equidem in Etruscae dis-   LXXXV
ciplinae voluminibus invenio, ingens terrarum por-   199
tentum L. Marcio Sexto Iulio cos. in agro Mutinensi. namque montes duo inter se concurrerunt
crepitu maximo adsultantes recedentesque, inter
eos flamma fumoque in caelum exeunte interdiu,
spectante e via Aemilia magna equitum Romanorum familiarumque et viatorum multitudine. eo
concursu villae omnes elisae, animalia permulta,
quae intra fuerant, exanimata sunt; anno ante so-
ciale bellum, quod haud scio an funestius terrae ipsi
Italiae fuerit quam civilia. non minus mirum ostentum et nostra cognovit aetas anno Neronis princi-

worfen ist. Am sichersten sind die Gewölbe der Gebäude,
auch Mauerwinkel und Türen, weil sie durch gegenseitigen
Druck widerstehen. Auch Wände aus Backsteinen leiden
beim Erdbeben weniger Schaden. Einen großen Unterschied
macht auch die Art des Erdbebens selbst, denn die Erschütte-
rungen äußern sich auf vielfältige Weise. Am meisten Sicherheit herrscht noch, wenn die Erde hin und her schwankt und
die Gebäude ein krachendes Geräusch von sich geben oder
wenn sie bei einem Stoß sich erhebt und abwechselnd wieder
senkt; die Gefahr ist auch dann gering, wenn die Häuser
durch entgegengesetzte Stöße wie Sturmböcke aneinander
prallen, da dann der eine Stoß die Kraft des anderen bricht.
Gefahr besteht aber, wenn sich die Erde wellenförmig biegt,
fast wie eine Woge wälzt und der Stoß mit ganzer Kraft nach
einer Richtung hin wirkt. Die Stöße aber hören auf, wenn sich
der Wind erhoben hat; haben sie aber angedauert, so kommen
sie nicht vor vierzig Tagen zur Ruhe, oft noch später, wie
denn einige Erdbeben ein ganzes Jahr und sogar zwei Jahre
angehalten haben.

    Einmal hat sich, wie ich in den Büchern der etruskischen
Lehre finde, im Gebiet von Mutina unter dem Konsulat von
L. Marcius und Sextus Julius [91 v. Chr.] ein außerordentli-
ches Erdwunder ereignet. Zwei Berge stürzten nämlich mit
riesigem Getöse gegeneinander und wichen wieder zurück,
während zwischen ihnen am hellen Tage Flammen und Rauch
zum Himmel stiegen, wobei eine große Zahl römischer Ritter
mit ihren Leuten und Reisende von der Via Aemilia aus zusa-
hen. Durch diesen Zusammenstoß wurden alle Landhäuser
zermalmt, und sehr viele Tiere, die darinnen waren, getötet;
dies geschah im Jahr vor dem Bundesgenossenkrieg, der nach
meiner Ansicht für Italien selbst verhängnisvoller gewesen ist
als der Bürgerkrieg. Ein nicht weniger merkwürdiges Ereignis hat unsere Zeit erlebt im letzten Regierungsjahr des Kai-

pis supremo, sicut in rebus eius exposuimus, pratis
oleisque intercedente publica via in contrarias sedes
transgressis in agro Marrucino praediis Vettii Mar-
celli equitis Romani res Neronis procurantis.

Fiunt simul cum terrae motu et inundationes   LXXXVI
maris, eodem videlicet spiritu infusi aut terrae   200
sidentis sinu recepti. maximus terrae memoria mortalium exstitit motus Tiberii Caesaris principatu,
XII urbibus Asiae una nocte prostratis; creberri-
mus Punico bello intra eundem annum septies ac
quinquagies nuntiatus Romam. quo quidem anno
ad Trasimenum lacum dimicantes maximum
motum neque Poeni sensere nec Romani. nec vero
simplex malum aut in ipso tantum motu periculum
est, sed par aut maius ostento. numquam urbs
Roma tremuit, ut non futuri eventus alicuius id
praenuntium esset.

Eadem nascentium causa terrarum est, cum idem   LXXXVII
ille spiritus attollendo potens solo non valuit erum-   201
pere. nascunter enim, nec fluminum tantum
invectu, sicut Echinades insulae ab Acheloo amne
congestae maiorque pars Aegypti a Nilo, in quam a
Pharo insula noctis et diei cursum fuisse Homero
credimus, nec recessu maris sicut idem Cerceis,
quod accidisse et in Ambraciae portu decem

sers Nero [68 n. Chr.], wie ich in seiner Geschichte erzählt
habe: im Gebiet der Marrukiner auf den Gütern des römischen Ritters Vettius Marcellus, der ein Prokurator Neros
war, wurden Wiesen und Ölgärten, durch welche eine Land-
straße führte, auf die entgegengesetzte Seite verschoben.

Zugleich mit den Erdbeben erfolgen auch Überschwem-
mungen des Meeres, wenn dieses offenbar durch denselben
Luftdruck ⟨ins Land⟩ hineingedrängt oder von der Bucht des
sich senkenden Landes aufgenommen wird. Das seit Men-
schengedenken stärkste Erdbeben ereignete sich unter der
Regierung des Kaisers Tiberius, als zwölf Städte Asiens in
einer Nacht dem Erdboden gleichgemacht wurden; die häufigsten Erdbeben ereigneten sich im Punischen Kriege, als in
einem Jahre [217 v. Chr.] siebenundfünfzig nach Rom gemel-
det wurden. In diesem Jahre ist das stärkste Beben während
der Schlacht am Trasimenischen See weder von den Puniern
noch von den Römern bemerkt worden. Nie kommt aber das
Unglück allein, und die Gefahr besteht nicht nur im Erdbeben selbst, sondern ein gleich großes oder noch größeres Übel
liegt in dem, was es anzeigt. Niemals hat in Rom ein Erdbeben
stattgefunden, ohne daß dadurch nicht ein zukünftiges Ereignis angedeutet worden wäre.

Erdbeben sind auch die Ursache für neu entstehendes
Land, wenn nämlich jener Wind kräftig genug ist, die Erde
anzuheben, aber sie nicht zu durchbrechen vermocht hat. Es
entsteht nämlich neues Land, aber nicht nur durch die
Anschwemmung der Flüsse, wie die Echinadischen Inseln
durch den Fluß Acheloos aufgeschüttet worden sind, und der
größte Teil Ägyptens durch den Nil – wohin, wie wir Homer
glauben, von der Insel Pharos aus ⟨nur⟩ eine Tages- und eine
Nachtreise benötigt wurde – und nicht nur durch den Rückzug des Meeres, wie dasselbe bei Circei geschehen ist, was
auch im Hafen von Ambrakia auf eine Entfernung von 10

milium passuum intervallo et Atheniensium quinque milium ad Piraeeum memoratur; et Ephesi, ubi
quondem aedem Dianae adluebat. Herodoto quidem si credimus, mare fuit supra Memphim usque
ad Aethiopum montes itemque a planis Arabiae,
mare circa Ilium et tota Teuthraniae quaque campos intulerit Maeander.

    Nascuntur et alio modo terrae ac repente in ali-   LXXXVIII
quo mari emergunt, velut paria secum faciente   202
natura quaeque hauserit hiatus alio loco reddente.

    Clarae iam pridem insulae Delos et Rhodos   LXXXIX
memoriae produntur; et natae postea minores,
ultra Melon Anaphe, inter Lemnum et Hellespon-
tum Neae, inter Lebedum et Teon Halone, inter
Cycladas Olympiadis CXXXV anno quarto Thera
et Therasia, inter easdem post annos XXXX Hiera
eademque Automate, et ab ea duobus stadiis post
annos CCXLII nostro aevo Iunio Silano Laelio
Balbo cos. a. d. VIII Idus Iulias Thia. ante nos et   203
iuxta Italiam inter Aeolias insulas, item iuxta Cre-
tam emersit MM·D passuum una cum calidis fontibus, altera Olympiadis CLXIII anno tertio in
Tusco sinu, flagrans haec violento cum flatu; prodi-
turque memoriae, magna circa eam multitudine
piscium fluitante confestim exspirasse, quibus ex
his cibus fuisset. sic et Pithecussas in Campano sinu
ferunt ortas, mox in his montem Epopon, cum
repente flamma ex eo emicuisset, campestri aequa-
tum planitiei. in eadem et oppidum haustum pro-

Meilen sich ereignet haben soll und im athenischen Hafen
Peiraieus auf eine Strecke von 5 Meilen, sowie zu Ephesos, wo
es einst den Tempel der Artemis bespülte. Wenn wir Herodot
glauben wollen, reichte ehemals das Meer von Memphis bis
an die Berge der Aithiopen und ebenfalls von den Ebenen
Arabiens an, ferner rund um Ilion, sowie in ganz Teuthranien
und im Schwemmland des Maiandros.

Auch noch auf andere Weise entsteht Land und taucht
unvermutet in irgendeinem Meere auf, gleichsam als wolle
sich die Natur wieder ins Gleichgewicht setzen, indem sie
das, was ein Abgrund an einer Stelle verschlungen hat, an
einer anderen wieder herausgibt.

Nach altem Bericht sind die Inseln Delos und Rhodos deswegen berühmt; später ⟨entstanden⟩ noch mehrere kleine,
wie Anaphe hinter Melos, Nea zwischen Lemnos und dem
Hellespont, Halone zwischen Lebedos und Teos, Thera und
Therasia zwischen den Kykladen, im vierten Jahr der 135.
Olympiade [237 v. Chr.], dann, zwischen den beiden Inseln
40 Jahre später Hiera, auch Automate genannt, und zwei Stadien von dieser entfernt, 242 Jahre später zu unserer Zeit,
unter den Konsuln Iunius Silanus und Laelius Balbus [46
n. Chr.], Thia am 8. Tag vor den Iden des Juli [8. 7.]. Vor
unserer Zeit tauchte auch dicht vor Italien inmitten der Aiolischen Inseln eine Insel auf, ebenso eine andere, die 2500
Schritte lang war, bei Kreta, mit warmen Quellen, eine weitere im dritten Jahre der 163. Olympiade [126 v. Chr.], im
etruskischen Meerbusen, die mit heftigem Winde brannte;
man berichtet, eine große Menge Fische sei um sie auf dem
Wasser getrieben und alle, welche diese aßen, seien sofort
gestorben. So sollen auch die Pithekusen im kampanischen
Meerbusen entstanden sein, bald darauf soll auf diesen der
Berg Epopos, als plötzlich Feuer aus ihm ausgebrochen
waren, der Ebene völlig gleich geworden sein. Dort soll auch

fundo, alioque motu terrae stagnum emersisse, et
alio provolutis montibus insulam exstitisse Pro-
chytam.

Namque et hoc modo insulas rerum natura fecit: XC
avellit Siciliam Italiae, Cyprum Syriae, Euboeam   204
Boeotiae, Euboeae Atalanten et Macrian, Besbicum
Bithyniae, Leucosiam Sirenum promunturio.
Rursus abstulit insulas mari iunxitque terris,   XCI
Antissam Lesbo, Zephyrium Halicarnaso, Aethu-
san Myndo, Dromiscon et Pernen Mileto, Narthe-
cusam Parthenio promunturio. Hybanda, quon-
dam insula Ioniae, ducentis nunc a mari abest stadiis, Syrien Ephesus in mediterraneo habet, Derasi-
das et Sapphoniam vicina ei Magnesia. Epidaurus et
Oricum insulae esse desierunt.

In totum abstulit terras primum omnium ubi   XCII
Atlanticum mare est, si Platoni credimus, inmenso   205
spatio, mox interno, quae videmus hodie, mersam
Acarnaniam Ambracio sinu, Achaiam Corinthio,
Europam Asiamque Propontide et Ponto. ad hoc
perrupit mare Leucada, Antirrhium, Hellespon-
tum, Bosporos duos.

Atque ut sinus et stagna praeteream, ipsa se   XCIII
comest terra. devoravit Cibotum altissimum montem cum oppido Carice, Sipylum in Magnesia et
prius in eodem loco clarissimam urbem, quae Tantalis vocabatur, Galenes et Gamales urbium in
Phoenice agros cum ipsis, Phegium, Aethiopiae
iugum excelsissimum: tamquam non infida grassa-
rentur et litora!

eine Stadt vom Meer verschlungen worden sein, bei einem
anderen Erdbeben ein Sumpf entstanden sein, bei einem dritten soll sich die Insel Prochyta aus zusammengestürzten Bergen gebildet haben.

Auch auf folgende Weise hat die Natur Inseln gebildet: sie
riß Sizilien von Italien, Zypern von Syrien, Euboia von Boiotien, Atalante und Makria von Euboia, Besbikos von Bithy-
nien und Leukosia vom Vorgebirge der Sirenen los.

Anderseits hat sie dem Meere Inseln genommen und sie mit
dem Lande verbunden: Antissa mit Lesbos, Zephyrion mit
Halikarnassos, Aithusa mit Myndos, Dromiskos und Perne
mit Milet, Narthekusa mit dem Parthenischen Vorgebirge.
Hybanda in Ionien, einst eine Insel, ist nun 200 Stadien vom
Meer entfernt, Ephesos hat nun Syrie mitten in seinem Lande
und das nahegelegene Magnesia die Derasiden und Sapphonia. Auch Epidauros und Orikon haben aufgehört, Inseln zu
sein.

Die Natur hat uns aber auch ganze Länder entrissen, vor
allem dasjenige, welches, wenn wir Platon glauben dürfen,
den Raum einnahm, wo heute der Atlantische Ozean sich
befindet, von gewaltigem Ausmaß, dann im Mittelmeer, was
wir heute noch sehen, Akarnanien, das vom Ambrakischen
Meerbusen überspült ist, Achaia vom Korinthischen, Europa
und Asien von der Propontis und dem Pontos. Überdies
durchbrach das Meer Leukas, Antirrhion, den Hellespont
und die beiden Bosporoi.

Um aber nicht von Meerbusen und Sumpfgebieten zu
reden – die Erde selbst verzehrt sich. So verschlang sie den
sehr hohen Berg Kibotos mit der Stadt Karike, den Sipylos in
Magnesia und früher in der gleichen Gegend die hochbe-
rühmte Stadt Tantalis, in Phoinikien die ländliche Umgebung
der Städte Galenis und Gamale zusammen mit diesen selber,
und den Phegius, den höchsten Bergrücken in Aithiopien: als
wenn nicht schon die Küsten trügerisch und unstet wären!

Pyrrham et Antissam circa Maeotim Pontus   XCIV
abstulit, Helicen et Buram sinus Corinthius, qua-   206
rum in alto vestigia apparent. ex insula Cea amplius
triginta milia passuum abrupta subito cum plurimis
mortalium rapuit et in Sicilia dimidiam Tyndarida
urbem ac quicquid ab Italia deest, similiter in Boeotia Eleusina.

Motus enim terrae sileantur et quicquid est, ubi   XCV
saltem busta urbium exstant, simul ut terrae miracula potius dicamus quam scelera naturae. et, Hercules, non caelestia enarratu difficiliora fuerint:
metallorum opulentia tam varia, tam dives, tam   207
fecunda, tot saeculis suboriens, cum tantum cotidie
orbe toto populentur ignes, ruinae, naufragia, bella,
fraudes, tantum vero luxuria et tot mortales conte-
rant; gemmarum pictura tam multiplex, lapidum
tam discolores maculae interque eos candor alicuius praeter lucem omnia excludens; medicato-
rum fontium vis; ignium tot locis emicantium perpetua tot saeculis incendia; spiritus letales aliubi aut
scrobibus emissi aut ipso loci situ mortiferi, aliubi
volucribus tantum, ut Soracte vicino urbi tractu,
aliubi praeter hominem ceteris animantibus, nonnumquam et homini, ut in Sinuessano agro et
Puteolano; quae spiracula vocant, alii Charonea,   208
scrobes mortiferum spiritum exhalantes. item in
Hirpinis Ampsancti ad Mephitis aedem locum,
quem qui intravere moriuntur; simili modo Hiera

Pyrrha und Antissa an der Maiotis hat der Pontos verschlungen, Helike und Bura vom Korinthischen Meerbusen,
deren Spuren noch in der Tiefe sichtbar sind. Von der Insel
Kea hat das Meer plötzlich ein Gebiet von über 30 Meilen,
zusammen mit den meisten Bewohnern, fortgerissen, und in
Sizilien die halbe Stadt Tyndaris samt einem Stück Land, das
gegen Italien hin lag, auf ähnliche Weise in Boiotien Eleusis.
    Schweigen wir von den Erdbeben und den sonstigen Stät-
ten, wo wenigstens die Schutthaufen der Städte übrig sind,
damit wir zugleich lieber von den Wundern der Erde sprechen als von den Greueln der Natur. Und, beim Herkules,
die Schilderung der Himmelserscheinungen könnte nicht
schwieriger gewesen sein. ⟨Da sind:⟩ der Vorrat an Metallen,
der so mannigfaltig, reich und fruchtbar ist, sich seit so vielen
Jahrhunderten wieder erneuernd, obgleich auf der ganzen
Erde täglich so viel durch Feuer, Einsturz, Schiffbruch, Krieg
und Betrug verwüstet, so viel aber durch die Üppigkeit und so
viele Menschen verbraucht wird; die Zeichnung der Edel-
steine, die so vielfältig ist, die Zeichnung der Steine, die so
bunt ist, und darunter besonders die Strahlkraft eines Steines,
welche, das Licht ausgenommen, alles andere ausschließt; die
Kraft der Heilquellen, die seit so vielen Jahrhunderten an so
vielen Orten andauernd hervorleuchtenden Flammen, die
tödlichen Dünste an einigen Stellen, die entweder aus Gruben
aufsteigen oder durch die Lage des Ortes selbst todbringend
sind, mancherorts nur den Vögeln, wie der Soracte in einem
Rom benachbarten Landstrich, anderswo, den Menschen
ausgenommen, den übrigen Lebewesen, manchmal aber auch
dem Menschen, wie im Gebiet von Sinuessa und Puteoli; ⟨die
einen⟩ nennen sie Dunsthöhlen, andere Grotten des Charon,
Höhlen, welche einen tödlichen Dunst aushauchen. So gibt es
auch im Gebiet der Hirpiner zu Ampsanctus beim Tempel
der Mephitis einen Ort, wo jeder, der ihn betritt, stirbt; in

poli in Asia, Matris tantum Magnae sacerdoti innoxium. aliubi fatidici specus, quorum exhalatione
temulenti futura praecinant, ut Delphis nobilissimo
oraculo. quibus in rebus quid possit aliud causae
adferre mortalium quispiam quam diffusae per
omne naturae subinde aliter atque aliter numen
erumpens?

Quaedam vero terrae ad ingressus tremunt, sicut   XCVI
in Gabiensi agro non procul urbe Rom iugera ferme   209
ducenta equitantium cursu; similiter in Reatino.
quaedam insulae semper fluctuantur, sicut in argo
Caecubo et eodem Reatino, Mutinensi, Stato-
niensi; in Vadimonis lacu, ad Cutilias aquas opaca
silva, quae numquam die ac nocte eodem loco visi-
tur; in Lydia quae vocantur Calaminae, non ventis
solum, sed etiam contis quo libeat inpulsae, multorum civium Mithridatico bello salus. sunt et in
Nymphaeo parvae, Saliares dictae, quoniam in
symphoniae cantu ad ictus modulantium pedum
moventur. in Tarquiniensi lacu magno Italiae duae
nemora circumferunt, nunc triquetram figuram
edentes, nunc rotundam conplexu ventis inpellenti-
bus, quadratam numquam.

Celebre fanum habet Veneris Paphos, in cuius   XCVII
quandam aream non inpluit, item in Nea, oppido   210
Troadis, circa simulacrum Minervae; in eodem et
relicta sacrificia non putrescunt.

ähnlicher Weise ist zu Hierapolis in Asien eine Stelle, die nur dem Priester der Magna Mater keinen Schaden bringt. Anderswo gibt es wahrsagende Höhlen, wo diejenigen, die von Dünsten berauscht sind, Zukünftiges vorhersagen können, wie zu Delphi im weltberühmten Orakel. Welcher Sterbliche könnte wohl in allen diesen Dingen andere Gründe angeben, als daß sich die göttliche Kraft der alles durchdringenden Natur hier so, dort wieder anders offenbart?

Einige Gegenden zittern, wenn man sie betritt: so im Gebiet von Gabii, nicht weit von Rom, ein Stück von fast 200 Tagwerk, wenn man darüber reitet; ähnlich auf dem Gebiet von Reate. Einige Inseln schwimmen beständig hin und her, wie im Gebiet von Caecubum und dem schon genannten Reate, ferner von Mutina und Statonia; auf dem Vadimonischen See und bei den Cutilischen Gewässern befindet sich ein dunkler Wald, den man weder bei Tag noch bei Nacht immer an der gleichen Stelle sieht; in Lydien findet man die sogenannten Kalaminischen Inseln, die nicht nur durch Winde bewegt werden, sondern auch durch Stangen nach Belieben fortgestoßen werden können, für viele Bürger im Mithridatischen Kriege eine Zuflucht. Auch im Gebiet von Nymphaion befinden sich kleine Inseln, »Tanzinseln« *(Saliares)* genannt, da sie sich beim Vortrage eines Musikstückes im Rhythmus der den Takt angebenden Füße bewegen. Auf dem großen Tarquinischen See in Italien tragen zwei Inseln Haine herum, die, vom Winde getrieben, bald eine dreieckige, bald eine runde, niemals aber eine viereckige Form annehmen.

Einen viel besuchten Tempel der Aphrodite besitzt Paphos, und auf einen bestimmten Bezirke desselben fällt kein Regen; ebenso regnet es nicht zu Nea, einer Stadt in der Troas, um eine Staute der Athene herum; an der gleichen Stelle faulen auch die Kadaver von Opfertieren nicht.

Iuxta Harpasa oppidum Asiae cautes stat hor-   XCVIII
renda, uno digito mobilis, eadem, si toto corpore
inpellatur, resistens. in Taurorum paeninsula in
civitate Parasino terra est, qua sanantur omnia vulnera. at circa Asson Troadis lapis nascitur, quo con-
sumuntur omnia corpora: sarcophagus vocatur.
duo sunt montes iuxta flumen Indum: alteri natura   211
ut ferrum omne teneat, alteri ut respuat; itaque, si
sint clavi in calciamento, vestigia evelli in altero non
possint, in altero sisti. Locris et Crotone pestilen-
tiam numquam fuisse nec in Ilio terrae motum
adnotatum est, in Lycia vero semper a terrae motu
quadraginta dies serenos esse. in agro Arpano fru-
mentum satum non nascitur; ad Aras Mucias in
Veiente et apud Tusculanum et in silva Ciminia loca
sunt, in quibus in terram depacta non extrahuntur.
in Crustumino natum faenum ibi noxium, extra
salubre est.

Et de aquarum natura complura dicta sunt; sed   XCIX
aestus maris accedere ac reciprocare maxime   212
mirum, pluribus quidem modis, verum causa in
sole lunaque. bis inter duos exortus lunae adfluunt
bisque remeant vicenis quaternisque semper horis,
et primum attollente se cum ea mundo intumescen-
tes, mox a meridiano caeli fastigio vergente in occasum residentes, rursusque ab occasu sub terra ad
caeli ima et meridiano contraria accedente inundan-
tes, hinc, donec iterum exoriatur, se resorbentes.

Bei Harpasa, einer Stadt in Asien, steht ein erstaunlicher Felsen, der sich mit einem Finger bewegen läßt, aber dem Druck des ganzen Körpers Widerstand leistet. Auf der Halbinsel der Taurier, in der Gemeinde Parasinon, gibt es eine Erde, die alle Wunden heilt. Bei Assos aber in der Troas bildet sich ein Stein, der alle Leichen verzehrt: er heißt »Fleischfresser« *(sarkophagos)*. Am Fluß Indus liegen zwei Berge: der eine hat die Eigenschaft, alles Eisen anzuziehen, der andere stößt es ab. Wer daher Nägel an den Schuhsohlen hat, kann auf dem einen die Füße nicht hochheben, auf dem andern nicht auftreten. In Lokroi und Kroton hat, wie aufgezeichnet ist, niemals die Pest geherrscht, und in Ilion ist nie ein Erdbeben aufgetreten; in Lykien aber sollen auf ein Erdbeben stets vierzig heitere Tage folgen. Im Gebiet von Arpi geht das gesäte Getreide nicht auf; bei Arae Muciae im Gebiet von Veji, ferner bei Tusculum und im Ciminischen Walde gibt es Stellen, wo das, was man in die Erde gesteckt hat, nicht mehr herausgezogen werden kann. Im Gebiet von Crustumerium ist Heu, das dort gewonnen ist, schädlich, andernorts aber zuträglich.

Auch über die Eigenschaft des Wassers ist bereits mehreres gesagt worden; das Wunderbarste bleibt aber, daß die Fluten des Meeres anschwellen und wieder zurückströmen, und zwar auf mehrfache Weise, wobei in Wahrheit Sonne und Mond die Ursache sind. Zwischen zwei Aufgängen des Mondes, also stets innerhalb von 24 Stunden, schwillt die Flut zweimal an und geht zweimal zurück; sie steigt zum ersten Mal, wenn das Himmelsgewölbe mit dem Mond aufgeht, und sie fällt, wenn dieses sich vom Mittagspunkte an zum Untergang neigt; zum zweiten Mal steigt die Flut, wenn der Mond nach seinem Untergang unter der Erde zum tiefsten Punkt am Himmel, dem Mittagspunkt gegenüber, gelangt; von da bis zum nächsten Mondaufgang verläuft sie sich wieder. Die Flut

nec umquam eodem tempore quo pridie refluunt, 213
velut anhelantes sidere avido trahente secum haustu
maria et adsidue aliunde quam pridie exoriente,
paribus tamen intervallis reciproci senisque semper
horis, non cuiusque diei aut noctis aut loci, sed
aequinoctialibus, ideoque inaequales vulgarium
horarum spatio, utcumque plures in eos aut diei aut
noctis illarum mensurae cadant, et aequinoctio tantum pares ubique. ingens argumentum plenumque 214
lucis ac vocis etiam divinae, hebetes esse qui negent
subtermeare sidera ac rursus eadem exsurgere,
similemque terris, immo vero naturae universae, et
inde faciem in iisdem ortus occasusque operibus,
non aliter sub terra manifesto sideris cursu aliove
effectu quam cum praeter oculos nostros feratur.

Multiplex etiamnum lunaris differentia, pri- 215
mumque septenis diebus: quippe modici a nova ad
dimidiam aestus, pleniores ab ea exundat plenaque
maxime fervent; inde mitescunt, pares ad septimam
primis, iterumque alio latere dividua augentur. in
coitu solis pares plenae; eadem in aquilonia et a terris longius recedente mitiores quam cum in austros
digressa propiore nisu vim suam exercet. per octo-
nos quosque annos ad principia motus et paria
incrementa centesimo lunae revocantur ambitu.
augentibus ea cuncta solis annuis causis, duobus

stellt sich nie zur gleichen Zeit ein wie am Tage vorher, da sie
dem geringen und das Meer anziehenden Gestirn, das stets an
einer anderen Stelle als am vergangenen Tage aufgeht, keu-
chend nachläuft; dies wiederholt sich jedoch in gleichen Zeit-
räumen, und zwar jedesmal nach sechs Stunden, worunter
man aber nicht beliebige Tages-, Nacht- oder Ortsstunden,
sondern Äquinoktialstunden zu verstehen hat, nach der
gewöhnlichen Stundeneinteilung also nicht gleichmäßig, je
nachdem mehrere Zeitabschnitte des Tages oder der Nacht
jener auch diese fallen und nur zur Zeit des Äquinoktiums
sind sie überall gleich. Dies ist ein mächtiger Beweis, lichtvoll
und voll auch der göttlichen Stimme, so daß alle stumpf sind,
die es nicht wahr haben wollen, daß die Gestirne auch unter
dem Horizont hindurchziehen und dann als dieselben wieder
aufgehen, daß die Länder, ja die ganze Welt auch auf der
anderen Seite die gleiche Gestalt haben bei gleicher Auswirkung des Auf- und Untergangs der Gestirne: denn der Mond
hat offenbar unter der Erde keinen anderen Lauf und keine
andere Wirkung, als wenn er vor unsren Augen dahinzöge.
Mannigfach ist auch noch der Einfluß des Mondwechsels
und zwar in erster Linie von sieben zu sieben Tagen: denn
vom Neumond bis zur Hälfte ist die Flut mäßig, wenn er vol-
ler ist, schwillt sie stärker an und tobt bei Vollmond am meisten; dann wird sie wieder schwächer, bis zum siebten Tage
wie im ersten Viertel und nimmt bei Halbmond auf der anderen Seite wieder zu. Bei der Konjunktion des Mondes mit der
Sonne ist die Flut ebenso stark wie bei Vollmond; schwächer
ist sie, wenn er im Norden steht und von der Erde weiter entfernt ist, als wenn er nach Süden läuft und aus größerer Nähe
einen stärkeren Einfluß ausübt. Nach jedesmal acht Jahren
auch, im hundertsten Mondumlauf, kehrt die Flut zur alten
Ordnung ihrer Bewegung und zum gleichen Anstieg wieder
zurück. All dies wird vermehrt durch den jährlichen Einfluß

aequinoctiis maxime tumentes et autumnali
amplius quam verno, inanes vero bruma et magis
solstitio. nec tamen in ipsis quos dixi temporum   216
articulis, sed paucis post diebus; sicuti neque in
plena aut novissima, sed postea, nec statim ut
lunam mundus ostendat occultetve aut media plaga
declinet, verum fere duabus horis aequinoctialibus
serius; tardiore semper ad terras omnium, quae
geruntur in caelo, effectu cadente quam visu, sicuti
fulguris et tonitrus et fulminum.

Omnes autem aestus in Oceano maiora integunt   217
spatia nudantque quam in reliquo mari, sive quia
totum in universitate animosius quam parte est,
sive quia magnitudo aperta sideris vim laxe grassan-
tis efficacius sentit, eandem angustiis arcentibus.
qua de causa nec lacus nec amnes similiter moventur. octogenis cubitis supra Brianniam intumescere
aestus Pytheas Massilienis auctor est.

Et interiora autem maria terris clauduntur ut   218
portu; quibusdam tamen in locis spatiosior laxitas
dicioni paret, utpote cum plura exempla sint in
tranquillo mari nulloque velorum pulsu tertio die
ex Italia pervectorum Uticam aestu fervente. circa
litora autem magis quam in alto deprehendunter hi
motus, quoniam et in corpore extrema pulsum
venarum, id est spiritus, magis sentiunt. in plerisque tamen aestuariis propter dispares siderum in

der Sonne, denn die Flut nimmt in den beiden Tagundnacht-
gleichen am stärksten zu, und zwar im Herbst noch mehr als
im Frühling; schwach ist sie am kürzesten Tag, am schwäch-
sten bei der Sommersonnenwende. Diese Veränderungen treten jedoch nicht genau an den genannten Zeitpunkten ein,
sondern wenige Tage später, wie auch nicht gerade bei Voll-
oder Neumond, sondern darauf, auch nicht sofort, wenn er
am Himmel sichtbar wird oder verschwindet oder wenn er
durch den Meridian geht, sondern ungefähr zwei Äquinoktialstunden später. Die Auswirkung eines Ereignisses am
Himmel zeigt sich immer später auf der Erde, als wir es wahrnehmen, wie beim Wetterleuchten, beim Donner und beim
Blitz.

Alle Fluten aber bedecken und entblößen im Ozean größere Bereiche als in den übrigen Meeren, sei es weil das Meer
in seiner ganzen Größe heftiger ist als in einem seiner Teile,
sei es weil eine große offene Fläche dem Einfluß des weitauf-
greifenden Gestirns in stärkerem Maße ausgesetzt ist, während ein engerer Raum ihn behindert. Es werden daher auch
Seen und Flüsse nicht auf ähnliche Weise in Bewegung
gesetzt. Pytheas aus Massilia versichert, daß oberhalb von
Britannien die Flut bis zu achtzig Ellen emporsteige.

Die Binnenmeere aber werden durch das Land wie in einem
Hafen eingeschlossen; an manchen Stellen jedoch, wo sie eine
größere Fläche darbieten, müssen sie dem Einfluß ⟨des Mon-
des⟩ gehorchen, wie man denn mehrere Beispiele hat, daß
man bei ruhiger See und ohne Hilfe der Segel die Überfahrt
von Italien nach Utica durch die hohe Flut in drei Tagen
bewerkstelligte. An den Küsten aber sind diese Bewegungen
des Meeres viel besser bemerkbar als auf hoher See, wie ja
auch am Körper die äußersten Teile den Pulsschlag, das heißt
den Lebensatem, mehr empfinden. In den meisten Buchten
jedoch steigt die Flut wegen des ungleichen Aufgangs der

quoque tractu exortus diversi exsistunt aestus, tempore, non ratione discordes, sicut in Syrtibus.

Et quorundam tamen privata natura est, velut   C
Tauromenitani euripi saepius et in Euboea septies   219
die ac nocte reciprocantis. idem aestus triduo in
mense consistit, septima, octava nonaque luna.
Gadibus qui est delubro Herculis proximus fons,
inclusus ad putei modum, alias simul cum Oceano
augetur minuiturque, alias utrumque contrariis
temporibus; eodem in loco alter Oceani motibus
consentit. in ripa Baetis oppidum est, cuius putei
cresente aestu minuuntur, augescunt decedente,
mediis temporum inmobiles. eadem natura Hispali
oppido uni puteo, ceteris vulgaris. et Pontus semper extra meat in Propontidem, introrsus in Pon-
tum numquam refluo mari.

Omnia plenilunio maria purgantur, quaedam et   CI
stato tempore. circa Messanam et Mylas fimo simi-   220
lia exspuuntur in litus purgamenta, unde fabula
Solis boves ibi stabulari. his addit – ut nihil, quod
equidem noverim, praeteream – Aristoteles nullum
animal nisi aestu recedente exspirare; observatum
id multis in Gallico Oceano et dumtaxat in homine
compertum.

Quo vera coniectatio exsistit, haud frustra spiri   CII
tus sidus lunam existimari; hoc esse quod terras   221
saturet accedensque corpora impleat, abscedens

Gestirne in jeder Gegend anders; doch betrifft dies nur die
Zeit ⟨ihres Eintreffens⟩, keineswegs ihre Natur, wie man in
den Syrten beobachten kann.

Einige Orte haben jedoch ihre besonderen Eigentümlichkeiten, wie zum Beispiel in der Meerenge von Tauromenion
die Flut öfters und bei Euboia siebenmal innerhalb von 24
Stunden wiederkehrt. Auch bleibt die Wasserhöhe drei Tage
im Monat unverändert, und zwar am siebenten, achten und
neunten Tage nach dem Neumond. Zu Gades befindet sich
nahe beim Tempel des Hercules eine als Brunnen gefaßte
Quelle, die bald gleichzeitig mit dem Ozean, manchmal auch
zur entgegengesetzten Zeit, steigt und fällt; am gleichen Ort
ist eine andere Quelle, die sich nach den Bewegungen des
Ozeans richtet. Am Ufer des Baetis liegt eine Stadt, deren
Brunnen bei der Flut fallen, bei der Ebbe steigen und in der
Zwischenzeit keine Veränderung zeigen. Die gleiche Eigenschaft hat in der Stadt Hispalis ein einziger Brunnen, während
die übrigen nichts Außergewöhnliches haben. Und der Pontos strömt beständig in die Propontis, niemals aber fließt das
Meer in den Pontos wieder zurück.

Alle Meere reinigen sich bei Vollmond, einige nur zu einer
bestimmten Zeit. Bei Messina und Mylai wirft das Meer einen
mistähnlichen Unrat ans Ufer, woher auch die Sage entstanden ist, die Rinder des Sonnengottes hätten dort ihre Ställe.
Aristoteles – um nichts zu übergehen, was ich in Erfahrung
gebracht habe – fügt hinzu, daß kein Lebewesen zu einer
anderen Zeit stirbt, als wenn sich die Flut verläuft; man hat
dies am Gallischen Ozean mehrfach beobachtet und wenigstens am Menschen bestätigt gefunden.

Hieraus ergibt sich die richtige Vermutung, daß der Mond
nicht ohne Grund als das Gestirn des Lebensodems angesehen wird; daß dieses es sei, das die Erde sättigt, bei seiner
Annäherung die Körper anschwellen läßt und sie bei seinem

inaniat. ideo cum incremento eius augeri conchylia
et maxime spiritum sentire quibus sanguis non sit.
sed et sanguinem, hominum etiam, cum lumine eius
augeri ac minui, frondes quoque et pabula, – ut suo
loco dicetur – sentire, in omnia eadem penetrante
vi.

Itaque solis ardore siccatur liquor, et hoc esse   CIII
masculum sidus accepimus, torrens cuncta sor-   222
bensque. sic mari late patenti saporem incoqui salis,   CIV
aut quia exhausto inde dulci tenuique, quod facil-
lime trahat vis ignea, omne asperius crassiusque lin-
quatur – ideo summa aequorum aqua dulciorem
profundam: hanc esse veriorem causam asperi
saporis quam quod mare terrae sudor sit aeternus
aut quia plurimus ex arido misceatur illi vapor aut
quia terrae natura sicut medicatas aquas inficiat. est
in exemplis Dionysio Siciliae tyranno, cum pulsus
est ea potentia, accidisse prodigium, ut uno die in
portu dulcesceret mare.

E contrario ferunt lunae femineum ac molle   223
sidus, atque nocturnum solvere umorem et trahere,
non auferre. id manifestum esse, quod ferarum
occisa corpora in tabem visu suo resolvat somno-
que sopitis torporem contractum in caput revocet,
glaciem refundat cunctaque umifico spiritu laxet.
ita pensari naturae vices semperque sufficere, aliis
siderum elementa cogentibus, aliis vero fundenti-
bus. sed in dulcibus aquis lunae alimentum esse,
sicut in marinis solis.

Weggang entleert. Daher, so meint man, wachsen bei seinem
Zunehmen die Muscheln und empfinden seine belebende
Kraft, vor allem die blutlosen Tiere. Aber das Blut, auch des
Menschen vermehre und vermindere sich mit seinem Lichte
und auch Sträucher und Kräuter – wie an gegebenem Ort
noch berichtet werden wird [18,321 ff.] – fühlen dieses, da
dieselbe Kraft alles durchdringt.

Daher wird die Feuchtigkeit durch die Glut der Sonne
getrocknet und wir halten dieses Gestirn auch für ein männli-
ches, da es alles ausdörrt und verzehrt. So empfange das weite
Meer gleichsam durch Einkochen seinen Salzgeschmack,
oder weil die Sonne, indem sie ihm die süßen und feinen
Bestandteile, welche die Kraft des Feuers leicht an sich reißt,
entzieht, alle herberen und dichteren Stoffe zurückläßt – deswegen sei das Wasser in der Tiefe süßer als oben: dieses sei die
richtigere Ursache für den bitteren Geschmack des Meerwassers als die Behauptung, das Meer sei der ewige Erdschweiß
oder weil sich der größte Teil der trockenen Dünste mit dem
Wasser mische – oder weil die Natur der Erde es, wie die
Heilquellen, damit versehe. Zu den Beispielen gehört, daß bei
seiner Vertreibung aus der Macht dem Tyrannen Dionysios
von Sizilien ein Vorzeichen zuteil wurde, indem das Meer im
Hafen einen ganzen Tag hindurch süß wurde.

Dagegen soll der Mond als weibliches, mildes Gestirn die
nächtliche Feuchtigkeit zwar auflösen und anziehen, aber
nicht beseitigen. Dies soll daraus ersichtlich hervorgehen, daß
er durch seinen Schein die Tierkadaver in Verwesung auflöst,
den fest Schlafenden die lähmende Müdigkeit in den Kopf
zieht, das Eis schmelzt und alles durch seinen befeuchtenden
Hauch erweicht. So erhalten sich, sagt man, die Kräfte der
Natur abwechselnd im Gleichgewicht und reichen stets aus,
indem einige Gestirne die Elemente zusammenführen, andere
sie zerteilen. Der Mond aber finde seine Nahrung im süßen
Wasser wie die Sonne im Meerwasser.

Altissimum mare XV stadiorum Fabianus tradit.   CV
alii in Ponto ex adverso Coraxorum gentis, vocant   224
Bathea Ponti, trecentis fere a continente stadiis
inmensam altitudinem maris tradunt, vadis numquam repertis.

Mirabilius id faciunt aquae dulces iuxta mare ut   CVI
fistulis emicantes; nam nec aquarum natura miraculis cessat. dulces mari invehuntur, leviores haud
dubie; ideo et marinae, quarum natura gravior,
magis invecta sustinent. quaedam vero et dulces
inter se supermeant alias, ut in Fucino lacu invectus
amnis, in Lario Addua, in Verbanno Ticinus, in
Benaco Mincius, in Sebinno Ollius, in Lemanno
Rhodanus: hic trans Alpis, superiores in Italia;
multorum milium transitu hospitali suas tantum
nec largiores quam intulere aquas evehentes. prodi-
tum hoc et in Oronte amne Syriae multisque aliis.

Quidam vero odio maris ipsa subeunt vada, sicut   225
Arethusa, fons Syracusanus, in quo redduntur iacta
in Alpheum, qui per Olympiam fluens Peloponne-
siaco litori infunditur. subeunt terras rursusque
redduntur Lycus in Asia, Erasinus in Argolica, Tigris in Mesopotamia et, quae in Aesculapii fonte
Athenis mersa sunt, in Phalerico redduntur. et in
Atinate campo fluvius mersus post XX milia passuum exit et in Aquileiensi Timavus. nihil in   226

Die größte Tiefe des Meeres gibt Fabianus mit 15 Stadien an. Nach anderen soll im Pontos, dem Lande der Koraxer gegenüber – man nennt diese Stelle »Abgründe« *(bathea)* des Pontos –, ungefähr 300 Stadien vom Lande entfernt die Tiefe des Wassers unermeßlich sein, da man dort niemals einen Grund gefunden habe.

Noch wunderbarer sind die Eigenschaften des süßen Wassers, das dicht am Meer wie aus Röhren hervorsprudelt; denn auch dem Wasser fehlt es nicht an Wundern. Das süße Wasser schwimmt auf dem Meer, weil es ohne Zweifel leichter ist; daher trägt auch das Meerwasser, weil es schwerer ist, das besser, was auf ihm schwimmt. Oft fließen aber auch süße Wasser übereinander, wie im Fucinersee der in ihn mündende Fluß, auf dem Larischen See die Addua, auf dem Verbanersee der Ticinus, auf dem Benacischen See der Mincius, auf dem Sebinnischen der Ollius, auf dem Lemannischen der Rhodanus: dieser jenseits der Alpen, alle vorhergenannten in Italien; sie strömen alle viel tausend Schritte als Gäste durch diese Seen hin und nehmen nur ihr eigenes und nicht mehr Wasser, als was sie hineingeführt haben, wieder mit hinaus. Das gleiche soll auch beim Orontes in Syrien und bei vielen anderen Flüssen der Fall sein.

Einige Flüsse laufen aus Abscheu gegen das Meer unten am Grunde hin, wie die Arethusa, eine Quelle bei Syrakus, in der alles wieder zum Vorschein kommt, was man in den Alpheios wirft, der, durch Olympia fließend, an der Küste der Peloponnes in das Meer mündet. In den Boden versinken und kommen wieder an den Tag der Lykos in Asien, der Erasinos in der Argolis, der Tigris in Mesopotamien und was man zu Athen in die Quelle des Asklepios versenkt, kommt in der von Phaleron wieder zum Vorschein. Auch auf dem Gebiet von Atina tritt ein unterirdischer Fluß nach einer Strecke von 20 Meilen wieder zutage, ebenso der Timavus in der Gegend

Asphaltite Iudaeae lacu, qui bitumen gignit, mergi
potest nec in Armeniae maioris Aretissa; is quidem
nitrosus pisces alit. in Sallentino iuxta oppidum
Manduriam lacus, ad margines plenus, neque
exhaustis aquis minuitur neque infusis augetur. in
Ciconum flumine et in Piceno lacu Velino lignum
deiectum lapideo cortice obducitur et in Surio Col-
chidis flumine adeo, ut lapidem plerumque durans
adhuc integat cortex. similiter in flumine Silero
ultra Surrentum non virgulta modo inmersa, verum
et folia lapidescunt, alias salubri potu eius aquae. in
exitu paludis Reatinae saxum crescit et in Rubro
mari oleae virentesque frutices enascuntur.

Sed fontium plurimorum natura mira est fervore;   227
idque etiam in iugis Alpium ipsoque in mari inter
Italiam et Aenariam in Baiano sinu et in Liri fluvio
multisque aliis. nam dulcis haustus in mari plurimis
locis, ut ad Chelidonias insulas et Aradum et in
Gaditano Oceano. Patavinorum aquis calidis her-
bae virentes innascuntur, Pisanorum ranae, ad
Vetulonios in Etruria non procul a mari pisces. in
Casinate fluvius appellatur Scatebra, frigidus,
abundantior aestate; in eo, ut in Arcadia Stymphali,
nascuntur aquatiles musculi. in Dodone Iovis fons,   228
cum sit gelidus et immersas faces exstinguat, si
exstinctae admoveantur, accendit. idem meridie
semper deficit, qua de causa ἀναπαυόμενον

von Aquileia. Im Asphaltsee in Iudaea, der das Erdpech hervorbringt, kann nichts untergehen, ebensowenig im See Aretissa in Groß-Armenien; obwohl er natronhaltig ist, leben
Fische in ihm. Im Gebiet der Sallentiner bei der Stadt Mandu-
ria findet sich ein See, der bis zum Rande voll ist und weder
durch Ausschöpfen vermindert noch durch Zugießen vermehrt wird. In einem Flusse der Kikonen und im Velinersee
in Picenum wird hineingeworfenes Holz mit einer steinarti-
gen Kruste überzogen, ebenso im Flusse Surius in Kolchis,
und zwar hier derart, daß zuweilen sogar den Stein noch die
verhärtende Rinde überzieht. Auf ähnliche Weise versteinern
auch im Silerus, jenseits von Surrentum, nicht nur eingetauchte Zweige, sondern auch Blätter, während im übrigen
der Trunk aus diesem Wasser gesund ist. Am Ausfluß des
Sumpfes von Reate setzt sich ein Fels an und im Roten Meer
wachsen Ölbäume und grüne Sträucher.

Die natürliche Beschaffenheit sehr vieler Quellen ist aber
auch wegen ihres heißen Wassers merkwürdig; man findet
dergleichen sogar auf den Ketten der Alpen, ja selbst im Meer
zwischen Italien und der Insel Aenaria im Meerbusen von
Baiae, im Liris und vielen anderen Flüssen. Auch Süßwasser
trifft man im Meer an sehr vielen Stellen, wie bei den Chelido-
nischen Inseln, bei Arados und im Ozean bei Gades. In den
heißen Quellen der Bewohner von Patavium wachsen grüne
Kräuter, in denen der von Pisae leben Frösche, in denen bei
Vetulonia in Etrurien, unweit des Meeres, Fische. Im Gebiet
von Casinum befindet sich ein Fluß namens Scatebra, der kalt
ist und im Sommer mehr Wasser führt; in ihm wie ⟨auch⟩ im
Stymphalischen See in Arkadien, gibt es Wassermäuse. Die
Quelle des Zeus zu Dodona ist kalt und löscht eingetauchte
Fackeln; nähert man ihr aber ausgelöschte Fackeln, so setzt
sie diese wieder in Brand. Sie hört immer am Mittag auf zu
fließen, weshalb sie auch die »Aufhörende« *(anapauomenos)*

vocant; mox increscens ad medium noctis exuberat, ab eo rursus sensim deficit. in Illyricis supra fontem frigidum expansae vestes accenduntur. Iovis Hammonis stagnum, interdiu frigidum, noctibus fervet. in Trogodytis fons Solis appellatur dulcis et circa meridiem maxime frigidus; mox paulatim tepescens ad noctis media fervore et amaritudine infestatur.

Padi fons mediis diebus aestivis velut interquiescens semper aret. in Tenedo insula fons semper a tertia noctis hora in sextam ab aestivo solstitio exundat, et in Delo insula Inopus fons eodem quo Nilus modo ac pariter cum eo decrescit augeturve. contra Timavum amnem insula parva in mari est cum fontibus calidis, qui pariter cum aestu maris crescunt minuunturque. in agro Pitinate trans Appenninum fluvius Novanus, omnibus solstitiis torrens, bruma siccatur. 229

In Falisco omnis aqua pota candidos boves facit, in Boeotia amnis Melas oves nigras, Cephisus ex eodem lacu profluens albas, rursus nigras Penius rufasque iuxta Ilium Xanthus, unde et nomen amni. In Ponto fluvius Asiaces rigat campos, in quibus pastae nigro lacte equae gentem alunt. in Reatino fons Neminie appellatus alio atque alio loco exoritur, annonae mutationem significans. Brundisii in portu fons incorruptas praestat aquas navigantibus. Lyncestis aqua, quae vocatur acidula, vini modo temulentos facit; item in Paphlagonia et in agro 230

heißt; später nimmt sie wieder zu bis um Mitternacht, wo sie
überläuft, von da an wird sie allmählich wieder kleiner. In
Illyrien entzünden sich an einer kalten Quelle Kleider, die
man darüber spannt. Der Teich des Zeus Ammon ist am Tage
kalt, in der Nacht heiß. Die sogenannte Sonnenquelle bei den
Trogodyten ist süß und mittags sehr kalt; sich dann langsam
erwärmend, wird sie um Mitternacht durch Hitze und bitteren Geschmack beeinträchtigt.

Die Quelle des Padus hält im Sommer um die Mittagszeit
immer eine Art Ruhestunde und wird ganz trocken. Eine
Quelle auf der Insel Tenedos läuft immer nach der Sommersonnenwende von der dritten bis zur sechsten Nachtstunde
über, und die Quelle Inopos auf der Insel Delos mindert und
mehrt sich auf dieselbe Weise wie der Nil, und zwar gleichzeitig mit ihm. Dem Flusse Timavus gegenüber befindet sich
eine kleine Insel im Meer mit warmen Quellen, welche gleichzeitig mit der Flut des Meeres fallen und steigen. Der Fluß
Novanus im Gebiete von Pitinum, jenseits des Apennin, ist
jedesmal bei der Sommersonnenwende reißend und trocknet
am kürzesten Tage aus.

Im Gebiet von Falerii macht alles Wasser die Rinder, die
davon getrunken haben, weiß, der Fluß Melas in Boiotien
färbt die Schafe schwarz, der Kephisos, der aus dem gleichen
See fließt, macht sie weiß, der Peneios wiederum schwarz, der
Xanthos bei Ilion rötlich, woher auch sein Name kommt. Am
Pontos bewässert der Fluß Asiakes Fluren, auf denen Stuten
weiden, die schwarze Milch geben, von der sich die Bewohner
nähren. Im Gebiet von Reate gibt es eine Quelle mit Namen
Neminie, die bald an dieser, bald an jener Stelle hervorsprudelt und dadurch die Änderungen im Ernteausfall andeutet.
Im Hafen von Brundisium bietet eine Quelle den Seefahrern
reines Wasser. Das Wasser der Lynkestis, Sauerwasser
genannt, macht trunken wie der Wein; ähnliches Wasser gibt

Caleno. Andro in insula templo Liberi patris fon-   231
tem Nonis Ianuariis semper vini sapore fluere
Mucianus ter consul credit; dies Θεοδαίσια vocatur. iuxta Nonacrim in Arcadia Styx, nec odore dif-
ferens nec colore, pota ilico necat; item in Liberoso
Taurorum colle tres fontes sine remedio, sine
dolore mortiferi. in Carrinensi Hispaniae agro duo
fontes iuxta fluunt, alter omnia respuens, alter
obsorbens; in eadem gente alius aurei coloris
omnes ostendit pisces, nihil extra illam aquam dif-
ferentes. in Comensi iuxta Larium lacum fons lar-   232
gus horis singulis semper intumescit ac residit. in
Cydonea insula ante Lesbum fons calidus vere tantum fluit. lacus Sannaus in Asia circa nascente
absinthio inficitur. Colophone in Apollinis Clarii
specu lacuna est, cuius potu mira redduntur ora-
cula, bibentium breviore vita. amnes retro fluere et
nostra vidit aetas Neronis principis supremis, sicut
in rebus eius rettulimus.

Iam omnes fontes aestate quam hieme gelidiores   233
esse quem fallit? sicut illa permira naturae opera,
aes ac plumbum in massa mergi, dilatatum fluitare;
eiusdemque ponderis alia sidere, alia invehi, onera
in aqua facilius móveri, Syrium lapidem quamvis
grandem innatare eundemque comminutum mergi,

es in Paphlagonien und im Gebiet von Cales. Auf der Insel
Andros soll, wie Mucianus, der dreimal Konsul war, glaubt,
im Tempel des Vaters Liber eine Quelle jedesmal an den
Nonen des Januar [5. 1.] mit Weingeschmack fließen: man
nennt diesen Tag »Göttermahl« *(Theodaisia)*. Der Styx bei
Nonakris in Arkadien, dessen Wasser sich weder durch
Geruch noch durch Farbe unterscheidet, tötet sogleich, wenn
man davon trinkt; auf dem Hügel Liberosus im Gebiet der
Taurer befinden sich drei Quellen, die ebenfalls ohne Ret-
tung, aber auch ohne Schmerz den Tod bringen. Im Gebiet
von Carinna in Spanien fließen zwei Quellen nebeneinander,
von denen die eine alles auswirft, die andere alles verschlingt;
beim gleichen Volksstamm läßt eine andere Quelle alle Fische
goldfarben erscheinen, die sich aber, wenn man sie heraus-
nimmt, in nichts von den anderen unterscheiden. Im Gebiet
von Comum am Larischen See ist eine starke Quelle, die je
eine Stunde wächst und wieder fällt. Auf der Insel Kydonea
vor Lesbos sprudelt eine warme Quelle nur im Frühling. Der
See Sannaos in Asien nimmt den Geschmack des an seinem
Ufer wachsenden Wermuts an. Zu Kolophon, in der Höhle
des Apollo von Klaros, ist ein Wasserloch, das dem, der daraus trinkt, Orakelgabe verleiht, das Leben aber verkürzt. Daß
Flüsse aufwärts fließen, hat man auch zu unserer Zeit in den
letzten Jahren der Regierung Neros erlebt, wie ich in dessen
Geschichte erzählt habe.

Wem ist wohl unbekannt, daß alle Quellen im Sommer kälter sind als im Winter? Ebenso jene überaus merkwürdigen
Naturerscheinungen, daß Erz und Blei in Klumpen untersinken, breitgeschlagen aber schwimmen; ferner daß einige
Gegenstände von gleichem Gewicht teils sinken, teils
schwimmen, daß sich Lasten auf dem Wasser viel leichter
bewegen lassen, daß der Stein von Syros in noch so großen
Stücken schwimmt, nach dem Zerkleinern aber untergeht,

recentia cadavera ad vadum labi, intumescentia
attolli, inania vasa haud facilius quam plena extrahi;
pluvias salinis aquas dulciores esse quam reliquas,
nec fieri salem nisi admixtis dulcibus; marinas tar-   234
dius gelari, celerius accendi; hieme mare calidius
esse, autumnale salsius; omne oleo tranquillari, et
ob id urinantes ore spargere, quoniam mitiget
naturam asperam lucemque deportet; nives in alto
mari non cadere; cum omnis aqua deorsum feratur,
exsilire fontes atque etiam in Aetnae radicibus, fla-
grantis in tantum, ut quinquagena, centena milia
passuum harenas flammarum globo eructet.

Namque et ignium, quod est naturae quartum   CVII
elementum, reddamus aliqua miracula, sed primum   235
ex aquis.

In urbe Commagenes Samosata stagnum est   CVIII
emittens limum, maltham vocant, flagrantem; cum
quid attigit solidi, adhaeret; praeterea tactus et
sequitur fugientes. sic defendere muros oppu-
gnante Lucullo: flagrabat miles armis suis. aquis et
accenditur; terra tantum restingui docuere experi-
menta.

Similis est natura naphthae: ita appellatur circa   CIX
Babylonem et in Austacenis Parthiae profluens
bituminis liquidi modo. huic magna cognatio
ignium, transiliuntque in eam protinus undecum-
que visam. ita ferunt a Medea paelicem crematam,
postquam sacrificatura ad aras accesserat, corona
igne rapto.

daß frische Leichen bis zum Grund untersinken, wenn sie
angeschwollen sind, wieder in die Höhe kommen, daß leere
Gefäße sich nicht leichter aus dem Wasser ziehen lassen als
volle; ⟨man weiß auch:⟩ Regenwasser ist in den Salzgruben
wohlschmeckender als anderes; man gewinnt auch kein Salz,
wenn man nicht süßes Wasser hinzunimmt; Seewasser
gefriert langsamer als jedes andere, erwärmt sich aber schneller. Das Meer ist im Winter wärmer, im Herbst salziger;
immer läßt es sich durch Öl besänftigen; deswegen spritzen
die Taucher Öl aus dem Munde, weil es die herbe Natur des
Meeres mildert und Licht herabführt. Auf hoher See fällt kein
Schnee. Obschon alles Wasser abwärts fließt, springen Quellen doch hervor und dies sogar am Fuße des Ätna, der mit solcher Glut brennt, daß er mit seiner Lavamasse den Sand 50
oder gar 100 Meilen weit ausspeit.

Denn auch vom vierten Element der Natur, dem Feuer,
müssen wir einige wunderbare Eigenschaften berichten, und
zwar zuerst solche, die mit dem Wasser zusammenhängen.

In der Stadt Samosata in der Kommagene liegt ein Sumpf,
der einen brennenden Schlamm, *maltha* genannt, auswirft; er
hängt sich an jeden festen Körper, den er erreichen kann; wer
ihn berührt, dem folgt er nach, auch wenn er flieht. Auf diese
Weise verteidigten die Einwohner ihre Stadt, als sie von
Lucullus belagert wurde: die Soldaten verbrannten mit ihren
Waffen. Wasser verstärkt noch den Brand, und die *maltha*
kann, wie die Erfahrung gezeigt hat, nur mit Erde gelöscht
werden.

Von ähnlicher Beschaffenheit ist die *naphtha:* so heißt die
bei Babylon und im Lande der Austakenen in Parthien eine
wie flüssiges Bitumen hervorquellende Masse. Sie ist mit dem
Feuer nahe verwandt und dieses springt sofort auf sie über,
wo sie es auch nur antrifft. So soll Medea ihre Nebenbuhlerin
verbrannt haben, als diese, um zu opfern, vor den Altar trat
und das Feuer ihren Kranz ergriff.

Verum in montium miraculis ardet Aetna nocti-   CX
bus semper tantoque aevo materia ignium sufficit,   236
nivalis hibernis temporibus egestumque cinerem
pruinis operiens. nec in illo tantum natura saevit
exustionem terris denuntians: flagrat in Phaselitis
mons Chimaera, et quidem inmortali diebus ac
noctibus flamma; ignem eius accendi aqua, exstingui vero terra aut limo Cnidius Ctesias tradit.
eadem in Lycia Hephaesti montes taeda flammante
tacti flagrant, et adeo ut lapides quoque rivorum et
harenae in ipsis aquis ardeant, aliturque ignis ille
pluviis; baculo si quis ex his accenso traxerit sul-
cum, rivos ignium sequi narrant. flagrat in Bactris
Cophanti noctibus vertex; flagrat in Medis et in Sit-   237
tacene confinio Persidis, Susis quidem ad Turrim
Albam XV caminis, maximo eorum et interdiu,
campus. Babylone flagrat quadam veluti piscina
iugeri magnitudine; Aethiopum iuxta Hesperu
montem stellarum modo campi noctu nitent, similiter in Megalopolitanorum agro; nam si intermisit
ille iucundus frondemque densi supra se nemoris
non adurens et iuxta gelidum fontem semper ardens
Nymphaei crater, dira Apolloniatis suis portendit,
ut Theopompus tradidit; augetur imbribus egerit-
que bitumen temperandum fonte illo ingustabili,
alias omni bitumine dilutius. sed quis haec miretur?
in medio mari Hiera insula Aeolia iuxta Italiam   238

Aber auch die Berge zeigen wunderbar Eigenschaften. Der
Ätna brennt immer in der Nacht und nach so langer Zeit ist
seine Feuermasse noch nicht erschöpft; im Winter ist er mit
Schnee bedeckt und mit Reif überzieht er seine ausgeworfene
Asche. Aber nicht in ihm allein wütet die Natur und bedroht
das Land mit Verbrennung: in der Gegend von Phaselis
brennt der Berg Chimaira, und zwar Tag und Nacht mit nie
verlöschender Flamme; daß dessen Feuer durch Wasser ange-
facht werde, durch Erde oder Schlamm aber gelöscht werden
könne, berichtet Ktesias aus Knidos. In Lykien brennen auch
die Berge des Hephaistos so heftig, wenn man sie mit einer
brennenden Fackel berührt, daß auch die Steine und der Sand
der Bäche selbst im Wasser glühen, und es wird dieses Feuer
durch Regengüsse genährt. Wenn man mit einem daran ange-
zündeten Stab eine Furche zieht, so sollen ihm Feuerbäche
folgen. Es brennt in Baktrien der Gipfel des Kophantos in den
Nächten; es brennt der Boden in Medien und in Sittakene an
der Grenze der Persis, zu Susa beim Weißen Turm brennt es
aus fünfzehn Kratern, aus dem größten auch tagsüber. Bei
Babylon brennt es aus einer Art Fischteich von der Größe
eines Tagwerks; die Felder der Aithiopen in der Nähe des
Berges des Hesperos funkeln nachts gleich Sternen, ähnlich
liegen die Verhältnisse in der ländlichen Umgebung von
Megalopolis; denn wenn jener liebliche Krater des Nymphai-
ons nachgelassen hat, der das Laub des dichten, oberhalb von
ihm gelegenen Haines nicht versengt und neben einer kalten
Quelle immer brennt, dann zeigt er, wie Theopompos überliefert hat, den Bewohnern des nahen Apollonia Unglück an;
durch Regen wird seine Wirkung gesteigert, und er wirft
dabei ein Erdpech aus, welches durch jene nicht trinkbare
Quelle verdünnt werden muß, im übrigen aber schon dünnflüssiger ist als alles andere Erdpech. Wer aber wollte sich darüber wundern? Brannte doch mitten im Meere die aiolische

cum ipso mari arsere per aliquot dies sociali bello,
donec legatio senatus piavit. maximo tamen ardet
incendio Theon ochema dictum Aethiopum iugum
torrentesque solis ardoribus flammas egerit. tot
locis, tot incendiis rerum natura terras cremat!

    Praeterea cum sit huius unius elementi ratio   CXI
fecunda seque ipsa pariat et minimis crescat a scin-   239
tillis, quid fore putandum est in tot rogis terrae?
quae est illa natura, quae voracitatem in toto
mundo avidissimam sine damno sui pascit? addantur his sidera innumera ingensque sol, addantur
humani ignes et lapidum quoque insiti naturae
attrituque inter se ligni, iam nubium et origines fulminum: excedet profecto miracula omnia ullum
diem fuisse, quo non cuncta conflagrarent, cum
specula quoque concava adversa solis radiis facilius
etiam accendant quam ullus alius ignis!

    Quid quod innumerabiles parvi, sed naturales,   240
scatent? in Nymphaeo exit e petra flamma, quae
pluviis accenditur; exit et ad aquas Scantias, haec
quidem invalida, cum transit, nec longe in alia
durans materia; viret aeterno hunc fontem igneum
contegens fraxinus. exit in Mutinensi agro statis
Volcano diebus. reperitur apud auctores subiectis
Ariciae arvis, si carbo deciderit, ardere terram; in
agro Sabino et Sidicino unctum flagrare lapidem; in

Insel Hiera bei Italien samt dem Meere mehrere Tage während des Bundesgenossenkrieges, bis eine Gesandtschaft des Senats Sühneopfer darbrachte. Mit der größten Glut brennt jedoch ein Bergrücken in Aithiopien, »Götterwagen« *(Theon ochema)* genannt, und wirft sengende Flammen aus von der Glut der Sonnenstrahlen. An so vielen Stellen, mit so viel Flammen setzt die Natur die Erde in Brand!

Da nun dieses Element allein noch dazu von fruchtbarer Art ist und sich selbst erzeugt, indem es aus den kleinsten Funken anwächst, was müssen wir dann schließlich als Folgen bei vielen Brandstellen auf der Erde erwarten? Was ist jenes Wesen, das ohne eigenen Schaden in der ganzen Welt die geringste Gefräßigkeit nährt? Man rechne noch hinzu die zahllosen Sterne und die riesige Sonne; ferner das Feuer, das die Menschen anzünden, das in den Steinen ruht und beim Aneinanderreiben von Holz ⟨herausspringt⟩, und endlich das Feuer der Wolken, das die Blitze hervorruft: es wird wahrlich alle Wunder übersteigen, daß es überhaupt einen Tag gegeben hat, ohne daß nicht alles verbrannte, da sogar Hohlspiegel, welche man den Sonnenstrahlen entgegenstellt, leichter zünden als irgendein anderes Feuer!

Und welche zahllosen kleinen, aber natürlichen Feuer flammen nicht allenthalben empor? Beim Nymphaion bricht aus einem Felsen eine Flamme, die sich durch den Regen entzündet, ebenso bei den Skantischen Quellen; hier freilich verliert die Flamme ihre Kraft, wenn sie auf andere Gegenstände übergreift, und hält sich nicht lange in einem anderen Stoff; seit undenklichen Zeiten grünt eine Esche, welche diesen Feuerquell überdacht. Im Gebiet von Mutina bricht an bestimmten, dem Vulkan geheiligten Tagen Feuer hervor. Man findet bei den Schriftstellern angegeben, daß auf den Feldern unterhalb Aricia die Erde in Brand gerät, wenn Kohle darauf fällt. Im Lande der Sabiner und Sidiciner gibt es einen

Sallentino oppido Gnatia inposito ligno in saxum
quoddam ibi sacrum protinus flammam exsistere,
in Laciniae Iunonis ara sub diu sita cinerem inmobilem esse perflantibus undique procellis. quin et   241
repentinos exsistere ignes et in aquis et in corpori-
bus, etiam humanis: Trasimenum lacum arsisse
totum; Servio Tullio dormienti in pueritia ex capite
flammam emicuisse, L. Marcio in Hispania inter-
emptis Scipionibus contionanti et milites ad ultio-
nem exhortanti arsisse simili modo Valerius Antias
narrat. plura mox et distinctius; nunc enim quadam
mixtura rerum omnium exhibentur miracula.

Verum egressa mens interpretationem naturae
festinat legentium animos per totum orbem veluti
manu ducere.
   Pars nostra terrarum, de qua memoro, ambienti,   CXII
ut dictum est, Oceano velut innatans longissime   242
ab ortu ad occasum patet, hoc est ab India ad Herculis columnas Gadibus sacratas ⌈LXXXV⌉ ·
$\overline{\text{LXXVIII}}$ p., ut Artemidoro auctori placet, ut vero
Isidoro, ⌈XCVIII⌉ · $\overline{\text{XVIII}}$. Artemidorus adicit
amplius a Gadibus circuitu Sacri promunturii ad
promunturium Artabrum, quo longissime frons
procurrat Hispaniae, $\overline{\text{DCCCCXCI}}$ · D.

   Mensura currit duplici via: a Gange amne ostio-   243
que eius, quo se in Eoum Oceanum effundit, per
Indiam Parthyenenque ad Myriandrum urbem
Syriae in Issico sinu positam ⌈LII⌉ · $\overline{\text{XV}}$,

Stein, der, mit Öl bestrichen, brennt; in der sallentinischen
Stadt Gnatia lodert Holz, welches man auf einem dort befindlichen heiligen Stein legt, sogleich empor; auf einem unter
freiem Himmel stehenden Altar der Iuno Lacinia soll die
Asche unbewegt liegen bleiben, auch wenn von allen Seiten
Stürme wehen. Sogar im Wasser oder auch an menschlichen
Körpern entstehen plötzlich Flammen: so soll einmal der
ganze Trasimenische See gebrannt haben; dem Servius Tullius
sei in seiner Jugend während des Schlafes eine Flamme aus
dem Haupt hervorgelodert; in ähnlicher Weise soll, wie Valerius Antias erzählt, dem L. Marcius, als er in Spanien nach
dem Tode der Scipionen eine Rede hielt und die Soldaten zur
Rache aufrief, das Haupt in Flammen gestanden sein. Später
darüber mehr und Genaueres; hier werden nämlich wunderbare Erscheinungen aller Art in einer gewissen Mischung vor-
geführt.

Nachdem mein Geist nun aber die Erklärung der Natur
⟨im allgemeinen⟩ beendet hat, beeile ich mich, die Leser über
den ganzen Erdkreis gleichsam an der Hand zu führen.

Der von uns bewohnte Teil der Erde, von dem ich jetzt
spreche und der, wie gesagt [§ 179], auf dem ihn umfließenden
Ozean gleichsam schwimmt, hat seine größte Ausdehnung
von Osten nach Westen, das heißt von Indien bis zu den Säulen des Herakles, die diesem zu Gades geweiht sind. Diese
Entfernung beträgt nach Artemidoros 8578 Meilen, nach Isidoros aber 9818 Meilen. Artemidoros fügt noch 991,5 Meilen
hinzu für die Strecke von Gades um das Heilige Vorgebirge
herum bis zum Vorgebirge der Artabrer, dem äußersten Vor-
sprung der spanischen Küste.

Die Entfernungsbestimmung verläuft auf doppeltem
Wege: vom Fluß Ganges und seiner Mündung in den östli-
chen Ozean, über Indien und Parthien bis zur syrischen Stadt
Myriandros am Issischen Meerbusen zählt man 5215 Meilen,

inde proxima navigatione Cyprum insulam, Patara
Lyciae, Rhodum, Astypalaeam in Carpathio mari
insulam, Taenarum Laconicae, Lilybaeum Siciliae,
Caralim Sardiniae ⌈XXI⌉ · X̄III,
deinde Gades ⌈XII⌉ · L̄,
quae mensura universa ab Eoo mari efficit
⌈LXXXV⌉ · LXXVIII.

Alia via, quae certior itinere terreno maxime   244
potest,
a Gange ad Euphraten amnem ⌈LI⌉ · L̄X̄IX̄,
inde Cappadociae Mazaca C̄C̄X̄L̄IV̄,
inde   per   Phrygiam,   Cariam,   Ephesum
C̄C̄C̄C̄X̄C̄IX̄,
ab Epheso per Aegaeum pelagus Delum C̄C̄,
Isthmum C̄C̄X̄II · D,
inde terra et Laconico mari et Corinthiaco sinu Patras Peloponnesi X̄C̄,
Leucadem L̄X̄X̄X̄X̄V̄II · D,
Corcyram totidem,
Acroceraunia L̄X̄X̄X̄II · D,
Brundisium L̄X̄X̄X̄V̄II · D.,
Romam C̄C̄C̄L̄X̄,
Alpes usque ad Scingomagum vicum D̄X̄IX̄,
per   Galliam   ad   Pyrenaeos   montes   Illiberim
C̄C̄C̄C̄L̄X̄V̄III,
ad Oceanum et Hispaniae oram D̄C̄C̄C̄X̄X̄X̄I,
traiectu Gadis V̄II · D;
quae mensura Artemidori ratione ⌈LXXXIX⌉ ·
X̄L̄V̄ efficit.

Latitudo autem terrae a meridiano situ ad septen-   245

von da auf dem kürzesten Seeweg zur Insel Zypern, Patara in
Lykien, Rhodos, Astypalaia, einer Insel im Karpathischen
Meer, Tainaron in Lakonien, Lilybaion auf Sizilien, Karalis
auf Sardinien 2113 Meilen
und von da bis Gades 1250 Meilen.
Die gesamte Entfernung vom östlichen Meere an beträgt
somit 8578 Meilen.

Ein anderer Weg, der sicherer ist und größtenteils zu Lande
möglich, ergibt folgende Entfernungen:

vom Ganges bis zum Euphrat	5169 Meilen,
von hier bis Mazaca in Kappadokien	244 Meilen,
von hier durch Phrygien, Karien	
nach Ephesos	499 Meilen,
von Ephesos durch das Ägäische Meer	
bis Delos	200 Meilen,
bis zum Isthmos	212,5 Meilen,
von hier zu Land und auf dem Lakonischen	
Meer durch den Golf von Korinth	
nach Patrai auf der Peloponnes	90 Meilen,
bis Leukas	87,5 Meilen,
bis Korkyra	87,5 Meilen,
bis Akrokeraunia	82,5 Meilen,
bis Brundisium	87,5 Meilen,
bis nach Rom	360 Meilen,
durch die Alpen bis zum Dorf Scingomagus	519 Meilen,
durch Gallien bis Illiberis an den	
Pyrenäen	468 Meilen,
bis zum Ozean und zur Küste	
Spaniens	831 Meilen,
mit der Überfuhr nach Gades	7,5 Meilen;
dieses Maß beträgt nach der Berechnung	
des Artemidoros insgesamt	8945 Meilen.

Die Breite der Erde aber von Süden nach Norden wird von

triones dimidio fere minor Isidoro colligitur⌈LIV⌉·
LXII, quo palam fit quantum et hinc vapor abstule-
rit et illinc rigor; neque enim deesse terris arbitror
aut non esse globi formam, sed inhabitabilia utrim-
que inconperta esse. haec mensura currit a litore
Aethiopici Oceani, qua modo habitatur, ad Meroen
DCXXV,
inde Alexandriam ⌈XII⌉ · L,
Rhodum DLXXXIV,
Cnidum LXXXVII · D,
Coum XXV,
Samum C,
Chium XCIV,
Mytilenen LXV,
Tenedum CXIX,
Sigeum promunturium XII · D,
os Ponti CCCXII · D,
Carambin promunturium CCCL,
os Maeotis CCCXII · D,
ostium Tanais CCLXXV;
qui cursus conpendiis maris brevior fieri potest
LXXIX.

Ab ostio Tanais nihil modicum diligentissimi   246
auctores fecere. Artemidorus ulteriora inconperta
existimavit, cum circa Tanain Sarmatarum gentes
degere fateretur ad septentriones versus; Isidorus
adiecit⌈XII⌉· L usque ad Thylen, quae coniectura
divinationis est. ego non minore quam proxime
dicto spatio Sarmatarum fines nosci intellego. et

Isidoros, etwa zur Hälfte kleiner, mit 5462 Meilen berechnet, woraus deutlich wird, wieviel auf der einen Seite die Hitze, auf der andern die Kälte uns entzogen hat; denn ich glaube nicht, daß an Land etwas fehlt, oder die Erde habe nicht die Gestalt einer Kugel, sondern ich nehme an, daß an beiden Enden unbewohnbares und noch nicht entdecktes Gebiet liegt. Die Bestimmung der Entfernung beginnt hier an der Küste des Aithiopischen Ozeans, soweit sie bewohnt ist, und beträgt bis Meroë

beträgt bis Meroë	625 Meilen,
von hier bis Alexandreia	1250 Meilen,
bis Rhodos	584 Meilen,
bis Knidos	87,5 Meilen,
bis Kos	25 Meilen,
bis Samos	100 Meilen,
bis Chios	94 Meilen,
bis Mytilene	65 Meilen,
bis Tenedos	119 Meilen,
bis zum Vorgebirge Sigeion	12,5 Meilen,
bis zur Mündung des Pontos	312,5 Meilen,
bis zum Vorgebirge Karambis	350 Meilen,
bis zur Mündung der Maiotis	312,5 Meilen,
bis zur Mündung des Tanaïs	275 Meilen;

dieser Weg kann aber durch Abkürzungen auf dem Meer um 79 Meilen verkürzt werden.

Von den Ländern, die von der Mündung des Tanaïs aufwärts liegen, haben die fleißigsten Schriftsteller keine zuverlässigen Maßangaben gemacht. Artemidoros hält die darüber hinausliegenden Gegenden für unbekannt, doch gesteht er zu, daß am Tanaïs nach Norden hin die sarmatischen Völker wohnen; Isidoros hat ⟨zum angegebenen Maß⟩ noch 1250 Meilen bis nach Thule hinzugefügt, was jedoch eine Vermutung der Phantasie ist. Ich jedenfalls sehe, daß man nach einer Strecke, die nicht kleiner ist als die soeben angegebene, das

alioqui quantum esse debet quod innumerabiles
gentes subinde sedem mutantes capiat? unde ulte-
riorem mensuram inhabitabilis plagae multo esse
maiorem arbitror, nam et a Germania inmensas
insulas non pridem conpertas cognitum habeo.

De longitudine ac latitudine haec sunt, quae   247
digna memoratu putem. universum autem circuitum Eratosthenes, in omnium quidem litterarum
subtilitate, in hac utique praeter ceteros sollers,
quem cunctis probari video, CCLII milium stadiorum prodidit, quae mensura Romana conputatione
efficit trecentiens quindeciens centena milia passuum: inprobum ausum, verum ita subtili argu-
mentatione conprehensum, ut pudeat non credere.
Hipparchus, et in coarguendo eo et in reliqua omni
diligentia mirus, adicit stadiorum paulo minus
$\overline{\text{XXVI}}$. alia Dionysodoro fides neque enim subtra-   248
ham exemplum vanitatis Graecae maximum.
Melius hic fuit, geometricae scientia nobilis;
senecta diem obiit in patria; funus duxere ei propin-
quae, ad quas pertinebat hereditas. hae cum secutis
diebus iusta peragerent, invenisse dicuntur in
sepulcro epistulam Dionysodori nomine ad
superos scriptam: pervenisse eum a sepulcro ad
infimam terram; esse eo stadiorum $\overline{\text{XLII}}$. nec defu-
ere geometrae, qui interpretarentur, significare epistulam a medio terrarum orbe missam, quod deorsum ab summo longissimum esset spatium et idem

Gebiet der Sarmaten gewahr wird. Im übrigen: wie groß muß
wohl ein Land sein, das unzählige Völkerschaften, die obendrein dauernd ihre Wohnsitze wechseln, umfaßt? Deshalb
glaube ich, daß jene unbewohnbaren Gegenden jenseits einen
viel größeren Raum einnehmen, denn, wie ich weiß, sollen
auch von Germanien aus unlängst sehr große Inseln entdeckt
worden sein.

Dies ist, was ich von der Länge und Breite für erwähnenswert halte. Den ganzen Umfang der Erde aber hat Eratosthenes, ein Mann, der bei seinem auf allen geistigen Gebieten
tätigen Scharfsinn gerade in diesem Teile vor anderen genau
ist, weshalb ihm, wie ich sehe, auch alle beistimmen, mit
252000 Stadien angegeben, welche nach römischem Maß
31500 Meilen ausmachen. Dies ist eine kühne, aber genau
begründete Behauptung, der keinen Glauben zu schenken
man sich schämen müßte. Hipparchos, der in der Widerlegung des Eratosthenes und wegen aller seiner sonstigen Sorgfalt Bewunderung verdient, fügt noch etwas weniger als
26000 Stadien hinzu. Anders verhält es sich mit der Glaub-
würdigkeit des Dionysodoros, und ich will dieses größte Beispiel griechischer Eitelkeit nicht übergehen. Er stammte aus
Melos und war berühmt durch sein Wissen auf dem Gebiet
der Geometrie; in hohem Alter starb er in seiner Vaterstadt,
sein Leichenbegräbnis bereiteten ihm seine weiblichen Ver-
wandten, denen sein Erbe zukam. Als diese an den folgenden
Tagen die üblichen Gebräuche verrichteten, sollen sie im
Grabe einen im Namen des Dionysodoros an die Oberwelt
geschriebenen Brief gefunden haben: er sei von seinem Grabe
aus in das Innere der Erde gelangt; bis dahin betrage die Entfernung 42000 Stadien. Es fehlte nicht an Geometern, die
erklärten, das bedeute, daß der Brief vom Mittelpunkt der
Erde aus geschickt sei, weil dahin von der Oberfläche die weiteste Strecke und diese die Hälfte des Durchmessers des Erd-

pilae medium. ex quo consecuta conputatio est, ut
circuitum esse $\overline{\text{CCLII}}$ stadiorum pronuntiarent.

    Harmonica ratio, quae cogit rerum naturam sibi   CXIII
ipsam congruere, addit huic mensurae stadiorum
$\overline{\text{XII}}$ terramque XCVI partem torius mundi facit.

balls sei. Hieraus folgte eine Berechnung mit dem Ergebnis, daß sie erklärten, der Erdumfang betrage 252 000 Stadien.

Eine das richtige Verhältnis darstellende Berechnung, die erreicht, daß die Natur mit sich selbst übereinstimmt, fügt zu den oben genannten Maßen noch 12 000 Stadien hinzu und macht somit die Erde zum 96. Teil der ganzen Welt.

ANHANG

ERLÄUTERUNGEN

CIL   Corpus Inscriptionum Latinarum, consilio et aucto-
ritate Academiae litterarum Borussiae editum, 16
vol. Berlin/Leipzig 1862–1943.

FGH   Die Fragmente der griechischen Historiker, hg. von
F. Jacoby, Bd. I–III C 2, Berlin 1923–1930, Leiden
1940–1958.

FHG   Fragmenta Historicorum Graecorum, edd. *C. et Th.
Mueller*, 5 Bde., Paris 1841–1870.

GGM   Geographi Graeci Minores, ed. *C. Mueller*, 2 Bde.
mit 1 Atlas, Paris 1855–1861.

HRF   Historicorum Romanorum Fragmenta, coll. *H.
Peter*, Leipzig 1883.

HRR   Historicorum Romanorum Reliquiae, ed. *H. Peter*,
2 Bde. Leipzig 1883–1906 (ed. ster. Stuttgart 1967).

PMG   Poetae Melici Graeci, ed. *D. L. Page*, Oxford 1962.

VS   Die Fragmenta der Vorsokratiker, griech. und
deutsch von *H. Diels*, 6. verb. Aufl. hg. von *W.
Kranz*, Bd. 1–3, Berlin 1952 (16. bzw. 14. Aufl. Dub-
lin/Zürich 1972–1973).

1–4 Die hymnenartigen Anfangskapitel nennt E. Norden, Die germanische Urgeschichte in Tacitus' Germania,
Leipzig 1923, S. 310f. Anm. 1: »ein antikes gloria in excelsis,
an dem man nicht achtlos vorübergehen möge«; vgl. auch J.
W. v. Goethe an Riemer, 25. August 1811: »Die Natur ist größer als der Begriff und kleiner als die Idee, daher der Mensch
noch immer seinen Gott hinter die Natur setzt, damit er etwas
ihm Ähnliches habe«.

Eingehende Analysen, vor allem der ersten Kapitel stellten

E. Hoffmann, M. Mühl, E. Bickel, W. Kroll, J.-W. Caspar, A. Schmekel, Ch. Nailis und J. Beaujeu an. Unbestritten bleibt die Tatsache, daß die plinianische Kosmologie im Grunde stoisch sei (E. Hoffmann, W. Kroll, J.-W. Caspar, A. Schmekel, J. Beaujeu), doch hat der Eklektiker Plinius auch neupythagoreische Elemente (M. Mühl, E. Bickel) und chaldaiisches Gedankengut (W. Kroll, J. Beaujeu) einbezogen, um so kein geschlossenes philosophisches System, sondern nur das Fundament einer religiösen Naturverehrung zu schaffen.

Die erste Zeile hat eine wohl kaum zufällige Ähnlichkeit mit Platon, Tim. 28b: »Der ganze Himmel aber – oder die Welt oder welcher Name sonst ihm dafür am meisten belieben mag...«; vgl. Cicero, Tim. 4f. und Mela I 3: *omne igitur hoc, quidquid est, cui mundi caelique nomen indidimus, unum id est et uno ambitu se cunctaque amplectitur* (»All das also, was es auch sei, dem wir die Bezeichnung Welt und Himmel beigelegt haben, ist ein und dasselbe und umschließt sich und alles in einem einzigen Umkreis.« K. Brodersen); s. auch Cicero, De nat. deor. II 30: *quocirca sapientem esse mundum necesse est, naturamque eam, quae res omnes conplexa teneat perfectione rationis excellere...* (»Also ist die Welt notwendigerweise, und jene Natur, die alles umgreift, muß sich durch die Vollkommenheit der Vernunft auszeichnen...« O. Gigon – L. Straume-Zimmermann.)

5 Nach der Lehre der Stoa besteht die Welt aus einer von mehreren umeinander gelagerten Sphären gebildeten *Kugel*, in deren Mitte die Erde ruht; vgl. Cicero, De nat. deor. II 47; Diogenes Laërtios VII 195. – *Ausgewölbt und in der Mitte befindlich* ist wohl so zu verstehen, daß man die Welt an jedem Ort als die Hälfte eines kugelförmigen Gebildes zu betrachten hat, d. h. also, daß man überall in der Mitte zu sein scheint.

6 Plinius spielt hier auf die sog. Sphärenharmonie der

Pythagoreer an; vgl. zu § 84. Das Geräusch der Umdrehung
der einzelnen Sphären ist entweder so stark, daß es das
menschliche Hörvermögen übersteigt, oder es ergibt eine
Harmonie von unbeschreiblicher Lieblichkeit. Der erste
Gedanke auch bei Cicero, Somn. Scip. 19: *hic vero tantus est
totius mundi incitatissima conversione sonitus, ut eum aures
hominum capere non possint* (»Dieser Ton aber ist durch die
überaus rasche Umdrehung des ganzen Weltalls so gewaltig,
daß ihn die Ohren der Menschen nicht fassen können.« K.
Büchner).

7 *berühmte Gewährsmänner:* Gemeint sind offenbar
Platon und Cicero. – Den Gedanken, daß das Weltall alles
Leben hervorbringt und erhält, formuliert Cicero, De nat.
deor. II 86 ausführlicher: *omnium autem rerum, quae natura
administrantur, seminator et sator et parens, ut ita dicam,
atque educator et altor est mundus omniaque sicut membra et
partes suas nutricatur et continet.* (»Für alle Dinge also, die
durch die Natur verwaltet werden, ist der Kosmos der
Sämann, der Erzeuger und der Vater und, um es so zu sagen
der Erzieher und Ernährer, da er alles als seine Glieder und
Teile mit Nahrung versieht und erhält.« O. Gigon – L. Straume-Zimmermann.) – Der *hellere Kreis* ist die Milchstraße. –
Unter *Buchstaben* ist das Triangulum (Dreieck) genannte
Sternbild am nördl. Sternenhimmel zu verstehen, das einem
griech. Δ gleicht.

8 Die griech. Bezeichnung des Weltalls als *kósmos* bedeutet *Schmuck*, dem als Lehnübersetzung lat. *mundus* entspricht. – M. Terentius *Varro*, De ling. Lat. V 18: *caelum dictum scribit Aelius, quod est caelatum* (»...wurde *caelum*
genannt, wie Aelius [wahrscheinlich Aelius Stilo, der Lehrer
Varros] schreibt, weil er eine *getriebene Arbeit* ist«); vgl. auch
Ambrosius, Exam. II 115 und Isidorus, Nat. rer. 12,2; s. dazu
K. Sallmann, S. 238 Anm. 3.

9 Die Sternbilder des *Tierkreises* als Beweis für die Schönheit und *Ordnung* der Welt behandelt ausführlich Cicero, De nat. deor. II 104ff.; vgl. auch Diogenes Laërtios VII 138.

10f. Die Lehre von den *vier Elementen* geht auf Empedokles aus Akragas (5. Jh. v. Chr.) zurück; Buch 2 wird auch nach diesen vier Elementen gegliedert; s. S. 348ff. – Die Lage der *Erde* im Weltall *(zuunterst und in der Mitte im Ganzen)* beschreibt ähnlich Cicero, De nat. deor. II 116: *id... medium infimum in sphaera est* (»...dieser Mittelpunkt ist gleichzeitig in der Kugel der unterste Punkt...« O. Gigon – L. Staume-Zimmermann); vgl. auch II 84 und Tusc. disp. V 69, sowie Manilius I 170: *medium totius et imum* (»die Mitte vom Ganzen und zuunterst«).

12 Die Erde steht fest verankert im Mittelpunkt des Weltalls, um sie kreisen in dieser Reihenfolge die sieben *Planeten:* Mond, Merkur, Venus, Sonne, Mars, Jupiter, Saturn. Die Polemik gegen die Bezeichnung als Irrsterne *(errantes)* auch bei Cicero, De nat. deor. II 51: *quae falso vocantur errantes* (»die man fälschlich die Irrsterne [Planeten] nennt«), und Isidorus, Nat. rer. 23,3.

13 Der Glaube an die führende Rolle der *Sonne,* von jeher in Ägypten und Syrien heimisch, war auch, wie die geradezu hymnischen Worte des Plinius erweisen, im alten Rom von großer Bedeutung. – *Homer:* Il. III 277 (auch Od. XI 109; XII 323): »Helios auch, der du alles vernimmst und alles gewahrest!« (H. Rupé).

14 *... ganz Gesicht ...*: s. Xenophanes VS 21 B 24. – Zu den Tempeln der einzelnen *Gottheiten* in Rom vgl. Cicero, De nat. deor. II 61; De leg. II 28. – Weiteres s. M. Schuster und B. Baldwin (ähnliche Gedanken bei Prokopios, Got. I 3.6).

16 *Tempel des Fiebers auf dem Palatin:* vgl. Cicero, De leg. II 28; Aelian, Var. hist. XII 11; Valerius Maximus II 5,6. – *Orbona* (von lat. *orbus* »kinder- bzw. elternlos«), eine röm. Gottheit, die den Eltern die Kinder nahm; zu ihrer Besänftigung war in Rom in der Nähe des *Tempels der Laren* auf dem Marsfeld ein Heiligtum errichtet worden. – Zum *Altar des bösen Schicksals auf dem Esquilin* vgl. Cicero, De leg. II 28. – Auffallend ist die fast wörtliche Übereinstimmung mit Cicero, De nat. deor. III 63; als gemeinsame Quelle kommt Varro in Frage; vgl. F. Münzer, S. 95 Anm. 2. – *Juno* und *Genius* sind als eine Art weiblicher bzw. männlicher »Schutzengel« zu verstehen; vgl. Seneca, Epist. 110,1; Censorinus, De die nat. 3,1. – Zu den oft merkwürdigen Göttervorstellungen *fremder Völker* vgl. Cicero, De nat. deor. I 81.101; III 39. – *Knoblauch;* vgl. Plinius, Nat. hist. 19,101: *alium cepasque inter deos in iure iurando habet Aegyptus* (»Knoblauch und Zwiebeln verehrt Ägypten beim Schwur unter den Göttern.«)

17 *immer alt und grau:* Saturn, Uranos; *Jünglinge und Knaben:* Apollo, Bacchus, Amor; *schwarz:* Erebos, das Reich der Schatten; *geflügelt:* Merkur, Amor; *lahm:* Vulcanus; *einem Ei entsprossen:* die Dioskuren Kastor und Pollux; *abwechselnd lebend und tot:* Proserpina; vgl. auch Cicero, De nat. deor. I 83. – Zu den menschlichen Verhaltensweisen der Götter vgl. Cicero, De nat. deor. I 42.

18 Vgl. Seneca, De clem. I 24,5: *haec divina potentia est, gregatim ac publice servare* (»Dies bedeutet göttliche Macht, in Scharen und öffentlich zu helfen«); vgl. auch Cicero, Pro Lig. 38: *homines enim ad deos nulla re propius accedunt quam salutem hominibus dando* (»Denn durch nichts kommen Menschen den Göttern näher als dadurch, daß sie Menschen das Heil schenken«. M. Fuhrmann). – Zum programmatischen *iuvare mortalem* der stoischen Philosophie bei Plinius vgl. S. Citroni Marchetti.

19 Kaiser *Vespasianus* (69–79 n. Chr.) wurde von seinen

Zeitgenossen als Begründer einer neuen segensreichen und friedvollen Epoche gepriesen. – Die Herrscher des julisch-claudischen Hauses (Caesar, Augustus, Tiberius und Claudius) waren vom Senat *unter die Götter versetzt* (divinisiert) worden, um ihr Andenken zu bewahren. Die Aufnahme des Claudius in den Götterhimmel hatte Seneca in der *Apocolocynthosis* (Verkürbissung, als Wortspiel zu *Apotheosis* »Vergöttlichung«) verspottet. Zum Ganzen vgl. M. P. Charlesworth. – Bei den *Namen von Gestirnen, die aus verdienstvollen Taten von Menschen entstanden sind,* ist an Formen des Katasterismos (Versetzung von Menschen in den Sternenhimmel) zu denken; vgl. Cicero, De nat. deor. II 62.

22 *Fortuna:* eine alte, in Rom als »Glück« oder »Zufall« in mehreren Heiligtümern verehrte Gottheit; ihre berühmtesten Kultstätten in Latium befanden sich in Antium und Praeneste; vgl. L. M. Rutland. – Die Buchung antiker Rechnungen erfolgte auf die Weise, daß Ein- und Ausgaben nicht nebeneinander, sondern auf *beiden Seiten,* d. h. auf der Vorder- und der Rückseite der Wachstafel verzeichnet wurden; vgl. dazu B. R. Rees. – Zur Astrologiefeindlichkeit der Zeit des Plinius, die auch allenthalben in einer gewissen Skepsis gegenüber dem Einfluß der Gestirne auf das Schicksal der Menschen zu merken ist, vgl. W. und H.-G. Gundel.

24 *Vorbedeutung des Niesens:* vgl. Cicero, De div. II 84. – Zum Aberglauben des *Augustus* vgl. auch Sueton, Aug. 92,1: *si mane sibi calceus perperam ac sinister pro dextro induceretur, ut dirum*... (»Wenn man ihm am Morgen die Schuhe verkehrt, den linken statt den rechten, anzog, sah er darin eine böse Vorbedeutung«); vgl. HRF frg. 21* = frg. *XX Malcovati; s. auch F. Münzer, S. 250.

25 Der hier vertretene Standpunkt ist durchaus epikureisch; vgl. Seneca, Epist. 88,45: *hoc unum certum est, nihil esse certi* (»Das eine ist gewiß, daß es nichts Gewisses gibt« –

Meinung des Philosophen Nausiphanes, des Lehrers Epikurs).

27 Ähnliche Gedanken über die Allmacht und Allgegenwart der Gottheit in der Natur bei Seneca, Nat. quaest. II 45,3; vgl. B. Wyss.

28 Plinius vertritt hier die Theorie, daß die Fixsterne *am Himmel befestigt sind;* anders Cicero, De nat. deor. II 54. Er bekämpft die abergläubischen Vorstellungen, daß die Sterne mit dem Schicksal der Menschen verbunden sind und weist den Gedanken entschieden zurück, daß Sternschnuppen den Tod eines Menschen bedeuten.

30 Die Tatsache, daß mit dem Auf- und Untergang gewisser Sternbilder bestimmte Witterungserscheinungen verbunden waren, führte zu dem Glauben, daß die Gestirne die Verursacher dieser Wetterveränderungen sind; vgl. Plinius, Nat. hist. 18,207. – Die Zeichen des sog. *Tierkreises* spielen noch heute vor allem in der Astrologie seine große Rolle. Sie lauten:

Widder *(aries)*	21. März – 20. April
Stier *(taurus)*	21. April – 20. Mai
Zwillinge *(gemini)*	21. Mai – 21. Juni
Krebs *(cancer)*	22. Juni – 22. Juli
Löwe *(leo)*	23. Juli – 23. Aug.
Jungfrau *(virgo)*	24. Aug. – 23. Sept.
Waage *(libra)*	24. Sept. – 23. Okt.
Skorpion *(scorpio)*	24. Okt. – 22. Nov.
Schütze *(sagittarius)*	23. Nov. – 21. Dez.
Steinbock *(capricornus)*	22. Dez. – 20. Januar
Wassermann *(aquarius)*	21. Januar – 18. Februar
Fische *(pisces)*	19. Februar – 20. März.

Bei der Besprechung der für die Landwirtschaft wichtigen Termine geht Plinius, Nat. hist. 18,230–253, auf die Witterungsverhältnisse unter bestimmten Gestirnskonstellationen näher ein. Er macht aber deutliche Vorbehalte: *sed et in his et in aliis omnibus ex eventu significationum intellegi sidera debebunt, non ad dies utique praefinitos exspectari tempestatum vadimonia* (»Bei diesen sowohl wie auch bei allen anderen Erscheinungen wird man aber die Gestirne nach der Wirkung ihrer Anzeichen beurteilen müssen und keinesfalls für vorausbestimmte Tage verbürgte Wetterprognosen erwarten dürfen.«)

31 Die Sonne beschreibt im Laufe eines Jahres eine scheinbare Bahn am Himmelsgewölbe und durchläuft die zwölf Tierkreiszeichen (s. zu § 30). Diese sog. Ekliptik hat einen Neigungswinkel *(Schiefe)* von 23° 27′ gegen den Himmelsäquator. – *Anaximandros aus Milet:* VS 12 A 5; vgl. Diogenes Laërtios II 1,2. – *Kleostratos* aus Tenedos: VS 6 B 2; vgl. E. Webb. – *Atlas:* einer der Giganten, der im Mythos das Himmelsgewölbe trug; deshalb wurde er oft auch als großer Astronom (oder Astrolog) angesehen; vgl. Plinius, Nat. hist. 7,203, und Augustinus, De civ. Dei XVIII 39: *Atlas ille magnus atrologus* (»Atlas, jener große Astrologe«). – Zur *Kugelgestalt des Himmels* vgl. Cicero, De nat. deor. II 52; Diodor III 60,2; IV 27,1 u. a.

32 Die Umlaufzeit des *Saturn* beträgt 29,46 siderische Jahre (1 siderisches Jahr entspricht dem Zeitraum, bis der Planet wieder zum gleichen Punkt der Himmelssphäre zurückkehrt – 365,256 Tage); vgl. Cicero, De nat. deor. II 52; Vitruv IX 1,10; Martianus Capella VIII 886.

33 Zur *unermeßlichen Geschwindigkeit* vgl. Seneca, Nat. quaest. VII 9,4. – Die Bewegung der Planeten nach links hat angeblich Auswirkungen auf die Entstehung der Winde; vgl. § 116; s. dazu W. Kroll.

34 Umlauf des *Jupiter:* 11,86 siderische Jahre; vgl. Cicero, De nat. deor. II 52; Martianus Capella VIII 885; Umlaufzeit des *Mars:* 1,88 siderische Jahre; vgl. Cicero, De nat. deor. II 53; Vitruv IX 1,10 und Censorinus, frg. 3: de stellis fixis et vagantibus 3 f. – Zum gegenseitigen Einfluß der Planeten auf ihre Temperatur vgl. Cicero, De nat. deor. II 119; Vitruv VI 1,11; IX 1,16 u. a.; s. dazu W. Kroll. – *Hercules:* anderer Name des Mars, der sich aber nicht durchgesetzt hat; vgl. Macrobius, Sat. III 12,6.

35 Die Einteilung des Sonnenlaufes in *360 Grade* ist an sich bedeutungslos. Plinius will sagen, daß die Sonne bei ungenauer Berechnung an jedem Tag des Jahres einen Grad zurücklege; dazu kommen dann noch etwa *5 1/4 Tage*. – Die sog. Iulianische *Zeitrechnung* wurde von Iulius Caesar unter Mithilfe des Mathematikers Sosigenes aus Alexandreia (§ 39) am 1. Januar 45 v. Chr. eingeführt. Demnach zählte ein gewöhnliches Jahr 365 Tage und jedes 4. Jahr wurde ein *Schalttag* (24. Februar = a. d. bis VI Kal. Martias) eingeschoben; vgl. Plinius, Nat. hist. 18,207. Da aber die mittlere Jahreslänge von 365 1/4 Tagen um 11 Min. 12 Sek. gegen das Sonnenjahr zu groß ist, führte Papst Gregor XIII. nach Vorschlägen des Italieners Luigi Lilio 1582 ein genaueres Schaltverfahren ein (Gregorianischer Kalender): Der Schalttag fällt aus, wenn die Anzahl der vollen Jahrhunderte nicht durch 4 teilbar ist (1700, 1800, 1900, 2100, nicht aber 1600 und 2000). Die bereits überschüssigen zehn Tage entfielen, so daß auf den 4. Oktober 1582 gleich der 15. Oktober folgte.

36 *Venus:* vgl. Cicero, De nat. deor. II 53; Vitruv IX 1,7; Martianus Capella VIII 883. – *Lucifer* (»Lichtbringer«) ist die lat. Übersetzung von griech. *Phōsphóros* »Morgenstern«, *Vesper,* griech. *Hésperos* »Abendstern«.

37 Die überlieferte Jahresangabe (612 v. Chr.) stimmt mit den Lebensdaten des *Pythagoras* (570/560–480 v. Chr.) nicht überein; in Betracht käme am ehesten die 62. *Olympiade,* das 222. *Jahr der Stadt Rom,* also 532 v. Chr.; zur Quelle vgl. F. Münzer, S. 342. – Plinius erwähnt als erster, daß die Venus

Schatten werfen kann, weil ihre Helligkeit im Vergleich zu den anderen Himmelskörpern so stark sei; vgl. Diogenes Laërtios VIII 1,14; Martianus Capella VIII 882. – Zur Quelle (chaldaiischer Autor hellenistischer Zeit) vgl. W. Kroll. – Die anderen Bezeichnungen der Venus als *Stern der Iuno, der Isis* oder *der Göttermutter (mater Deum)* haben sich nicht durchgesetzt und wurden kaum verwendet.

38 Umlaufzeit der *Venus:* 0,62 siderische Jahre = 225 Tage. Die angegebene Zahl von *348 Tagen* ist zu hoch; vgl. auch Vitruv IX 1,9 (485 Tage) und Martianus Capella VIII 883 (mehr als 300 Tage). Der Wert für die Elongation (Winkelabstand *von der Sonne*) mit *46°* stimmt hingegen; vgl. Cicero, De nat. deor. II 53. – *Timaios:* s. Verzeichnis der Quellenschriftsteller.

39 Umlaufzeit des *Merkur:* 0,42 siderische Jahre = 88 Tage. Auch hier ist die von Plinius angegebene Zahl (348 – 9 = 339 Tage) falsch; vgl. auch Cicero, De nat. deor. II 53 (ungefähr ein Jahr) und Vitruv IX 1,8 (360 Tage). Der Name *Apollo* ist sonst nirgends belegt. – Die größten östlichen und westlichen Elongationen schwanken zwischen 18° und 28°; Plinius gibt mit 22° einen Mittelwert an; vgl. § 72 (20° offenbar aus anderer Quelle). – *Kidenas und Sosigenes:* s. Verzeichnis der Quellenschriftsteller.

40 *Großes Jahr:* die Periode, nach der Sonne, Mond und Planeten wieder die gleiche Position einnehmen (Apokatastis); vgl. Cicero, De nat. deor. II 51 und Somn. Scip. 24: *cum autem ad idem unde semel profecta sunt cuncta astra redierint, eandemque totius caeli descriptionem longis intervallis rettulerint, tum ille vere vertens annus appellari potest* (»...wenn alle Sterne zu demselben Punkte, von wo sie einmal aufbrachen, zurückgekommen sind, und dieselbe Stellung des ganzen Himmels nach langen Zwischenräumen wieder mit sich gebracht haben, das kann ein sich wahrhaft wen-

dendes Jahr genannt werden.« K. Büchner); Hortensius, frg.
26; Censorinus, De die nat. 18,11. – Plinius kommt Nat. hist.
10,5 nur kurz und beiläufig auf das Große Jahr zu sprechen.

41 Der Abschnitt über den *Mond* beginnt wieder mit
einem hymnenartigen Proömium, in dem seine wechselnden
Bewegungen und Gestalten beschrieben werden.

43 *Endymion:* ein schöner Jüngling der griech. Mythologie, Geliebter der Mondgöttin Selene, die ihm 50 Töchter
gebar. Zeus schenkte ihm ewigen Schlaf, Unsterblichkeit und
ewige Jugend; vgl. Cicero, Tusc. disp. I 92. Plinius macht ihn
hier zu einem Astronomen. – Ähnliche Reflexionen über die
Undankbarkeit der Menschen gegen Wohltäter und den
Widersinn der Geschichtsschreibung bei Seneca, Nat. quaest.
III praef. 5.

44 Die siderische Umlaufzeit des *Mondes* beträgt 27,321
Tage, die synodische 29,530 Tage; der Unterschied macht
ungenau *zwei Tage* aus. – Zur Umlaufzeit des *Saturn* s. § 32.

45 Die Annahme, daß das Licht des Mondes von der
Sonne stamme und wie von einer Wasserfläche zurückgewor-
fen werde, wurde von Poseidonios zuerst vertreten, dann
aber zurückgewiesen; vgl. Diogenes Laërtios VII 145. – Zum
Gegensatz zwischen Mond und Sonne vgl. § 222.

46 Auch die Erklärung der Flecken des Mondes durch die
von der Erde aufsteigenden Dünste stammt aus Poseidonios;
vgl. Diogenes Laërtios VII 145.

47 Die Erklärung der *Nacht* durch den *kegel*förmigen
Schatten der Erde scheint ebenfalls auf Poseidonios zurückzugehen. – Sonst nicht belegt ist die Behauptung, daß der
hohe Flug der *Vögel* beweist, der *Schatten werde vom Raum
verschluckt* und reiche nicht unendlich weit. Plinius will
offenbar zeigen, daß der Schatten den immer lichten Äther
nicht erreicht, sondern auf die Welt unter dem Monde
beschränkt bleibt (W. Kroll).

48 Plinius unterscheidet hier zwischen *Luft (aër)* und *Äther (aether)*, obwohl er § 12 erklärt hat, daß die Planeten in der Luft schweben. Der Äther ist das sog. fünfte Element des Aristoteles, mit dem er die Kreisbewegung der Himmelskörper zu erklären versuchte. – Durch die etwas laienhafte Begründung *(wegen der nicht immer... übereinstimmenden Bewegung der Planeten)* soll auf das Phänomen der sog. Parallaxen (griech. *parállaxis* »Veränderung, Abweichung«) hingewiesen werden, durch die bevorstehende Sonnen- und Mondfinsternisse vorausberechnet werden können.

49 Plinius berücksichtigt hier nicht die zu seiner Zeit bereits bekannte Tatsache, daß eine totale Sonnenfinsternis nur auf einer verhältnismäßig kleinen Fläche der Erdhalbkugel sichtbar ist.

50 *Berg Ida:* Es gibt zwei Gebirgszüge dieses Namens, einen auf Kreta (h. Psiloritis) und einen in der südl. Troas in Kleinasien, den Schauplatz des Parisurteils (h. Kaz Dagh). – Das hier Mitgeteilte ist unwahrscheinlich; vgl. Diodor XVII 7,5 ff. Den gleichen Sachverhalt berichten Mela I 94 (Ida in der Troas) und Solinus 11,6 (Ida auf Kreta). Sämtliche von Plinius vorgebrachten Argumente kennzeichnen weniger die Größe der Sonne als ihre weite Entfernung.

51 Die drei Arten von Schatten lassen sich am besten durch folgende Skizzen veranschaulichen:

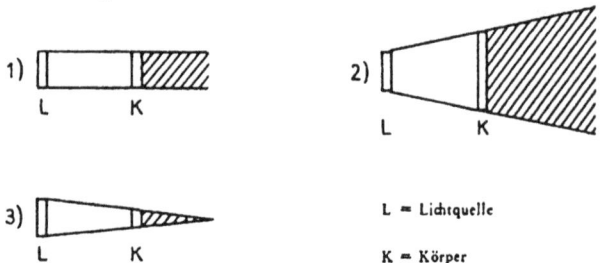

52 Die *Sonne entfernt sich* nicht *im Winter von der Erde,*
denn das Perihel, der Punkt der kleinsten Entfernung der
Erde von der Sonne, wird Anfang Januar erreicht.

53 Die von C. *Sulpicius Gallus, Konsul* 166 v. Chr., vor-
ausgesagte *Mondfinsternis* ereignete sich in der Nacht des
21./22. Juni 168 v. Chr. unmittelbar vor der Schlacht von
Pydna, in der *König Perse(u)s* von Makedonien den Römern
unter Aemilius *Paulus* unterlag, so daß sein Land unter röm.
Herrschaft kam; vgl. Cicero, Res publ. I 23; Livius XLIV
37,5; Frontin I 12,8; Valerius Maximus VIII 11,1 Florus I 12,8
Quintilian, Inst. orat. I 10,47; Lydos, Ost. 9,30b. Zur Quelle
(Varro) s. F. Münzer, S. 162. – Die von *Thales aus Milet,* VS
11 A 5, prophezeite *Sonnenfinsternis* fand am 28. Mai 585
v. Chr. während eines Kampfes zwischen Lydern und
Medern am Fuße Halys statt; vgl. Herodot I 74,1–3; Lydos,
Ost. 9,30b. – *Alyattes* (etwa 607–560 v. Chr.): vorletzter
König von Lydien. Zur Quelle (Nepos) s. F. Münzer, S. 342.
– *Hipparchos:* frg. H Berger = frg. H Dicks; vgl. Ptolemaios,
Geogr. I 4; Lydos, Ost. 7,24c.

54 *Stesichoros* aus Mataeuros, der »lyrische Homer«, lebte
von 640–555 v. Chr. zumeist auf Sizilien. Von seinen z. T.
recht umfangreichen Weeken sind nur spärliche Reste
bewahrt; hier frg. 73 Bergk = PMG 271. – *Pindaros* aus Theben (etwa 520–445 v. Chr.) ist der größte griech. Chorlyriker.
Anläßlich der Sonnenfinsternis am 30. April 463 v. Chr. suchten die Thebaner in einem Bittgang drohendes Unheil abzuwenden. Pindaros verfaßte dazu einen Bittgesang zur Flöte
am Altar im Apollo-Heiligtum am Hügel Ismenion; davon ist
ein größeres Bruchstück erhalten (Paian IX: frg. 42 Werner =
frg. 52k Snell):

> Strahl der Sonne, was hast du ersonnen, vielschauender,
> Mutter der Augen, o Stern, allerhöchster, daß

Am Tage hinweg du dich stiehlst? Warum machtest du
ratlos die
Kraft den Menschen, ungangbar der Weisheit Weg?
Bringst, dunkelen Pfades fortstürmend, du ein
Neues, Schlimmres auf uns, als es vordem gab?
Aber bei Zeus, schnelle Lenkrin der Rosse, fleh
Ich dich an: Wend in Segen, in
Leidlosen, für unser Theben, Herrin,
Das alle erschreckt, dies Wunder um! ...   (O. Werner).

Vgl. auch Plutarch, De facie 19,931e. – *Nikias* (etwa 469–413
v. Chr.), Anhänger des Perikles und Fortsetzer seiner Politik;
wegen der Mondfinsternis vom 27. August 413 v. Chr. ver-
schob er das *Auslaufen der Flotte* um 27 Tage; vgl. Thukydides VII 50; Polybios IX 19,1; Diodor XIII 12,7; Plutarch,
Nikias 23, und Quintilian, Inst. orat. I 10,48.

55   Ähnliche Gedanken bei Vergil, Aen. I 742ff.; vgl.
dazu F. Della Corte.

56   Die bereits den Babyloniern bekannte Sarosperiode,
in der die *Finsternisse* sich wiederholen, beträgt 6585 $^1/_3$ d
oder 18 a 11 $^1/_3$ d.* Finsternisse treten nur dann auf, wenn der
Mond bei Neu- oder Vollmond in der Nähe eines Knotens
seiner Bahn steht. Der synodische Monat (Dauer einer
Mondphase bis zur nächsten gleichen) und der drakonitische
Monat (Dauer von einem Monddurchgang durch einen Bahn-
knoten bis zum nächsten) sind von verschiedener Länge: 29 d
12 h 44 m 3 s bzw. 27 d 5 h 5 m 36 s. Eine Finsternis wiederholt
sich nach Verlauf einer Zeit, die ein gemeinsames Vielfaches
dieser Monatslängen darstellt. Durch Multiplikation der
Dauer des synodischen Monats mit der von Plinius angegebenen Zahl von *223 Monaten* ergibt sich die oben genannte

---

* Zu den Zeichen auch im folgenden: a = Jahr, d = Tag, h = Stunde, m =
Minute, s = Sekunde.

Sarosperiode, ebenso wenn man die Dauer des drakoniti-
schen Monats mit 242 Monaten multipliziert.

57 *Hipparchos* (s. § 68), p. 108–110 Berger. – In einem
Jahr treten höchstens drei, durchschnittlich aber nur eine bis
zwei *Mondfinsternisse* auf. Die entsprechenden Zahlen für
Sonnenfinsternisse lauten fünf, bzw. zwei bis drei. Die Fin-
sternisse ereignen sich im allgemeinen gruppenweise, wobei
Mond- und Sonnenfinsternisse ständig miteinander abwech-
seln; die Gruppen folgen ungefähr halbjährig aufeinander, die
Finsternisse innerhalb einer Gruppe in etwa vierzehntägigen
Intervallen. Mondfinsternisse spielen sich gleichzeitig für alle
Erdorte ab, Sonnenfinsternisse hingegen nur für einzelne
Punkte der Erdoberfläche; vgl. zum Ganzen F. Boll, RE VI,
1909, Sp. 2329–2364 s. v. »Finsternisse«. – Die Doppelfinster-
nis ereignete sich im März 71 (Mondfinsternis 4. März – Sonnenfinsternis 20. März). – Die Datierung des Plinius weist
aber einen Irrtum auf: Die Konsulpaare der frühen 70er Jahre
waren 70 Vespasianus (zum 2. Mal) und Titus (zum 1. Mal);
71 Vespasianus (zum 3. Mal) und Cocceius Nerva; 72 Vespasianus (zum 4. Mal) und Titus (zum 2. Mal). Ausgehend von
der Annahme, daß auch im Jahre 71 *Vespasianus* und sein
Sohn Titus gemeinsam Konsuln waren, hat Plinius die Iterati-
onszahlen vom Jahr 70 einfach um eins erhöht; vgl. Lydos,
Ost. 9,30 b.

58 Plinius, Nat. hist. 18,324, gibt als Wert für die *tägliche*
Zunahme des Mondes 51¼ m an; dies ergibt sich aus dem
synodischen Umlauf des Mondes (rund 30 d); s. § 44. Die hier
mitgeteilte Zahl von *47½ m* bezieht sich offenbar auf den
siderischen Umlauf (Zeit zwischen zwei Konjunktionen des
Mondes mit dem gleichen Fixstern: 27 d 7 h 43 m 11 s); vgl.
dazu G. Bilfinger und E. Vetter.

59 ff. Bei den Ausführungen über die Planetenbewegun-
gen zeigt sich leider in besonderem Maße, daß Plinius keine

genauen mathematischen Kenntnisse besaß und daher seine
Quellen manchmal unrichtig interpretierte. Für die Behandlung des ganzen Fragenkomplexes sei vor allem auf A. Schmekel und A. Jones verwiesen, von denen auch zu den älteren
Veröffentlichungen von W. Kroll und E. Friese Stellung
genommen wird. – Die *drei* »oberen« *Planeten* sind Saturn,
Jupiter und Mars; s. § 32 ff. Zur Konjunktion mit der *Sonne*
vgl. Vitruv IX 1,6.11 und Martianus Capella VIII 884 ff. – Die
Angabe von *11°* entspricht einem Mittelwert, denn die
genaueren Zahlen für Saturn, Jupiter und Mars lauten 15°, 12°
und 8°; vgl. Firmicus Maternus, Math. II 9. – *Gedrittschein*
(Trigonalschein) bezeichnet eine Stellung (Aspekt) zweier
Gestirne unter einem Winkel von *120°*, ein Winkel von *180°*
wird als *Opposition* (Gegenschein) bezeichnet.

61 Zu den *beiden »unteren« Planeten* (Venus, Merkur)
vgl. § 38 f.

63 *Apsiden* sind diejenigen Punkte einer Bahnellipse, bei
denen die Planeten ihre größte Sonnenferne (Aphel) bzw. ihre
größte Sonnennähe (Perihel) haben. Die Verbindung dieser
beiden Punkte ist die Apsidenlinie, d. h. die große Achse der
Ellipse. Plinius spricht zunächst von den Planetenbahnen als
Apsiden, läßt aber im folgenden erkennen, daß er die Punkte
meint (§ 64 f.) Apsidenkreise sind demnach die *Kreise,* welche
die Apsiden (größte Erdnähe bzw. -ferne) auf den Endpunk-
ten je eines bestimmten Durchmessers haben (nach A. Schmekel; selbstverständlich kommen für Plinius nur Kreisbahnen,
keine Ellipsen in Betracht). Diese Apsidenkreise haben nicht
die Erde zum Mittelpunkt, sie sind exzentrisch und jeder Planet hat sein eigenes Zentrum; zum Ganzen vgl. W. und H.
Gundel, RE XX, 1950, Sp. 2017–2185 s. v. »Planeten«.

64 Zu den *Apsiden* in den Sternbildern s. Martianus
Capella VIII 884 ff.

65 Nach Plinius gibt es zwei verschiedene Arten von

Apsiden, die von der Mitte der Erde aus und die von ihrem *Mittelpunkt* aus gerechneten; vgl. dazu Firmicus Maternus, Math. II 3,6.

66 Die Bewegung in die *Breite* ist die Deklinationsbewegung bedingt durch die Schiefe der Ekliptik; vgl. § 31 f. – Zur Zoneneinteilung der Erde s. § 172.

68 ff. Plinius versucht hier, eine Theorie der Bewegung der *Planeten* zu geben, ohne allerdings auf die von Apollonios aus Perge (etwa 262–190 v. Chr.) und Hipparchos aus Nikaia (190–120 v. Chr.) entwickelte Epizykeltheorie näher einzugehen. Dadurch war es möglich, die schleifenartigen Bewegungen der Planeten wenigstens annähernd richtig darzustellen. Man unterschied einen Hauptkreis (Deferent), in dessen Mittelpunkt die Erde steht, und einen Nebenkreis (Epizykel), dessen Mittelpunkt auf der Peripherie des Hauptkreises läuft, während sich der Planet auf der Peripherie des Epizykels bewegt. Durch die Kombination dieser beiden Bewegungen scheint sich der Planet, von der Erde aus gesehen, unregelmäßig zu bewegen. Im großen und ganzen bewegt sich der Planet wie der Epizykelmittelpunkt rechtläufig, also nach links, aber in einem Teil seiner Bahn kann er auch rückläufig erscheinen. Als rechtläufig wird eine Bewegung verstanden, die die Tierkreiszeichen Widder, Stier, Zwillinge u. s. w. in dieser Folge durchläuft. Bei der Darstellung des Plinius drehen sich nur die Epizykel der beiden unteren Planeten Venus und Merkur (§ 61) nach links, die drei oberen Planeten Mars, Jupiter und Saturn aber nach rechts. Der gleiche Fehler findet sich im Papyrus Michigan 149, der offenbar auf dieselbe Quelle zurückgeht; vgl. O. Neugebauer. Zur besseren Erklärung des scheinbaren Wechsels der Planetengeschwindigkeit wurde die sog. Exzenter-Hypothese aufgestellt, wonach die Erde nicht im Mittelpunkt des Hauptkreises gelegen ist. Dies hatte bereits Hipparchos für die Sonne verlangt und so die Exzentrizität ihrer Bahn berechnet.

Die Epizykeltheorie erfuhr im 2. Jh. n. Chr. durch Ptolemaios in seinem »Almagest« eine großartige Zusammenfas-
sung, die bis Kopernikus und Kepler das geozentrische Welt-
bild beherrschte. – *Gedrittschein:* s. § 59.

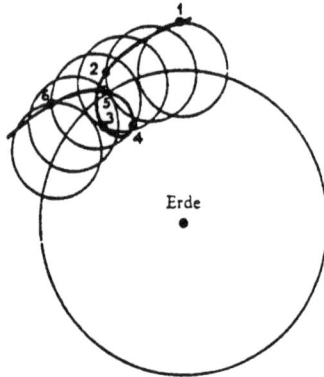

Epizyklische Bewegung eines Planeten von der Erde aus gesehen

71 ff. Eine kritische Untersuchung der Planetentheorie
des Plinius durch H. Vogt bei W. Kroll, S. 67–73. Da es Plinius vermeidet, die mathematischen Grundlagen der vorge-
legten Ergebnisse mitzuteilen, kommt es nur zu einer »Her-
übernahme der griechischen Forschungsresultate ohne Ver-
ständnis und Kenntnis des Weges, der dazu geführt« hat. So
ist die »Planetentheorie phantastisch, unanschaulich, unge-
metrisch, mit einem Wort ungriechisch«.

77 *Gedrittschein:* s. § 59.

78 *Lynkeus* (zu griech. *lýnx* »Luchs«): Sohn des Apha-
reus und der Arene, Sagengestalt, berühmt durch ihre *Sehkraft;* vgl. Pindar, Nem. X 64:

Dessen Auge ja war unter allem irdischen
Volk weitaus das schärfste (O. Werner).

Siehe auch Horaz, Sat. I 2,90; Epist. I 1,28; Valerius Flaccus I 467 u. a.

80 *Geviertschein:* (Quadratur) bezeichnet einen Aspekt unter einem Winkel von 90°. – *Gedrittschein:* s. § 59.

81 Wenn Plinius von *Veränderungen* und einer *Ungleichheit* im Sonnenlauf spricht, so meint er die Erscheinung, daß die Zeiten zwischen Tag- und Nachtgleiche bzw. den Sonnenwenden nicht gleich sind. Wenn er dafür die *Schiefe des Tierkreises* als Grund angibt, so trifft dies lediglich für die ungleichmäßige Zu- und Abnahme der Tage und Nächte zu. Daß die Jahrpunkte in die *8. Grade* des Tierkreises fallen, ist die veraltete Ansicht der babylonischen Astronomen, die durch die Kenntnis der Präzession seit Hipparchos überholt war.

82 *Jupiter schleudert Blitze:* vgl. Lydos, Ost. 46, 174d. Diese Lichterscheinungen hält R. Lenoble für Planetenblitze.

83 Mit der Angabe, *die Sonne sei vom Monde neunzehnmal weiter entfernt als der Mond von der Erde,* ist offenbar die Messung des Aristarchos aus Samos (etwa 310–230 v. Chr.) gemeint, der für die Entfernung *Erde – Sonne* den Wert größer als 18, kleiner als 20 *Erde-Mond*-Entfernungen errechnet hatte. – Die von *Pythagoras* angegebene Entfernung *Erde – Mond* mit *126000 Stadien* entspricht etwa 23300 km, wenn man das Stadion zu 625 Fuß, etwa 185 m, rechnet (§ 85). Die Entfernung *Mond – Sonne* beträgt dann 252000 Stadien, etwa 46600 km, die der *Sonne* zu den *12 Zeichen* des Tierkreises 378000 Stadien, etwa 70000 km (Verhältnis 1 : 2 : 3); vgl. Censorinus, De die nat. 13,3; Plutarch, Plac. philos. II 21. Die angegebenen Zahlen sind natürlich völlig unsinnig, sie stehen in Beziehung zur Berechnung des Erdumfanges durch Eratosthenes (§ 247). – *Sulpicius Gallus:* s. § 53. Sein verlorenes astronomisches Sammelwerk wurde von Varro verwendet und diente als Quelle für Plinius und Censorinus; vgl. F. Münzer, S. 162f.

84 Die Angaben über die Sphärenharmonie stammen aus einer dem *Pythagoras* zugeschriebenen Schrift, die zwischen 200 und 168 v. Chr. im Anschluß an Eratosthenes verfaßt wurde; Plinius hat diese Angaben wohl aus Varro übernommen; vgl. Censorinus, De die nat. 13,3 f. – Nach der Meinung der Pythagoreer ist der ganze Kosmos voll *Harmonie*, weshalb sie auch die von ihnen entdeckten Gesetze der musikalischen Harmonie auf die Plantenbewegungen zu übertragen suchten. Alexandros, genannt Lychnos, aus Ephesos veröffentlichte um 60 v. Chr. ein astronomisch-geographisches Lehrgedicht, von dem ein längeres Fragment mit der Beschreibung der Planetenkreise und ihrer musikalischen Intervalle erhalten ist. Es ergibt sich daraus folgende Tonleiter:

	Tonabstand	*Note*
Fixsterne		d'
	Halbton	
Saturn		des'
	Halbton	
Iupiter		c'
	Halbton	
Mars		h
	Ganzton	
Sonne		a
	1 ¹/₂ Töne	
Venus		ges
	Halbton	
Merkur		f
	Halbton	
Mond		e
	Ganzton	
Erde		d

Plinius weicht von diesem System nur dahingehend ab, daß
er als Abstand Saturn – Fixsterne ebenfalls *anderthalb* Ton-
schritte (statt den eines Halbtones) angibt und so auf sieben
(statt sechs) Ganztöne kommt; vgl. W. Burkert und G. Wille.
Die Gedankengänge rund um eine Sphärenharmonie spielten
noch eine große Rolle im Hauptwerk von Johannes Kepler:
»Harmonices mundi« (1619). – Die *dorische Tonart* der Griechen besteht aus der Tonfolge (von der oberen Oktave aus) e''
– e', die *phrygische* aus der Tonfolge d'' – d'. Beide Tonarten
entsprechen jedoch nicht den gleichlautend bezeichneten sog.
Kirchentonarten der mittelalterlichen Musik.

85   Bei den Maßangaben ist zwischen verschiedenen Län-
geneinheiten zu unterscheiden. Plinius gibt an: 1 Stadion =
125 röm. Schritte = 625 Fuß (etwa 185 m); vgl. Censorinus,
De die nat. 13,2 und Martianus Capella VI 609; s. K. Sallmann, S. 46. Es ist jedoch anzunehmen, daß sich die antiken
Astronomen eher des ägyptischen Stadions zu 300 Ellen =
157,5 m bedient haben. – Zu *Poseidonios,* frg. 297 Theiler; vgl.
M. Laffranque und K. Sallmann, S. 70. – Die Entfernung der
Wolken mit *40 Stadien* (7,4 bzw. 6,3 km) trifft nur für die Zir-
ruswolken zu, alle anderen Wolkenschichten liegen wesentlich tiefer. – *2 Millionen Stadien* = 370000 (bzw. 315000) km;
500 Millionen Stadien = 92500000 (bzw. 78750000) km.
Die mittlere Entfernung *Erde – Mond* beträgt 384000 km,
die *Sonne* ist von der Erde 149500000 km entfernt. – Die
Angabe, daß die *Wolken* bis *900 Stadien* = 166,5 bzw.
141,75 km aufsteigen können, entspricht nicht der Wirklich-
keit, was von Plinius auch kritisch vermerkt wird; vgl. dazu
F. Münzer, S. 276 Anm. 1; K. Sallmann, S. 176 Anm. 15, und
Ch. Nailis.

86f.   Die Bahn der *Sonne* beschreibt *einen Kreis von fast
366 Teilen* d. h. Tagen (s. § 35). Die anderen von Plinius
gemachten Angaben sind unrichtig. Nach Archimedes ist π

gleich $^{22}/_7$, also $\dfrac{1}{\pi} = \dfrac{7}{22} = {}^1/_3 - {}^1/_{66}$ und nicht, wie Plinius angibt,

$^7/_{21} + {}^1/_{22}$. Auch die anderen Werte, die stets geozentrisch gedacht sind, können nicht richtig sein, denn sie sind mathematisch unhaltbar. Da der *Mond* zwölfmal schneller läuft als die Sonne, wäre der Radius der Mondbahn $^1/_{12}$ vom Umfang der Sonnenbahn; wenn also der Abstand Erde – Sonne gleich $^1/_6$ der Sonnenbahn ist, so befände sich der Mond *mitten zwischen Sonne und Erde* (vgl. § 83).

87 Hier kommt wieder die Kritik an der überheblichen Einstellung der Griechen zum Ausdruck; vgl. K. Sallmann, S. 176. Die Entfernung unserer Sonne zu dem am nächsten liegenden Fixstern Proxima Centauri beträgt 4,3 Lichtjahre, etwa 40 Billionen km.

88 *Petosiris und Nechepso:* frg. 2 Riess; vgl. B. L. van der Waerden. Die überlieferte Zahl muß korrigiert werden: *33 000 Stadien* = 5 197,5 km. Für die *Mondbahn* ergibt sich dadurch eine Länge von 11 880 000 Stadien = 1 871 100 km, für die *Bahn des Staurn* das doppelte, das sind 23 760 000 Stadien, 3 742 200 km.

89 In den folgenden Paragraphen, die sich mit den *Kometen* befassen, ergeben sich zahlreiche Übereinstimmungen mit Aristoteles, *Meteorologiká;* sie werden am Schluß der Erläuterungen zusammengefaßt. – Nach Aristoteles sind die *Kometen* sublunare bzw. atmosphärische Erscheinungen, also keine *Sterne,* wie es noch von den Vorsokratikern behauptet wurde; vgl. Seneca, Nat. quaest. VII, 1–29, und Lydos, Ost. 10, 26 ff. Zum Ganzen vgl. W. Gundel, RE XI, 1921, Sp. 1143–1193 s. v. »Kometen«. – Das *Gedicht des Kaisers Titus* auf den Kometen des Jahres 76 n. Chr. ist nicht erhalten; zur dichterischen Betätigung des Kaisers vgl. Plinius, Nat. hist. praef. 5; s. F. Münzer, S. 98.

90 Zu den verschiedenen Formen der Kometen vgl.

Seneca, Nat. quaest. I 14,1, und das Fragment *Epimetra duo de cometis* bei Lydos, Wachsmuth p. 165 f. – Der Komet in Form eines *Horns*, der z. Zt. der Schlacht von *Salamis* (480 v. Chr.) am Himmel erschien, wird in der historischen Literatur der Griechen nicht erwähnt. – Der *speerförmige Komet* des Jahres 345 v. Chr. ist vielleicht mit dem Stern identisch, der dem nach Syrakus als Schiedsrichter entsandten Korinther Timoleon voranleuchtete; vgl. Diodor XVI 66,3.

91 Über die Häufung von Kometen am nördl. Himmel vgl. auch Seneca, Nat. quaest. VII 11,1; 21,1. – Typhon ist in der griech. Mythologie einer der Giganten; nach ägyptischer Lehre ist *König Typhon* ein Bruder des Osiris, von dessen Sohn Horus er gestürzt wurde; vgl. Herodot II 144,2. Der Komet läßt sich mit keinem der bekannten identifizieren. – Die *Aithiopen*, ursprünglich im Mythos ein Volk am Rande der Welt (Homer, Od. I 22), wurden später als dunkelhäutige Menschen mancherorts in Afrika lokalisiert, u. a. östl. und südl. von *Ägypten.*

92 Der *Konsul* Cn. *Octavius* unterlag 87 v. Chr. seinem Mitkonsul L. Cornelius Cinna bei Nola und wurde nach seiner Gefangennahme enthauptet; vgl. Cicero, Nat. deor. II 14. Zur Quelle (Sisenna) vgl. F. Münzer, S. 248. Bei dieser Himmelserscheinung handelte es sich um den sog. Halleyschen Kometen, der alle 76 Jahre sichtbar wird und zuletzt 1986 beobachtet wurde. – Zu den Vorzeichen vor der Schlacht von Pharsalos (48 v. Chr.) *zwischen Pompeius und Caesar* vgl. Lucan I 526 ff. – Zum Kometen beim Tod des *Kaisers Claudius* (54 n. Chr.) vgl. Sueton, Claud. 46; Cassius Dio LX 35,1; Seneca, Nat. quaest. VII 17,2; 21,3; 29,3. – Unter der *Regierung Neros* (54–68) erschienen zwei Kometen: im Jahr 60 vgl. Seneca, Nat. quaest. VII 23,1; Tacitus, Ann. XIV 22,1; Sueton, Nero 36, er war sechs Monate sichtbar; und im Jahr 64; vgl. Tacitus, Ann. XV 47,1.

93 *Venus Genetrix:* die mythische Ahnfrau Caesars und der gens Iulia. Ihr *Tempel* auf dem Forum Iulium wurde am 26. September 46 v. Chr. eingeweiht; die gleichzeitig eingesetzten *Spiele* wurden durch ein eigenes *Kollegium* alljährlich ausgerichtet; vgl. Cassius Dio XLV 6,4; Obsequens 68 (128) u. a.

94 Das sog. *sidus Iulium* erschien im Juli 44 v. Chr. am nördl. Himmel. Es wird in der Literatur oft erwähnt; s. Sueton, Iul. 88; Seneca, Nat. quaest. VII 17,2; Servius, Aen. VIII 681; Cassius Dio XL 7,1 und Horaz, Od. I 12,46 ff; Vergil, Ecl. 9,46 ff., und Aen. VIII 681 u. a.; vgl. C. Brakman, K. Scott und F. Bömer. Zur Rede des *Augustus* s. HRF frg. 4 = frg. *VI Malcovati. – Eine genaue Analyse der ganzen Stelle gibt Th. Köves-Zulauf, S. 177–206.

95 Bei dem von *Hipparchos* (§ 68) entdeckten *Stern* handelt es sich um keinen Kometen, sondern um einen Fixstern im Sternbild des Skorpion; vgl. frg. I Berger = frg. I Dicks. Unter den von ihm erfundenen *Instrumenten* ist neben der Dioptra (§ 176) noch eine Art Meridiankreis zu nennen; vgl. dazu K. Reinhardt und P. Boyancé. Zur anerkannten Autorität des Hipparchos vgl. K. Sallmann, S. 177.

96 Mit *Fackeln* sind wohl Meteore gemeint. Die genannten Erscheinungen (Sternschnuppen bzw. Feuerkugeln oder *Boliden*) treten immer dann auf, wenn kosmische Körper in die Erdatmosphäre eindringen; vgl. Seneca, Nat. quaest. I 14,1; VII 4,3; 5,1 f. – *Germanicus Caesar* (15 v. – 19 n. Chr.) veranstaltete 6 n. Chr. *Fechterspiele,* bei denen erstmals dressierte Elefanten auftraten; vgl. Plinius, Nat. hist. 8,4; Cassius Dio LV 27,3. – *Unglück von Mutina* (h. Modena): Der Caesarmörder M. Brutus hatte sich dort verschanzt und wurde 44/43 v. Chr. von M. Antonius belagert, wobei es auf beiden Seiten viele Tote gab, darunter im April 43 die beiden Konsuln A. Hirtius und C. Vibius Pansa; vgl. Sueton, Aug. 11:

*hoc bello cum Hirtius in acie, Pansa paulo post ex vulnere
perissent*... (»Da in diesem Krieg Hirtius in der Schlacht,
Pansa einige Zeit danach an seiner Verwundung starb...«). –
Die *Lakedaimonier* wurden im August 394 v. Chr. in der Seeschlacht bei Knidos von den Athenern unter Konon besiegt.

97 *König Philipp II.* von Makedonien hatte durch die
Niederwerfung des mit Athen verbündeten Chalkidischen
Städtebundes ab 350 v. Chr. seinen Einfluß über *Griechen-
land* entscheidend gestärkt. – Zur angeblichen Vorbedeutung
gewisser *Naturerscheinungen* vgl. auch Seneca, Nat. quaest.
II 32,2; I 1,4.

98 Die hier genannten Erscheinungen faßt man unter
dem Begriff »Halo« zusammen; darunter versteht man die
durch Beugung, Brechung und Reflexion vor einem Him-
melskörper entstandenen Phänomene wie die sog. Höfe um
Sonne und Mond sowie die sog. Korona der Sonne; vgl.
Seneca, Nat. quaest. I 2,10. – Zur Textgestaltung s. D. R.
Shackleton Bailey. – Als Octavianus/*Augustus* nach Caesars
Ermordung in *Rom* eintraf, betrachtete man den um seinen
Kopf gebildeten *Kranz* als Vorzeichen seiner künftigen
Würde; vgl. Seneca, Nat. quaest. I 2,1; Velleius Paterculus II
59,6; Sueton, Aug. 95; Cassius Dio XLV 4,4 u. a. – Zu den
einzelnen Vorzeichen vgl. Obsequens 33.37 und 55. – Zum
Nachlassen der Sonnenleuchtkraft nach *Caesars Ermordung*
vgl. Plutarch, Caes. 69; Cassius Dio XLV 17,5.

99 Was Plinius mit *der Erde gegenüber* meint, ist unklar;
ohne Zweifel sind aber sog. Nebensonnen gemeint; vgl.
Seneca, Nat. quaest. I 11,2; Lydos, Ost. 4,14a. – *drei Sonnen:*
vgl. Livius XLI 21,12; Obsequens 35.68.70. – *drei Monde:*
vgl. Obsequens 32.

100 *Nachtsonnen:* vgl. Vergil, Georg. I 365 ff.; Seneca,
Nat. quaest. I 14,2f.; Obsequens 38. – Zum *brennenden
Schild (clipeus)* vgl. Obsequens 45. Es handelt sich offenbar

um eine sog. »fliegende Untertasse«; vgl. dazu R. C. Wittmann und R. B. Stothers. – M. Iunius *Silanus* war 76/75 v. Chr. Prokonsul der Provinz Asia; er hat ein enkaustisches Gemälde des Nikias nach Rom bringen lassen, wo es in der Kurie aufgestellt wurde; vgl. Plinius, Nat. hist. 35,130. – Zur Himmelsrichtung s. Obsequens 59. – Zur Quelle (Varro) dieses ganzen Abschnitts vgl. F. Münzer, S. 243 ff.

101   *...an den Wurfspießen:* vgl. Livius XXII 1,8; Seneca, Nat. quaest. I 1, 13 f.; Lukian, Navig. 9; Lydos, Ost. 5,18a–c. – Plinius schildert hier die als Elmsfeuer bekannte Erscheinung, eine sog. stille elektrische Entladung, die als Glimmlicht oder in Büscheln auftreten kann, wenn der luftelektrische Potentialgradient in Bodennähe etwa 10000 V/m (gegenüber etwa 130 V/m normal) beträgt. – *Helena, Kastor und Pollux* sind Geschwister und wurden der Sage nach unter die Sterne versetzt. Helena bringt Unheil, Kastor und Pollux, die beiden Dioskuren, sind glückbringend.

102   Es folgt die Behandlung der Vorgänge im *Luftraum*, in der Welt *unterhalb des Mondes;* vgl. Seneca, Nat. quaest. II 10,1 f. – In diesem Raum zwischen Mond und Erde spielt sich der *Kampf der Naturkräfte*, während im Himmel selbst nur Ordnung, Wahrheit, Berechnung und Beständigkeit herrscht; vgl. Cicero, De nat. deor. II 56, und De re publ. VI 17.

103 f.   Die Anschauung von der Wechselwirkung zwischen *Himmel* und *Erde* und der vermittelnden Rolle der *Luft* geht auf Poseidonios zurück; vgl. Cicero, De nat. deor. II 117, und Seneca, Nat. quaest. II 4,1.

105   Die Meinung von der *Kraft* und dem Einfluß der Gestirne ist babylonischen Ursprungs; vgl. Cicero, De div. II 89.

106   Dem *Saturn* wird von Seneca, Nat. quaest. VII 4,2 (nach Epigenes) eine *natura ventosa et frigida*, eine windige und kalte Natur zugeschrieben. – »*Schweinchen*« (lat. *Suculae*): eine falsche Übersetzung der griech. Bezeichnung *Hyádes* (»Regnenden«, zu griech. *hýein* »regnen«, nicht zu griech. *hýs* »Schwein«); vgl. Cicero, De nat. deor. II 111; Plinius, Nat. hist. 18,247; Servius, Georg. I 138, und Aen. I 744; Gellius, Noct. Att. XIII 9,4 (nach Tiro); s. F. Münzer, S. 99. Die an den Himmel in den Kopf des Sternbildes des Stiers versetzten sieben Töchter des Atlas und der Aithra galten als befruchtende und durch *Regen* nährende Nymphen; vgl. Vergil, Aen. I 744; Ovid, Fasti V 166 u. a. – Die *Böckchen (Haedi)* sind zwei Sterne im Sternbild des Fuhrmannes *(Auriga)* am nördl. Sternhimmel zwischen dem Stier und den Zwillingen. Ihr Aufgang am 27. September wird mit Regen in Zusammenhang gebracht; vgl. Columella XI 2,66. – Der *Arcturus* (»Bärenhüter«) ist der hellste Stern im Sternbild des Bootes (»Ochsentreibers«); er bildet mit den Sternen Spica in der Jungfrau und Denebola am Schwanz des Löwen ein großes Dreieck; vgl. § 124. Zu den mit seinem Aufgang verbundenen Hagelstürmen vgl. Lydos, Ost. 7,26a.

107 Der *Hundsstern (Canicula)* oder Sirius ist der hellste Stern im Sternbild des Großen Hundes *(Canis maior)*, eigentlich ein Doppelstern in einer Entfernung von 8,8 Lichtjahren. In Griechenland und Rom wurde er als feindliches Gestirn (Hundstage im August mit großer Hitze) betrachtet; vgl. Plinius, Nat. hist. 8,152; 9,58; 18,270. In *Ägypten* galt er jedoch als die segensreiche Göttin Sothis, weil sein Aufgang Ende Juli mit dem Anschwellen des Nils in Verbindung gebracht wurde. – *oryx* dürfte eine wilde Antilopenart, z. B. die Säbelantilope, Oryx leucoryx Pall. = Oryx algazel, bezeichnen; vgl. Aelian, Nat. anim. VII 8, und Plinius, Nat. hist. 8,214; 11,255.

108f. Der Einfluß der *Gestirne* auf das Wachstum und das Verhalten von Pflanzen und Tieren wird z. T. § 221 eben-

falls erwähnt. – *Ölbaum, weiße Pappel und Weiden rollen...*
ihre Blätter zusammen: vgl. Plinius, Nat. hist. 16,87;
18,265 f.; Theophrast, Hist. plant. I 10,1; Varro, Res rust. I
46; Gellius, Noct. Att. IX 7,1 f.; Lydos, Ost. 7,26b. – *Polei*
(Mentha pulegium), zur Gattung Minze der Familie der Lip-
penblütler gehörend, eine stark riechende Pflanze; vgl.
Cicero, De div. II 33; Plinius, Nat. hist. 18,227. – Die *Sonnen-*
wende (heliotropium) gehört zur Familie der Rauhblattge-
wächse; vgl. Plinius, Nat. hist. 18,252; 22,57 ff. – Zum Einfluß
des *Mondes* vgl. auch Gellius, Noct. Att. XX 8,4 (nach Luci-
lius, frg. 1224 f. Krenkel = frg. 1201 f. Marx); Cicero, De div.
II 33; Horaz, Sat. II 4,30; Augustinus, Civ. Dei V 6. –
Austern, Muscheln und Schalentiere: vgl. Plinius, Nat. hist.
9,18.96; 29,59. – *Leberfasern der Spitzmäuse:* vgl. Plinius,
Nat. hist. 11,196; 32,59; Aelian, Nat. anim. II 56. – *Ameise;*
vgl. Plinius, Nat. hist. 11,109.

110 *Augenkrankheiten der Saumtiere:* vgl. Plinius, Nat.
hist. 11,149. – Die Zahlenangaben sind unklar: *72 Sternbilder*
und *160 Sterne.* Hipparchos (§ 68) nennt in seinem Katalog
1080 Sterne, Claudius Ptolemaios 1022 Sterne und 48 Sternbilder; vgl. F. Boll, RE VI, 1909, Sp. 2407–2431 s. v. »Fixsterne«. W. Kroll meint, daß die Zahl 72 babylonischen
Ursprungs sei, indem für je fünf Tage des Jahres ein Sternbild
als das beherrschende angesehen wurde; F. Boll dagegen
glaubt, sie könne ägyptischen Ursprungs sein: 36 Dekane im
Tierkreis (Sterne, nach deren Aufgängen die 12 Nachtstunden
bestimmt wurden, wobei alle 10 Tage ein neuer gewählt werden mußte, da nach dieser Zeit die Sterne eine Stunde früher
aufgehen) und 36 Sternbilder außerhalb des Tierkreises. Die
Vergiliae oder Pleiaden befinden sich am Hals, nicht am
Schwanz des Stieres. Ihr Auf- und Untergang (§§ 123 und
125) wurde von Bauern und Schiffern als Wetterzeichen für
Beginn oder Ende ihrer Arbeit genau beobachtet. – »*Schwein-*

chen« s. § 106. – »*Ochsentreiber*« (Bootes): s. § 106. – »*Sieben Pflugochsen*« *(septem triones):* der Große Wagen oder Große Bär.

111   Zur Entstehung von *Regen* und *Wind* aus den von der Erde aufsteigenden *Dünsten* vgl. Cicero, De div. II 44, und Seneca, Nat. quaest. II 12,3 f.

112   Zur Entstehung von *Blitz* und *Donner* vgl. Cicero, De div. II 44 f., und Seneca, Nat. quaest. II 12,3; 16 f.; 19; 20,3; 27,1–28,3; 30,1–4.

114   Bei der Windlehre (§ 114–134) unterscheidet Plinius zwischen *Winden (venti)* und *Luftströmen (flatus,* s. § 116). Zur Entstehung der Winde s. § 111 und Vitruv I 6,2 und vor allem Theophrastos, De ventis. – *Hochseewinde (altani):* weil sie von der hohen See *(altum mare)* her wehen; vgl. Vitruv I 6,10; Servius, Aen. VII 27. – Sie und die *Kehrwinde* (griech. *tropaîoi*) und die *Landwinde* (griech. *apógaioi*) verdanken ihre Entstehung dem Prinzip der Luftzirkulation: In benachbarten Gebieten bilden sich durch Erwärmung beträchtliche Temperaturunterschiede. Die erwärmte Luft dehnt sich aus, wird daher leichter und steigt nach oben. Die schwerere kalte Luft des Nachbargebietes dringt in Bodennähe in das wärmere Gebiet ein (horizontale Luftzirkulation) und übt auf die aufsteigende Luft einen Druck aus. Diese kühlt ab, wird dadurch schwerer und sinkt wieder nach unten (vertikale Luftzirkulation).

115   Nach dem gleichen Prinzip der Luftzirkulation bilden sich die sog. Berg- und Talwinde; vgl. Seneca, Nat. quaest. V 7,1. Der Talwind weht am Vormittag, wenn die Sonne die Gebirgshänge erwärmt, hangaufwärts. Wenn sich am Abend die Höhen abkühlen, tritt Strömungsumkehr zu den wärmeren Talböden ein (Bergwind). – *Senia* (h. Senj), Hafenstandt in Dalmatien; vgl. Plinius, Nat. hist. 3,140. – Zum *Felsen* in der *Kyrenaika* vgl. Mela I 39: ... *et rupes quae-*

dam Austro sacra. haec cum hominum manu attingitur ille
immodicus exsurgit harenasque quasi maria agens sic saevit ut
fluctibus (»...ein dem Auster heiliger Fels: Wird dieser von
Menschenhand berührt, so erhebt sich der Auster mit Ungestüm, treibt die Sandmassen wie Meeresoberflächen und
wütet wie mit Meereswogen.« K. Brodersen).

116 Jetzt erst kommt Plinius auf den *Unterschied* zwischen *Luftströmen (flatus,* griech. *aûrai)* und *Winden (venti,*
griech. *ánemoi)* zu sprechen. Die Bemerkung *männlich auch*
in ihrer Bezeichnung ergibt nur im Griechischen einen Sinn.

117f. Im Anschluß an die Ausführungen über die Entstehung der *Winde* fügt Plinius eine Invektive gegen den Ungeist
der Gegenwart an, verbunden mit einem Lob der vergangenen Zeiten; vgl. dazu H. Silvestre und E. J. Jonkers. – Zum
summarischen Hinweis auf mögliche Quellen *(mehr als*
zwanzig griechische Schriftsteller) vgl. F. Münzer, S. 130.

119 *Homer,* Od. V 295 f. kennt nur *vier Winde,* die den
Himmelsrichtungen entsprechen: Euros (O), Notos (S),
Zephyros (W) und Boreas (N); vgl. Ovid, Met I 61–66 und
Vergil, Aen. I 85. An verschiedenen Stellen der *Georgica*
nennt Vergil insgesamt sieben Winde: Aquilo, Auster,
Boreas, Caurus, Eurus, Notus und Zephyrus; vgl. P. d'Hé-
rouville. – Die achteckige Windrose des Andronikos aus
Kyrrhos (1. Jh. v. Chr.) im Turm der Winde in Athen geht auf
Aristoteles, Met. II 6,363b 11–17, zurück; vgl. Vitruv I 6,4f.
Sie war von Poseidonios zu einer zwölfstrichigen Rose erwei-
tert worden; vgl. Varro, Res rust. III 5, 17; Vitruv I 6,10
Seneca, Nat. quaest. V 16,3–6; Vegetius, Res mil. IV 38; Gellius, Noct. Att. II 22,3–18 u. a. Vgl. K. Nielsen und J. F. Masselink; zusammenfassend s. R. Böker, RE VIII A, 1958, Sp.
2211–2387 s. v. »Winde«. – Plinius greift auf die achtstrichige
Rose des Aristoteles zurück, die er durch verschiedene Ein-
schübe zu einem zwölfstrichigen System erweitert.

120 Zu den sog. Lokalwinden vgl. Seneca, Nat. quaest. V 17,5; Gellius, Noct. Att. II 22,19; Strabo I 2,20 u. a.

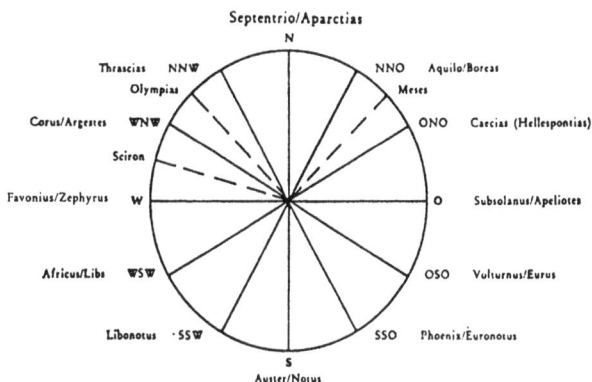

Septentrio/Aparctias
N

Thrascias NNW   NNO   Aquilo/Boreas
Olympias   Meses
Corus/Argestes WNW   ONO   Caccias (Hellespontias)
Sciron
Favonius/Zephyrus W   O   Subsolanus/Apeliotes

Africus/Libs WSW   OSO   Vulturnus/Eurus

Libonotus ·SSW   SSO   Phornix/Euronotus
S
Auster/Notus

121 *Narbonensische Provinz:* heute die Provence mit der Hauptstadt Narbonne. – *Ligurisches Meer:* der nördl. Teil des Tyrrhenischen Meeres. – *Ostia* (h. Ostia): der Hafen Roms. – *Vienna* (h. Vienne): Stadt in der Provence, Hauptort der Allobroger. – *Circius:* noch heute Cers oder Mistral, ein kalter NW-Wind; vgl. Plinius, Nat. hist. 17,21; Gellius, Noct. Att. II 22,28; Strabo IV 1,7. – Papirius *Fabianus,* frg. XIII Höfig; vgl. F. Münzer, S. 391 Anm. 1.

122ff. Der Windkalender stimmt in den astronomischen Angaben im allgemeinen mit dem Wetterkalender Nat. hist. 18,212ff. überein, wobei dort die Winde fast ganz weggelassen sind. – Eine ausführliche Übersicht über die Wetterzeichen *(dies caelestes)* gibt Columella XI 2,4ff.

123 *Vergiliae:* s. § 110.

124 *Etesien* (»Jahreswinde«, zu griech. *étos* »Jahr«): Beständige, meist trockene N- bzw. NW-Winde, die wäh-

rend der sommerlichen Trockenheit im ganzen Mittelmeer-
gebiet *(Spanien)* zwischen April und Oktober wehen, also
nicht nur an *40 Tagen.* Sie verdanken ihre Entstehung dem
kräftigen Druckgefälle zwischen dem Azorenhoch und dem
Tief am Persischen Golf, weshalb sie sich manchmal bis in den
Nahen Osten *(Pontos, Asien)* auswirken; vgl. Plinius, Nat.
hist. 18,335; Seneca, Nat. quaest. V 11,1; 18,2; Gellius, Noct.
Att. II 22,25.31. – *Arcturus:* s. § 106.

125 *Vergiliae:* s. § 110. – Die Familie der *Eisvögel* (Alce-
dinidae) gehört zur Ordnung der Rakenvögel; sie legen an
Gewässern und brüten in Erdhöhlen. In der Antike standen
sie im Mittelpunkt mehrerer Sagen. Sie sollen im Dezember
an den sturmfreien (alkyonischen) Tagen brüten; vgl. Plinius,
Nat. hist. 10,89f.; 18,231. Bildlich spricht man von (h)alkyo-
nischen Tagen als Zeit einer glückhaften Stille. – Zum Nutzen
und zu den Gefahren der *Seefahrt* vgl. Cicero, Imp. Cn.
Pomp. 21, und Seneca, Nat. quaest. V 18,4; s. dazu auch E. J.
Jonkers.

126f. *Pontos:* das heutige Schwarze Meer und die umliegenden Landstriche. – *kaikias* – *Wolken:* vgl. Gellius, Noct.
Att. II 22, 24. – Zur Wirkung der Winde auf die Gesundheit
vgl. Celsus II 1. – *Etesien:* s. § 124. – Zu den Vorteilen der einzelnen Windrichtungen für die Seefahrt vgl. Polybios IV 44,6;
V 5,3; Strabo III 2,5 (nach Poseidonios). – Zur Stelle s. E. S.
MacCartney.

128 *der vierte Tag des Neumonds:* vgl. Vergil, Georg. I
432–435:

sin ortu quarto – namque is certissimus auctor –
pura neque obtunsis per caelum cornibus ibit,
totus et ille dies et qui nascentur ab illo
exactum ad mensem pluvia ventisque carebunt
(»Wandelt zum vierten Mal – dies bildet die sicherste
Bürgschaft –

rein mit unverschleiertem Horn der Mond durch den
                                                    Himmel,
ganz ist dann der Tag, sind all die folgenden Tage
bis zum Ende des Mondes frei von Regen und Winden.«
                                                    J. Götte)
129 Zum Einfluß der *Sonne* auf die *Winde* vgl. Seneca,
Nat. quaest. V 8,2 f. – Der *Wechsel* der *Winde* ist durch die
Luftzirkulation zu erklären; s. § 114.

130 *Eudoxos* aus Knidos: frg. 146 Lasserre.

131 f. Unter den *plötzlich auftretenden Winden,* den
Sturm- oder Wirbelwinden, unterscheidet Plinius mehrere
Erscheinungsformen, die aber wesensverwandt und teilweise
identisch sind. Ein *Orkan,* griech. *Eknephías,* entsteht *nie bei
Schneewetter,* denn er kommt nur im Spätsommer/Herbst in
der tropischen Zone des Ozeans zustande, wenn das Meerwasser sehr warm ist. Er schein *durch die Wolken zu brechen,*
weil sich in einem Zentrum ein warmer Kern mit einem
Durchmesser von 20–50 km, das sog. »Auge«, unter Auflö-
sung der umliegenden Wolken bildet. Die Wasserfläche wir-
belt er auf, wodurch feuchte Wärme frei wird, die durch Kon-
densation zu neuerlicher Wolkenbildung führt. Die freiwer-
dende Wärme bewirkt die Entstehung von weiteren Wirbeln,
die sich infolge der großen Druckunterschiede sehr rasch wei-
terbewegen; vgl. Lukrez VI 300–308; Seneca, Nat. quaest. V
12,1–5 und 13,1–3. – Daß *ein von der kalten Wolke abgerissenes Stück* eine *Gewichtszunahme* und damit eine Beschleuni-
gung des Wirbels bewirke, ist ebenso falsch wie die Behauptung, daß ein Wirbelwind *Blitz und Donner* erzeuge. – Zu den
Gefahren *für die Seefahrer* vgl. Lukrez VI 431 ff.

135 *Im Winter und Sommer sind… Blitze selten:* vgl.
dazu Lukrez VI 357–361:

*Autumnoque magis stellis fulgentibus apta
concutitur caeli domus undique totaque tellus,*

et cum tempora se veris forentia pandunt.
Frigore enim desunt ignes, ventique calore
deficiunt, neque sunt tam denso corpore nubes.
(»Und im Herbst wird, besät mit funkelnden Sternen, des
Himmels
Haus erschüttert überall mehr und alle die Lande,
und wenn die blühende Zeit des Frühlings breitend sich
öffnet.
Fehlt in der Kälte des Winters doch Feuer, im Glühen des
Sommers
schwinden die Winde, und sind nicht so dichten Körpers
die Wolken.«
K. Büchner)
Vgl. auch Lydos, Ost. 43, 168bc. – *Skythien:* alles Land im
Norden des Schwarzen und des Kaspischen Meeres bis weit
nach Asien hinein. Zur Seltenheit der Blitze in *Ägypten* vgl.
Arrian bei Stobaios, Phys. I 29,610.
    137   Zur Wirkung der *Blitze* vgl. Seneca, Nat, quaest. II
31,1; Arrian bei Stobaios, Phys. I 19,608; Lydos, Ost.
44,170d. 172a. – *Marcia* war die Großmutter Caesars. – In
der Schilderung der Ereignisse seines Konsulatsjahres geht
Cicero, De div. I 18,18f., allerdings ohne Nennung eines
Namens, auf das *Vorzeichen* ein:
...*terribili perculsus fulmine civis*
luce serenanti vitalia lumina liquit
(»...von schrecklichem Blitz erschlagen ein Bürger,
bei heiterem Himmel, des Lebens Licht verließ«.
Ch. Schäublin).
Obsequens 61 [122] gibt als Namen des Getöteten Vargun-
teius an. Zur Quelle (Tiro), s. F. Münzer, S. 98. – *Pompeji:* die
alte oskische *Stadt,* seit 80 v. Chr. röm. Kolonie; sie wurde
beim Ausbruch des Vesuv im Jahr 79 n. Chr., bei dem auch
Plinius sein Ende fand, vom Aschenregen verschüttet. – *M.*

Herennius ist unbekannt; die gens Herennia ist in Pompeji zahlreich vertreten.

138 Als Quelle für die Blitzlehre der *Etrusker* kommt vor allem Varro, der wahrscheinlich auch die anderen im Autorenindex genannten etruskischen Autoren vermittelt hat, in Frage; vgl. F. Münzer, S. 244 f., und St. Weinstock. – Zu den *dreierlei Blitzen Jupiters* vgl. Seneca, Nat. quaest. II 41,1 f. – *Summanus*, ursprünglich ein Beiname Jupiters, später eine eigene Gottheit, der man die nächtlichen Blitze zuschrieb und der nur schwarze Tiere geopfert werden durften; vgl. Festus p. 229 M = p. 254 L; Paulus Festi exc. p. 75 M = p. 66 L; Augustinus, Civ. Dei IV 23. Um 275 v. Chr. wurde sein Götterbild auf dem Giebel des kapitolinischen Tempels vom Blitz getroffen; vgl. Cicero, De div. I 16. Er erhielt daraufhin ein eigenes Heiligtum beim Circus maximus; vgl. Varro, Ling. Lat. V 74; Livius XXXII 29,1; Ovid, Fasti VI 731; Plinius, Nat. hist. 24,57.

139 Zur Einäscherung der alten *Etruskerstadt Volsinii* (h. Bolsena) durch einen *Blitz* vgl. Tertullian, Ad nat. I 9 und Apol. 40. Vielleicht handelt es sich um eine Anspielung auf die vollkommene Zerstörung durch die Römer (265 v. Chr.); vgl. dazu A. J. Pfiffig. – *Privatangelegenheiten:* vgl. Seneca, Nat. quaest. II 47 u. 48,1.

140 Die Vernichtung des *Ungeheuers Volta* (oder Olta) durch den Etruskerkönig *Porsenna* mittels eines Blitzes ist sonst nirgendwo überliefert; vgl. F. Münzer, S. 245. – L. Calpurnius *Piso* Frugi: HRR frg. 10; vgl. Plinius, Nat. hist. 17,244 *(gravis auctor);* s. F. Münzer, S. 98.143.179.204.226. – *Numa* Pompilius und *Tullus Hostilius* waren der zweite und der dritte sagenhafte König von Rom; vgl. Livius I 31,8; Varro, Ling. Lat. VI 9,94. – *Iuppiter* erhielt je nach seiner Funktion bezeichnende Beinamen: *Stator:* »der die Flucht hemmt«; vgl. Livius I 12,6; Seneca, De Benef. IV 7,1; *Tonans:* »Donnerer«; *Feretrius:* »Beuteträger«, dem die einem feindli-

chen Feldherrn abgenommene Rüstung dargebracht wird;
vgl. Livius I 10,6; Plutarch, Marc. 8,7; *Elicius:* »der Heraus-
lockende« (Regenspender); vgl. Livius I 31,8.

141 Eine Einteilung der *Blitze* nimmt Seneca, Nat.
quaest. II 49,1 ff. vor; s. auch II 39,1 ff. (nach A. Caecina).

142 Zum Verhältnis *Blitz – Donner* vgl. Lukrez V
164–172; Seneca, Nat. quaest. II 12,6; 57,4; Lydos, Ost.
21,88b u. a. – Zur *Luftbewegung* vgl. Seneca, Nat. quaest. II
20,3. – *Blitze von links:* vgl. Varro bei Festus p. 339 M =
p. 454 L; Cicero; De div. II 43.

143 *sechzehn Bereiche:* vgl. Cicero, De div. II 42; Servius,
Aen. VIII 427; Lydos, Ost. 22,88c; s. F. Münzer, S. 245 ff. –
Nach der *disciplina Etrusca* wurde die Leber eines Opfertieres
sozusagen als Spiegelbild des Himmelsgewölbes und seiner
Einteilung betrachtet. Die bronzene Nachbildung einer solchen Leber, die im 19. Jahrhundert bei Piacenza gefunden
wurde, zeigt auf der Oberseite eine Feldereinteilung mit den
Namen von 40 Gottheiten und eine Bandgliederung in sechzehn Bereiche:

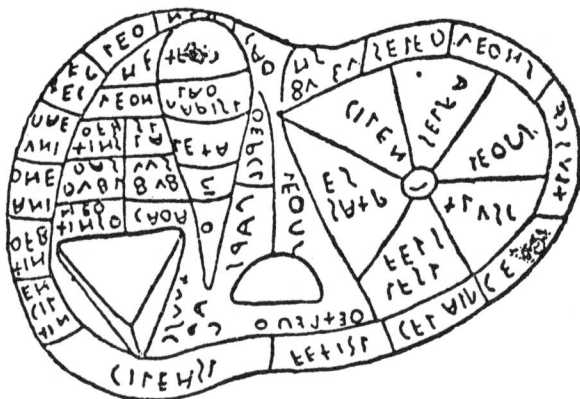

144 Der *Diktator* L. Cornelius *Sulla* nahm 82 v. Chr. den
Beinamen Felix (griech. Epaphroditos) an und fühlte sich als
Schützling der Fortuna/Aphrodite. – M. Aemilius *Scaurus*,
Konsul 115 v. Chr., war 112 v. Chr. *Senatsvorsitzender (prin-
ceps senatus)*; vgl. Sallust, Iug. 25,4. – Der nicht näher
bezeichnete *Tempel der Iuno* ist am ehesten der der Iuno
Lucina am Fuße des Cispius, welcher auch schon 190 v. Chr.
vom *Blitz* getroffen worden war; vgl. Livius XXXVII 3,2.

145 Wie ein vom *Blitz Getroffener* gerettet werden kann,
beschreibt Plinius, Nat. hist. 28,47; etwas abweichend
Seneca, Nat. quaest. II 31,2. – Zum Bestattungsverbot vgl.
Tertullian, Apol. 48.

146 *Lorbeerbaum:* vgl. Plinius, Nat. hist. 15,134;
Geopon. VII 11; XI 2,7; Lydos, Ost. 45, 172bc. – Die Blitz-
furcht des Augustus war allgemein bekannt; vgl. Sueton,
Aug. 90: *tonitrua et fulmina paulo infirmius expavescebat, ut
semper et ubique pellem vituli marini circumferret pro remedio atque ad omnem maioris tempestatis suspicionem, in abdi-
tum et concameratum locum se reciperet* (»Donner und Blitz
fürchtete er etwas zu unmännlich, so daß er jederzeit und
überall das Fell eines *Meerkalbes* zum Schutz mit sich herum-
trug und sich bei jeglicher Vermutung eines größeren Gewit-
ters in ein abgelegenes Gewölbe zurückzog.«) – Die gleiche
Eigenschaft des *Adlers* erwähnt Plinius, Nat. hist. 10,15. –
Der *Tempel der Feronia*, einer sabinischen Gottheit der
Getreideernte, die vor allem von Freigelassenen verehrt
wurde, befand sich drei Meilen außerhalb der Stadt *Tarracina*
(h. Terracina) in Latium.

147 Regen von *Milch* und *Blut:* kreidige weiße Erde oder
roter Staub aus der Sahara, die durch die Winde in höhere,
weit entfernte Schichten geschleudert wurden, färben die herabfallenden Regentropfen; vgl. Lydos, Ost. 6,22ab. – Regen
von *Fleisch:* vgl. Livius III 10,6; Valerius Maximus I 6,5;

Dionysios Hal. X 2. Zur Quelle (Livius) vgl. F. Münzer, S. 99.
242 f., und K. Sallmann, S. 39 Anm. 14. – *M.* Licinius *Crassus,*
der Triumvir mit Caesar und Pompeius, fiel im Sommer 53
v. Chr. im Krieg gegen die *Parther* bei Carrhae im Handge-
menge; zur Quelle *(acta)* s. F. Münzer, S. 249. – Zum *Eisen,*
das *Schwämmen* glich, vgl. Plinius, Nat. hist. 34,146. –
Compsa (h. Conza): eine kleine Stadt in Samnium, unweit der
Quellen des Aufidus (h. Ofanto), bei deren Belagerung *T.*
Annius Milo 48 v. Chr. durch einen Steinwurf den Tod fand;
vgl. Caesar, Bell. civ. III 22,2, und Velleius Paterculus II 68,3.
In *seinem Prozeß* wegen der Ermordung des Clodius Pulcher
(52 v. Chr.) war er von Cicero verteidigt worden.

148 *Waffengeklirr:* vgl. z. B. Vergil, Georg. I 474; Lydos,
Ost. 6,22c. – Der germanische Stamm der *Kimbern* wurde 101
v. Chr. bei Vercellae (h. Vercelli) entscheidend geschlagen. –
Ameria (h. Amelia) und *Tuder* (h. Todi): zwei kleine Städte in
Umbrien; zum dortigen Wunderzeichen vgl. Plutarch, Mar.
17,8. – Zur Quelle (Varro) s. F. Münzer, S. 247.

149 *Anaxagoras aus Klazomenai:* VS 59 A 11; vgl. Diogenes Laërtios II 3,5; Plutarch, Lys. 12; Ammianus Marcellinus
XXII 8,5; 16,22; Lydos, Ost. 7,24 b–d. – *Aigos-Fluß* (»Ziegenfluß«, meist als Plural zitiert: *Aigós potamoí*): ein Flüßchen auf der Thrakischen Chersones. Schauplatz der entscheidenden Niederlage der Athener gegen den Spartaner
Lysander im Peloponnesischen Krieg (405 v. Chr.).

150 f. *Abydos:* Stadt in Mysien, an der engsten Stelle des
Hellespont; vgl. Plinius, Nat. hist. 5,141. – *Kassandreia,* ehemals *Potidaia:* Stadt auf der Landzunge Pallene der Halbinsel
Chalkidike in Makedonien (h. Nea Potidea), 315 v. Chr. von
Kassander umbenannt; vgl. Plinius, Nat. hist. 4,36. – *Vokon-*
tier: Völkerschaft in der Gallia Narbonensis (§ 121), am linken Ufer der Rhône zwischen Arles und Valence.

Bei der Erklärung des *Regenbogens* beruft sich Plinius auf

Aristoteles; der mehrmals darauf zu sprechen kommt (Meteor. III 2,371b 27ff.; 372a 1–10.22ff.); vgl. Seneca, Nat. quaest. I 3,1–8. Die Ursachen für die Entstehung (Strahlenbrechung und -reflexion des Sonnenlichts in den Regentropfen) waren bereits im Altertum bekannt; sie wurden von R. Descartes (1596–1650) und I. Newton (1643–1727) genauer analysiert. – Die Abfolge der *Farben* (violett-indigo-blaugrün-gelb-orange-rot) ist immer gleich und beruht keineswegs auf einer *Mischung von Wolken, Feuer und Luft;* vgl. Seneca, Nat. quaest. I 3,12–14; 4,4. – Das Auftreten der Erscheinung *in der Nacht* ist nur bei Vollmond möglich.

152 Zur Entstehung von *Hagel* und *Schnee* vgl. Seneca, Nat. quaest. IV 12; 3,1.6; 4,1. – Die Behauptung, *daß beim Gefrieren das Wasser weniger wird,* ist falsch; s. auch Plinius, Nat. hist. 31,33. Das spezifische Gewicht des Wassers reduziert sich zwar beim Gefrieren, doch dehnt sich sein Volumen um $^1/_{11}$ aus. Es kommt also zu einer scheinbaren Vermehrung des Wassers. – Zu den *Farben und Gestalten der Wolken* vgl. Lukrez IV 140; Vergil, Georg. I 397, und Varro Atacinus, frg. 21 Morel; s. dazu V. Buescu. Ein rötlicher Farbton kommt nicht durch einen Anteil von *Feuer,* sondern durch die Reflexion des Sonnenlichts am Morgen und am Abend zustande.

153 *Lokroi* (h. Locri): eine der ältesten griech. Städte in Unteritalien. – *Velinersee:* inzwischen stark versumpft, in der Nähe von Reate (h. Rieti), letzter kümmerlicher Rest ist der Lago di Piediluco. – Zum Wetter in *Syrakus* vgl. Cicero, Verr. V 26; Seneca, Cons. ad. Marc. 17,4; Solinus 5,8; auf *Rhodos* Solinus 11,32.

154ff. Der neue Abschnitt über die *Erde* wird durch einen Hymnus eingeleitet, der dem über den Himmel (§§ 1–4) entspricht. – Zur Vorstellung von der »*Mutter*« *Erde,* die die Menschen gebiert, ernährt und als Toten wieder aufnimmt, vgl. Lukrez II 994ff. und Cicero, De leg. II 56.63. Durch die

Aufstellung von Grabdenkmälern aus Stein wird das *Andenken* der Verstorbenen bewahrt; vgl. Tertullian, Test. anim. 4. – Zum Ganzen vgl. M. Schuster und M. Nardo.

155 Zu den *schädlichen Pflanzen und Tieren*, die die *Erde* hervorbringt, vgl. Plinius, Nat. hist. 18,1 f., und Seneca, Nat. quaest. VI 28,1. – *Schlange;* vgl. Plinius, Nat. hist. 29,74.

157 Zu den *Giften* vgl. Plinius, Nat. hist. 18,2 f.; zu den verheerenden Wirkungen des *Eisens* vgl. Plinius, Nat. hist. 34,138.

158 Zu den verschiedenen, aus Habsucht betriebenen Formen des Bergbaus vgl. Plinius, Nat. hist. 33,1; Seneca, Epist. 94,57.

160 Zur *Kugelform der Erde* vgl. Seneca, Nat. quaest. IV 11,2 f.

161 Das Problem der *Antipoden* findet sich schon bei Platon, Tim. 63a; vgl. Lukrez II 1075 f.; Macrobius, Somn. Scip. II 5,23 ff. – Anstelle des Hinweises auf die *Kraft der Luft* hätte Plinius auf die Wirkung der Schwerkraft (Gravitation), die bereits bekannt war, hinweisen müssen. – Zum Ganzen s. A. Fridh. – Der Vergleich der Gestalt der Erde mit einem *Pinienzapfen* findet sich in der antiken Literatur sonst nirgends.

162 *Dikaiarchos:* frg. 105 Wehrli; vgl. K. Sallmann, S. 177. Er weist darauf hin, daß etwaige Höhenunterschiede zwischen Gebirgen und Senkungen bei der Betrachtung der Gesamtgestalt der Erde belanglos sind. Bei seinen Auftraggebern handelte es sich offenbar um die Diadochen *(Könige),* die Nachfolger Alexanders d. Großen. – *Pelion* (1618 m): Ein langgestreckter Gebirgszug auf der Halbinsel Magnesia in Griechenland (h. Pilion Oros). Die von Plinius angegebenen *1250 Schritte* = 10 Stadien würden einer Höhe von 1850 m entsprechen; dieses Maß wird seit Eratosthenes für Höhenmessungen von Bergen oft angegeben. – Die Zahlenangabe von *50000 Schritten* = etwa 74 km als Höhe einiger *Alpengip-*

fel ist viel zu hoch und könnte vielleicht die Länge des Aufstiegs angeben.

163 Bei der Behandlung der physikalischen Eigenschaften des *Wassers* ist manches richtig, manches aber unrichtig dargestellt: Die Bildung von *kleinen Kugeln* aus den *herabhängenden Tropfen* beruht auf der Wirkung der Kohäsion, der Anziehungskraft gleichartiger Moleküle. Die Krümmung der Wasseroberfläche an den Rändern (nicht *in der Mitte*) eines Gefäßes ist durch das Zusammenwirken der Kohäsion mit der Adhäsion, der Anziehungskraft verschiedener Moleküle, zu erklären. Sehr leichte Körper können auf Grund des Auftriebs, durch den jeder in eine Flüssigkeit getauchte Körper einen scheinbaren Gewichtsverlust in Höhe der von ihm verdrängten Flüssigkeitsmenge erfährt, an der Wasseroberfläche schwimmen. – *Denar:* eine Silbermünze von ursprünglich 4,55 g Gewicht; noch vor 200 v. Chr. wog sie nur mehr 3,98 g, z. Zt. Neros 3,41 g. *20 Denare* entsprachen daher etwa 68,2 g.

164 Zur Krümmung der Meeresoberfläche vgl. Strabo I 1,20; Seneca, Nat. quaest. III 28,4 f. – Zum *Rand des Meeres (extremum mare)* vgl. E. Wistrand. – Hier muß Plinius die Autorität *griechischer Forscher* anerkennen; vgl. K. Sallmann, S. 177.

165 Der Sinn dieses Abschnittes ist nicht eindeutig zu interpretieren, weil Plinius offenbar seine Quelle (Aristoteles) nicht richtig wiedergibt und so die Wirkung der Schwerkraft nicht erklären kann. Offenbar will er aber sagen: Alle Geraden, die man vom Mittelpunkt der Erde zum Meeresgrund ziehen kann, sind kürzer als diejenigen, welche vom Mittelpunkt bis zum äußersten Ufer des Meeres verlaufen. Nach W. Kroll bedeuten *proximae aquae* den Grund des Meeres und *ad extremum mare a primis aquis* die Entfernung von der Oberfläche des Meeres bis zum Grunde.

166 Durch die Wasser*adern*, die die Erde *nach allen Richtungen durchziehen*, soll diese als lebender Organismus gekennzeichnet werden; vgl. Seneca, Nat. quaest. III 15,1. – Die folgenden Ausführungen behandeln in sehr knapper und recht sprunghafter Form den Wasserhaushalt der Erde. – Zu den Quellen *auf den höchsten Bergen* vgl. Seneca, Nat. quaest. III 3; 7,3 f.; 9,1. – Die Meinung, daß *die Erde in ihrer ganzen Rundung... vom Meer umflossen* ist, vertritt auch Mela III 44 f. (nach Cornelius Nepos). Damit soll wohl auf das Verhältnis der gesamten Wassermenge auf der Erde hingewiesen werden: Meere 97,6%, Gewässer auf dem Festland (Flüsse, Seen, Grundwasser) 2,4%.

167 *Gades* (h. Cadiz): südspanische Hafenstadt phoinikischer Gründung; vgl. Plinius, Nat. hist. 4,120. – *Säulen des Herakles:* Straße von Gibraltar. – Zur Flottenexpedition des *Divus Augustus im Nordmeer* vgl. Res gestae divi Augusti (Mon. Anc.) 26; Velleius Paterculus II 106,3; Tacitus, Germ. 34; Martianus Capella VI 617 f. – *Vorgebirge der Kimbern:* h. Kap Skagen im Norden Jütlands. Plinius vermittelt Nat. hist. 4,96 f. genauere Kenntnisse des Nord- und Ostseeraumes; vgl. dazu D. W. L. van Son und B. Melin. – *Skythisches Land:* s. § 135. – *Kaspisches Meer:* eigentlich ein großer Binnensee, jedoch wegen des hohen Salzgehaltes seines Wassers stets als Meer bezeichnet. – *Seleukos* I. Nikator (304–281 v. Chr.) nahm am Asienfeldzug Alexanders d. Gr. teil; sein Sohn war *Antiochos* I. Soter (281–261 v. Chr.); sie veranlaßten eine Forschungsreise ihres Statthalters Patrokles rund um das Kaspische Meer; vgl. Plinius, Nat. hist. 6,58; Martianus Capella VI 619; s. dazu Ch. Edson.

168 *Kaspisches Meer:* s. § 167. – *Maiotischer Sumpf:* Asowsches Meer. – *Gades:* s. § 167. – Das antike *Mauretanien* entspricht etwa dem heutigen Marokko und dem im Westen angrenzenden heutigen Mauretanien. – *Arabischer Meerbu-*

sen: Rotes Meer. – *C. Caesar:* Sohn Agrippas und der Augu-
stustochter Iulia, zusammen mit seinem jüngeren Bruder L.
Caesar vom Großvater *Augustus* adoptiert; er unternahm
eine große Orientreise, auf der er 4 n. Chr. im Alter von 23
Jahren an den Folgen einer Verletzung starb. – Der ganze
Abschnitt wird fast wörtlich von Martianus Capella VI 620 f.
wiederholt.

169 *Hanno:* karthagischer Seefahrer, der um 500 v. Chr.
an der Westküste Afrikas bis zum heutigen Kamerun segelte,
was man fälschlicherweise für die *Südküste Arabiens* hielt.
Sein Fahrtenbericht *(Periplus Hannonis)* ist erhalten; s. Plinius, Buch 5, S. 337 ff. – *Himilko:* karthagischer Seefahrer, der
ebenfalls um 500 v. Chr. das Nordmeer befuhr und bis zur
Südküste Englands gelangte; vgl. Avienus, De ora marit.
113–129.380–389.402–415. – *Cornelius Nepos:* frg. 48 Halm
= frg. 16 Marshall; vgl. K. Sallmann S. 123; 124 f. Anm. 92.94;
139. – *Eudoxos* aus Kyzikos: griech. Seefahrer um 100 v. Chr.,
versuchte in mehreren erfolglosen Fahrten Afrika zu
umschiffen; vgl. Strabo II 3,4 (nach Poseidonios). – Ptolemaios IX. Philometor Soter II. *Lathyros* Physkon, der von
116–107 v. Chr. zusammen mit seiner Mutter Kleopatra III.
und dann 88–80 v. Chr. allein in Ägypten regierte, hatte das
Vermögen des Eudoxos konfisziert und ihn zur *Flucht nach
Gades* (§ 167) gezwungen. Die Nachricht, daß dieser vom
Arabischen Meerbusen (§ 168) dorthin gesegelt sei, beruht auf
einem Mißverständnis; ähnlich auch Mela III 90. – *Caelius
Antipater:* HRR frg. 56; vgl. F. Münzer, S. 99 und K. Sallmann, S. 39 f. Anm. 14. – Zum Ganzen vgl. auch Martianus
Capella VI 621.

170 Q. Caecilius *Metellus Celer,* 63 v. Chr. Praetor, dann
Prokonsul in Gallien und 60 v. Chr. zusammen mit L. *Afra-
nius Konsul.* Die gleiche Nachricht bei Mela III 45, der wie
Plinius auf Cornelius *Nepos,* frg. 47 Halm = frg. 15 Marshall,

zurückgeht. Es handelt sich offenbar um Eskimos; vgl. H.
Bengtson und J. André. – *Sueben:* Sammelname für die germ.
Stämme zwischen Ostsee und Rhein.

172 Die Einteilung der Erde in *fünf Zonen* war die in der
Antike übliche: Die beiden äußersten Zonen *um die beiden
Pole* waren *von ewigem Eis bedeckt* und daher ebenso unbe-
wohnbar wie *die mittlere Zone* um den Äquator, die *von der
Hitze der Sonne versengt* wurde. Lediglich die beiden mittleren Zonen haben *gemäßigtes* Klima und können bewohnt
werden; vgl. Cicero, De re publ. VI 20; Vergil, Georg. I
233 ff.; Strabo II 5,3; Mela I 4; Macrobius, Somn. Scip. II
17 f.21; Martianus Capella VI 602. – Zur *ewigen Finsternis* im
Polarbereich s. § 186 f.

173 Der dem Menschen vorbehaltene enge Lebensraum
wird durch tiefe *Buchten* des Ozeans noch weiter verkleinert.
Als Beispiel führt Plinius die geringen Entfernungen zwischen dem *Arabischen Meerbusen* (§ 168) und dem *Ägyptischen Meer,* dem Teil des Mittelländischen Meeres vor der
Küste Ägyptens, und dem *Kaspischen Meer* (§ 167) und dem
Schwarzen Meer (Pontos § 126) an; vgl. Strabo II 5,18; Mela I
5 ff. – Die Zahlenangaben sind richtig: *115 Meilen* sind etwa
170 km (Länge des Suezkanals 171 km); *375 Meilen* sind etwa
555 km; vgl. Plinius, Nat. hist. 6,31. – Als Quelle kommt vor
allem Varro in Frage vgl. K. Sallmann, S. 264 Anm. 79.

174 Die Annahme, daß die Erde nur einen *Punkt im
Weltall* ausmache, war ein beliebter literarischer Topos; vgl.
Lukrez V 200–221; Cicero, De re publ. I 26; VI 21; Seneca,
Nat. quaest. I praef. 11 u. a.

176 Beim Versuch, die Lage der *Erde in der Mitte des
ganzen Weltalls* zu erweisen, ist Plinius außergewöhnlich
kurz; vgl. Cicero, De nat. deor. II 84.91.116; Tusc. disp. V 69.
Die herangezogenen Phänomene, die durch die Drehung der
Erde um die Sonne hervorgerufen werden, können die

Beweisführung nicht untermauern. – Die *Dioptra* ist ein Instrument zum Visieren durch zwei gegenüberliegenden Öffnungen. Sie diente für astronomische Bestimmungen, aber auch für die Feldmeßkunst. Eine Schrift *Über die Dioptra* stammt von Heron aus Alexandreia. – *Erde als Mittelpunkt:* vgl. Martianus Capella VI 601 f.

177 Zu den *drei Zonen* s. § 172. – Zur *Kugelgestalt* der Erde vgl. §§ 160 und 164.

178 Hier werden *Stern*bilder aufgezählt, die für die entgegengesetzt wohnenden Völker unsichtbar sind. – Das *Land der Trogodyten* (»Höhlenbewohner«) reicht vom südl. Ägypten bis zur Küste des Roten Meeres. – *Großer Bär* (oder Wagen), eigentlich »Sieben Pflugochsen« (§ 110): ein deutlich sichtbares Sternbild des nördl. Himmels mit einem Trapez aus vier Sternen und einer »Deichsel« aus drei Sternen. Der mittlere Deichselstern ist ein mit bloßem Auge erkennbarer Doppelstern (Mizar und Alkor – das »Reiterlein«). – *Kanopos:* ein Stern erster Größe im Sternbild des Schiffes, nur im südl. Teil Europas sichtbar. Die Beobachtungen in *Alexandreia* und *Rhodos* hatte Poseidonios seiner Berechnung des Erdumfanges zugrunde gelegt; s. § 247. – *»Locke der Berenike«:* Es handelt sich um Berenike, die Gemahlin von Ptolemaios III. Euergetes (246–221 v. Chr.). Als ihr Gatte in den Krieg nach Syrien zog, weihte sie ihre Locke für seine glückliche Heimkehr der Aphrodite. Das Gelübde wurde erfüllt, das Haar verschwand jedoch auf unerklärliche Weise aus dem Tempel. Um den erzürnten Gatten zu beruhigen, erklärte der Astronom Konon aus Samos, das Haar der Königin sei durch Katasterismos unter die Sterne versetzt worden. Diese Verwandlung verherrlichte der Dichter Kallimachos in einem Gedichte, von dem 21 Verse erhalten sind; lateinische Übersetzung durch Catullus, Carm. 66. Plinius versetzt das Sternbild im Schwanze des Löwen fälschlich in den südl. Sternen-

himmel. – »*Caesars Thron*«: nicht näher zu bestimmen; es
scheint aber irgendeine Beziehung zum *sidus Iulium* (§ 64)
vorzuliegen. – *Pontos:* s. § 126. – *Nachtwache (vigiliae):* Die
Zeit der nächtlichen Dunkelheit wurde in vier gleiche Zeitabschnitte zerlegt, so daß eine Nachtwache je nach Jahreszeit
2–3 Stunden umfaßte. – *Meroë:* Hauptstadt des aithiopischen
Reiches im heutigen Sudan, auf einer von den beiden Nilar-
men Astapus und Astabores gebildeten »Insel« südl. von
Atbara; vgl. Plinius, Nat. hist. 5,53. – *Arcturus:* s. § 106.

179 Der scheinbare Aufgang der Sternbilder, die *gleich-
sam aus dem Meer auftauchen,* ist ein weiterer Beweis für die
Kugelgestalt der Erde. – Die Polemik gegen die Überhöhung
des Nordpols richtet sich gegen die ebenfalls vertretene
Ansicht von einer Pyramidengestalt der Erde; vgl. Vergil,
Georg. I 241; Iustinus II 1,19.

180 Nachdem Plinius in seinen bisherigen Ausführungen
die Krümmung der Erde von Norden nach Süden nachzuwei-
sen versucht hatte, will er es jetzt für die Richtung von *Osten*
nach *Westen* tun. Als Beweis dient ihm das Fortschreiten der
Ortszeit, so daß eine *Sonnen-* oder *Mondfinsternis* im Osten
früher gesehen werden kann. – *Arbela* (h. Erbil): assyrische
Stadt am Oberlauf des Tigris, in deren Nähe bei Gaugamela
Alexander d. Große seinen entscheidenden Sieg über Dareios
III. erfocht. Die *Mondfinsternis* vom 20. September 331
v. Chr. erwähnen auch Arrian III 7,6; 15,7; Curtius Rufus IV
10,1; Martianus Capella VI 594. – Cn. Domitius *Corbulo:*
bedeutender Feldherr z. Zt. Neros, der u. a. 58–60 einen
Krieg in *Armenien* führte. Die totale *Sonnenfinsternis* vom
30. April 59 auch bei Tacitus, Ann. XIV 12,3; Cassius Dio
LXII 16,4; Martianus Capella VI 594. Quelle dieser Stelle ist
wahrscheinlich Licinius Mucianus, der unter Corbulo Legat
in Armenien war; vgl. F. Münzer, S. 394f., und K. Sallmann,
S. 46 Anm. 39. – Die Tatsache, daß eine Finsternis nicht von

allen Erdbewohnern gleichzeitig gesehen werden kann, erklärt auch Martianus Capella VI 591f.

181 Bei den *Türmen, die Hannibal in Afrika und Spanien* hatte errichten lassen, handelte es sich um Stationen für optische Nachrichtenübermittlung; vgl. Livius XXXIII 48,1. – Zu *Philonides* s. H. Bengtson, B. Biliński und L. Robert. Die Entfernung zwischen den griech. Städten *Sikyon* und *Elis* beträgt nur etwa 150 km; die Angabe *1200 Stadien* (etwa 222 km) ist daher viel zu groß; vgl. Plinius, Nat. hist. 7,84, wo er sogar 1305 Stadien (etwa 240 km) angibt (Umweg über Aigion). Bei den *neun Stunden* wird es sich um lange Sommerstunden handeln, die etwa 12 Normalstunden entsprechen. – Daß die *Seefahrer am Tage längere Strecken zurücklegen als in der Nacht* scheint auf den Glauben an eine mystische Kraft der *Sonne* zurückzugehen; vgl. die genaue Analyse der Stelle durch H. Vogt bei W. Kroll.

182 *Sonnenuhren:* s. § 187. – Mit zunehmender geographischer Breite werden die Schatten des *Zeigers* (griech. *gnómon*) länger; vgl. Martianus Capella VI 595. – Die Angabe für *Ägypten* – *etwas mehr als die halbe Länge* – trifft für Alexandreia (geogr. Breite φ = 30°) zu; vgl. Plinius, Nat. hist. 6,212 (4/7); Vitruv IX 7,1 (3/5); Strabo II 5,38 (3/5). – Die Zahl für *Rom* (φ = 41°) ist mit 8/9 nicht ganz zutreffend; vgl. Plinius, Nat. hist. 6,217; Vitruv IX 7,1; der richtige Wert liegt bei 7/8. – Für *Ancona* (φ = 43°) ist die Angabe *36/35* unrichtig, denn dort erreicht der Schatten zur Zeit der Tagundnachtgleiche (21. März und 23. September) nicht einmal die Länge des Zeigers, was erst bei einer geogr. Breite φ = 45° der Fall ist. Außerdem muß er auf jeden Fall kürzer (nicht *länger*) sein als beim weiter nördlich liegenden *Venetien*, das zwischen 44° und 46° (Mittelwert Venedig φ = 45°) liegt; vgl. Plinius, Nat. hist. 6,218. – *300* bzw. *500 Stadien:* etwa 47,25 bzw. 78,75 km (1 ägypt. Stadion = 157,5 m)

183   Die Schattenlosigkeit tritt z. Zt. der *Sommersonnenwende* (21. Juni) auf, wenn der nördliche Wendekreis ($\varphi =$
23,5°) mittags senkrecht beschienen wird. Die von Plinius
genannten Orte liegen ganz in seiner Nähe oder zwischen ihm
und dem Äquator. – *Syene* (h. Assuan, $\varphi = 24°$): vgl. Plinius,
Nat. hist. 6,183; Strabo II 5,7; Lucan II 587. Zur Berechnung
des Erdumfanges unter Ausnützung der Schattenlosigkeit in
Syene, das 5000 *Stadien* (etwa 787,5 km) von *Alexandreia* entfernt war, durch Eratosthenes s. § 247. – *Hypasis* (h. Bias, $\varphi =$
29° im Mündungsgebiet): der östliche Quellfluß des Indus,
von dem aus Alexander d. Gr. seinen Rückzug antrat. – *Onesikritos:* FGH 134 frg. 9. – *Berenike* (h. Umm El-Ketef): im
Lande der Trogodyten (§ 178), etwa auf der gleichen Breite
wie *Syene* ($\varphi = 24°$). – Die Orte zwischen den Wendekreisen
und dem Äquator zeigen zweimal im Jahr mittags Schattenlosigkeit, weil sich die Sonne innerhalb dieses Bereiches scheinbar spiralenförmig hin und her bewegt. Am Äquator liegt sie
sechs Monate auseinander (21. März und 23. September), zu
den Wendekreisen hin verkürzen sich die Zeitabstände. – *Ptolemais* (h. Trinkatat): am *Roten Meer,* liegt *4820 Stadien* (etwa
760 km) südlicher bei einer ungefähren geographischen Breite
$\varphi = 18°$. Die Stadt war von Ptolemaios II. Philadelphos
(285–246 v. Chr.) als Ausgangspunkt für die *Elefantenjagden*
gegründet worden und führte zum Unterschied zu anderen
gleichnamigen Städten den Beinamen *epì théras* (»zur Jagd«)
oder *thērôn* (»der Jagden«); vgl. Plinius, Nat. hist. 6,171; 220.

184   *Meroë* ($\varphi = 17°$): die *Hauptstadt Aithiopiens,* s. § 178.
Die Stadt ist von *Syene* (§ 183) ebenso 5000 *Stadien* (etwa
787,5 km) entfernt wie Alexandreia; vgl. Strabo I 2,32. Hier
fielen am 7./8. Mai und 6./7. August keine Schatten; vgl.
Ammianus Marcellinus XXII 15,31. – *Oreiten, Volk in
Indien:* vgl. Plinius, Nat. hist. 6,95; 7,30. – *Berg Maleus:* vgl.
Plinius, Nat. hist. 6,69; Solinus 52,13. Er ist nicht näher zu

lokalisieren. – *Patala* (h. Haiderabad): φ = 25°. – Die Angabe, daß *im Sommer die Schatten nach Süden, im Winter nach Norden fallen,* trifft nur für Ptolemais (§ 183) zu. Bei den anderen Orten, die in unmittelbarer Nähe des nördlichen Wendekreises liegen, könnte es sein, daß die Schatten tatsächlich für sehr kurze Zeit nach Süden fallen, keineswegs aber 90 *Tage* lang. Auch die Behauptung, daß *die Sonne zur Rechten aufgehe,* ist ungenau. Gemeint ist wohl der Umstand, daß sich der Sonnenaufgang im Sommer nach Norden verschiebt.

185 Vollkommen falsch ist die Angabe, daß das Sternbild des *Großen Bären* (§ 178) *nur 15 Nächte lang sichtbar* sei; vgl. Strabo II 1,20. – *Onesikritos:* FGH 134 frg. 10. – Richtig ist die Beobachtung, daß im Norden *Indiens* alle Gestirne auf- und untergehen, d. h. daß die *Teile der Nacht* nicht sichtbar sind. – *Trogodyten:* s. § 178. – *Eratosthenes;* vgl. p. 124 Berger.

186 *Meroë:* s. § 178; zum Ganzen vgl. Strabo II 5,36; Martianus Capella VI 595. – Das Phänomen der Mitternachtssonne *(sechs Monate hindurch Tag, …ebenso lange Nacht)* beschreibt Plinius auch Nat. hist. 4,104; vgl. auch Caesar, Bell. Gall. V 13,3; er berichtet, daß auf der Insel Mona (h. Man) z. Zt. der Wintersonnenwende 30 Tage lang andauernd Nacht sei.

187 *Pytheas aus Massilia:* frg. 13 a Mette. – *Thule:* s. § 246. – *Insel Mona* (h. Anglesey): Beide Inseln in der Irischen See westl. von England wurden Mona (vgl. § 186) genannt. – *Camalodunum* (h. Colchester): in Essex, nordöstl. von London. – *200 Meilen:* etwa 296 km. Die tatsächliche Strecke quer durch Südengland ist aber größer, etwa 380 km. – *Anaximenes aus Milet:* VS 13 A 14 a. – Zur Schattenlehre *(Gnomonik)* vgl. Diogenes Laërtios II 1; Eusebius, Praep. Ev. X 14,11. – Der Erfinder der *Sonnenuhr (horologium)* ist nicht bekannt. Die früheste ägyptische Sonnenuhr war ein Schattenstab (8.

Jh. v. Chr.). Sie besteht aus einem ebenen Sockel mit sechs
Stundenmarkierungen und hat an einem Ende einen aufge-
richteten Zeigestab *(gnómon)*, welcher so ausgerichtet werken konnte, daß er am Morgen nach Osten zeigte und am
Nachmittag gegen Westen. Die von Anaximenes in *Lakedaimon* (Sparta) aufgestellte Sonnenuhr war vermutlich kompli-
zierter, denn die Griechen hatten schon größeres Wissen über
die Funktion von Sonnenuhren entwickelt als die Römer. So
wurde eine von M. Valerius Maximus Messala im 1. Punischen Krieg bei der Einnahme von Catina (h. Catania) erbeu-
tete Sonnenuhr 263 v. Chr. in Rom aufgestellt, wo 99 Jahre
lang niemand bemerkte, daß ihre Marken nicht mit den Stunden übereinstimmten, da die geographische Breite von Catania ($\varphi = 37°$) und die von Rom ($\varphi = 41°$) nicht übereinstimmten; vgl. Plinius, Nat. hist. 7,214.

188   Als Quelle für die *Länge des Tages* kommt nach F.
Münzer, S. 257, wieder Varro in Betracht; vgl. Gellius, Noct.
Att. III 2, 4–7; Macrobius, Sat. I 3,2; Sueton, frg. 113 Reiffer-
scheid; Censorinus, De die nat. 23, 2–4; Lydos, Mens. II 1 f. –
Bei der Frühlingstagundnachtgleiche am 21. März geht die
Sonne am Ostpunkt auf und am Westpunkt unter. Bis zur
Sommersonnenwende am 21. Juni rücken Auf- und Unter-
gangspunkt täglich mehr nach Norden und damit vergrößert
sich der Tagbogen, woraus sich die größere Taglänge erklärt,
nicht, wie Plinius meint, durch die *Lage zum Tierkreis;* vgl.
Servius, Aen. VI 255; X 216; Plutach, Quaest. Rom. 84, 284. –
Hipparchos: Fehlt bei Berger. Vielleicht handelt es sich um
einen Einschub aus späterer Quelle, während der ganze
Abschnitt auf Varro zurückzuführen ist; vgl. F. Münzer,
S. 257.

189   *Aithiopen:* s. § 91. – Zum Einfluß der klimatischen
Bedingungen auf die körperliche Beschaffenheit und die gei-
stige Leistungsfähigkeit der Menschen vgl. Cicero, De nat.

deor. II 17. 42; Vitruv VI 1,3 ff.; Vegetius, Res mil. I 2; Firmicus Maternus, Math. I 3,1.

191 Auch die Entstehung von Naturkatastrophen wie
Erdbeben u. a. geht nach der *Lehre der Babylonier* auf den
Einfluß der Gestirne zurück; vgl. Seneca, Nat. quaest. III
29,1. – Als Gewährsmänner verwendet Plinius vor allem Aristoteles und Seneca. – *drei Gestirne:* Saturn, Iupiter und Mars.
– *Geviertschein:* (§ 80); vgl. dazu D. J. Campbell, S. 84. Nach
W. Kroll ist hier allerdings nicht der Geviertschein zu verstehen, sondern es sind die vier wichtigsten Punkte der Astrologie gemeint: *ortus, medium caelum, occasus* und *imum
caelum.* – *Anaximandros aus Milet:* VS 12 A 5 a; vgl. Cicero,
De div. I 112. Zu seine Theorie über die Entstehung von Erdbeben s. Ammianus Marcellinus XVII 7,12. – Bergstürze am
Taygetos (h. Pentedaktylo), dem Grenzgebirge zwischen
Lakonien und Messenien auf der Peloponnes, werden mehrfach genannt, vor allem beim Erdbeben vom Sommer 464
v. Chr., durch das die wehrfähige Jugend in Sparta erheblich
dezimiert wurde, so daß es zu einem Helotenaufstand in Messenien kam (3. Messenischer Krieg). – *Pherekydes* aus Syros:
VS 7 A 1.6; vgl. Diogenes Laërtios I 11,2. Eine fast identische
Anekdote über Anaxagoras erzählt Ammianus Marcellinus
XXII 16,22.

192 Die *Ursachen von Erdbeben* schildern auch Seneca,
Nat. quaest. VI 12,2; Diogenes Laërtios VII 154 und Ammianus Marcellinus XVII 7,11. – Zusammenfassend vgl. W.
Capelle, RE Suppl. IV, 1924, Sp. 344–374 s. v. »Erdbebenfor-
schung«.

193 Zu Vorzeichen und Verlauf von *Erdbeben* vgl.
Seneca, Nat. quaest. VI 1,7; 13,5; 14,3 f.; 17,3; 18,2 ff. 25,1 f.,
und Ammianus Marcellinus XVII 7,14.

194 *Küstenländer sind am meisten den Erdbeben ausgesetzt:* vgl. Seneca, Nat. quaest. VI 26,5.

195 Daß *Ägypten* von Erdbeben nur selten heimgesucht wird, sagen auch Seneca, Nat. quaest. VI 26,1, und Lydos, Ost. 54,190a. – Zur Häufigkeit von Erdbeben bei *Tagesanbruch* vgl. Lydos, Ost. 54,190b.

196 Zu den *Seebeben* vgl. Seneca, Nat. quaest. VI 24,3.

197f. Zur Wirkung von Erdbeben auf *Gebäude* vgl. Seneca, Nat. quaest. VI 30,4.

199 *Mutina:* s. § 96. Im Südwesten des Stadtbereichs bei Sassuolo befinden sich Erdölquellen und ein erloschener Vulkankrater namens Salsa, der beim Erdbeben von 91 v. Chr. entstanden ist. – Die *Via Aemilia,* vom Konsul M. Aemilius Lepidus 187 v. Chr. angelegt, führte von Ariminum (h. Rimini) nach Placentia (h. Piacenza). – *Bundesgenossenkrieg:* 91–89 v. Chr. – Das *Gebiet der Marrukiner* lag am Adriatischen Meer südl. vom Aternus (h. Pescara) mit der Hauptstadt Teate (h. Chieti); vgl. Plinius, Nat. hist. 3,106. – *Vettius Marcellus* ist auch durch eine Inschrift als kaiserlicher *Prokurator* bezeugt (CIL IX 3019); vgl. auch Plinius, Nat. hist. 17,245. – Zur Quelle (Masurius Sabinus) s. F. Münzer, S. 347.

200 Das große *Erdbeben unter der Regierung des Tiberius* ereignete sich 17 n. Chr. in Kleinasien; vgl. Strabo XII, 8,18; Tacitus, Ann. II 47,1–4; Solinus 40,5. Die *zwölf Städte* waren Temnos, Aigeai, Myrina und Kyme in der Aiolis und Appollonidea, Hyrkania, Mostene, Hierokaisareia, Tmolos, Philadelphia, Magnesia und Sardes in Lydien. – Die *Schlacht am Trasimenischen See* (h. Lago Trasimeno, zwischen Perugia und Cortona) im 2. Punischen Krieg endete am 22. Juni 217 v. Chr. mit einer Niederlage der Römer, die das gleichzeitige *Erdbeben* nicht bemerkt hatten; vgl. Cicero, De div. I 78 (nach Coelius Antipater); Livius XXII 5,8 und Florus II 6,14. – Zur Quelle (Livius) s. F. Münzer, S. 242.

201 Als Ursache für *neu entstandenes Land* gilt auch die *Anschwemmung der Flüsse.* – Die *Echinadischen Inseln* sind

eine Inselgruppe im Ionischen Meer vor der Mündung des
Acheloos (h. Aspropotamo), durch dessen Anschüttung die
Inseln z. T. verlandeten; vgl. Herodot II 10,3 f.; Thukydides
II 102; Strabo I 3,18 und X 2,19. – Das Delta des *Nil* wächst
nur sehr langsam, nämlich 4–12 m im Jahr, weil die starken
Küstenströmungen das Sedimentmaterial z. T. wieder fort-
schwemmen. – *Insel Pharos:* vgl. Homer, Od. IV 354–356:
»...Da liegt eine Insel im brandenden Meere,
Pharos heißt sie, Ägypten grad gegenüber; in einem
Tage durchmißt ein geräumiges Schiff die ganze Entfer-
nung«   (A. Weiher).
Vgl. Plinius, Nat. hist. 5,128; 13,69 f.; Mela II 104; Seneca,
Nat. quaest. VI 26,1; Lucan X 509; Servius, Aen. XI 262. –
Auch der *Rückzug des Meeres* kommt für die Landbildung in
Frage. – Das Vorgebirge von *Circei* liegt in Latium bei Terra-
cina; vgl. Plinius, Nat. hist. 3,57 f.; dorthin soll sich die Zau-
berin Kirke nach ihrer Flucht aus Kolchis geflüchtet haben;
vgl. Theophrast, Hist. plant. V 8,3. Plinius spielt hier wohl auf
Homer, Od. X 194 f. an. – *Ambrakia* (h. Arta): Stadt an der
südl. Grenze von Epeiros an einer gleichnamigen Bucht; vgl.
Plinius, Nat. hist. 4,4 f. – *10 bzw. 5 Meilen:* etwa 14,8 bzw. 7,4
km. – Zur Verlandung im *athenischen Hafen von Peiraieus*
vgl. Strabo I 3,18. – Zu den Veränderungen bei *Ephesos* (h.
Efes bei Selçuk) vgl. Plinius, Nat. hist. 5,114 f. Der dortige
Tempel der Artemis (Diana) gehörte zu den Sieben Weltwun-
dern. – *Memphis:* alte Hauptstadt Ägyptens am linken Nil-
ufer oberhalb von Kairo. Die Nachricht bei Herodot II 10,1
wurde z. T. mißverstanden. – *Aithiopen:* s. § 91. – Zur Situa-
tion bei *Ilion* vgl. Plinius, Nat. hist. 5,124. – *Teuthranien:*
Landschaft in Mysien im nordwestl. Kleinasien; vgl. Plinius,
Nat. hist. 5,125. Dort liegt Pergamon. – *Maiandros* (h. Menderes): Fluß in Phrygien und Karien, bekannt durch seinen
gekrümmten Lauf; vgl. Plinius, Nat. hist. 5,113. Er verschüt-

tete durch seine Anschwemmungen die ehem. Bucht von Lat-
mos, indem er sie immer mehr vom Meer abschnürte. – Als
Quelle des gesamten Abschnitts kommt Varro in Frage; vgl.
F. Münzer, S. 151; D. J. Campbell, S. 82, und K. Sallmann,
S. 163 Anm. 103.

202 An verschiedenen Stellen des Mittelländischen Meeres sind *Inseln* plötzlich entstanden: Im Mythos *(nach altem
Bericht)* soll die *Insel Delos* (h. Mikra Dilos), die aus dem
Meer aufgetaucht und lange Zeit schwimmend gewesen war,
plötzlich fest geworden sein, um zum Geburtsort der Götter
Apollon und Artemis zu werden; vgl. Homer, Hymn. 65 ff.
u. a. – Auch die komplizierte Geologie der *Insel Rhodos* legte
die Annahme eines Auftauchens aus dem Meere nahe. – *Anaphe* (»Unberührbare«) und *Melos* (h. Milos): zwei kleine
Inseln in der Gruppe der Kykladen; vgl. Plinius, Nat. hist.
4,70; Ammianus Marcellinus XVII 7,13. – *Nea* (»Neue«): ein
Felsen südl. von *Lemnos* (h. Limnos) vor dem Eingang in den
Hellespont (h. Dardanellen); vgl. Plinius, Nat. hist. 4,72. –
Halone: eine sonst unbekannte Insel an der Küste Ioniens vor
den untergegangenen Städten *Lebedos* (beim heutigen Kimi-
turia) und *Teos* (beim heutigen Siğacık), gegenüber von
Samos; vgl. Plinius, Nat. hist. 5,137. – *Thera* (h. Santorin) und
die im Westen benachbarte Insel *Therasia* (h. Thirasia) sind
die stehengebliebenen Reste eines ehemaligen Vulkans. Seit
197 v. Chr. entstand durch neue, z. T. unterseeische Ausbrü-
che im Inneren des Kraters die Insel *Hiera* (»Heilige«) oder
Automate (»von selbst Entstandene«). Die kleine, erst 46
n. Chr. aufgetauchte Nachbarinsel *Thia* ist offenbar bald wieder verschwunden; vgl. Plinius, Nat. hist. 4,70; Seneca, Nat.
quaest. VI 21,1; II 26,6; Pompeius Trogus XXX 4,1; Plutarch, De Pyth. orac. 11,399c. – Die chronologischen Angaben dieses Abschnitts sind z. T. unrichtig, bedingt durch die
Verwendung einer älteren Quelle; vgl. F. Münzer, S. 123.399,
und K. Sallmann, S. 94 Anm. 16; S. 137 Anm. 34.

203 *Aiolische Inseln* (h. Liparische Inseln): zu den dortigen Meeresbewegungen vgl. Strabo VI 2,11 (nach Poseidonios); s. F. Münzer, S. 247f. Anm. 1. – Die Insel bei *Kreta* und die *im etruskischen Meerbusen* kann nicht lokalisiert werden. – Die *Pithekusen* (Aenaria, h. Ischia, und kleine Nachbarinseln) liegen im Tyrrhenischen Meer vor dem Golf von Neapel. Seit 1302 ist der durch das ganze Altertum hindurch tätige Vulkan erloschen; noch heute heißt die höchste Erhebung der Insel Monte Epomeo (792 m, *Berg Epopos*). Die Nachbarinsel *Prochyta* (griech. *prochýtē*, lat. *profusa* »losgerissen«) war durch ein Erdbeben von der Hauptinsel Aenaria losgerissen worden und bestand aus den Resten von vier Vulkankratern; vgl. Plinius, Nat. hist. 3,82; Strabo V 4,9 (nach Timaios).

204 Alluviale Veränderungen der Land-Wasser-Grenze (Abriß und Anlandung von Inseln) behandelt auch Ovid, Met. XV 270–298, der z. T. die gleichen Beispiele verwendet; als gemeinsame Quelle kommt nach R. Segl Isigonos aus Nikaia in Frage. – *Sizilien* bildet den letzten Rest der Landbrücke zwischen Europa und Afrika (Apennin – Atlas); vgl. Vergil, Aen. III 414–419; Seneca, Nat. quaest. VI 30,3; Strabo I 3,9; VI 1,6. – *Kypros* ist geologisch mit dem Amanos-Gebirge in Kilikien verbunden; vgl. Seneca, Nat. quaest. VI 26,4. – *Euboia* (h. Evvia): die zweitgrößte Insel Griechenlands, der Küste *Boiotiens* vorgelagert; vgl. Plinius, Nat. hist. 4,63. – *Atalante* (h. Atalanti/Talanda): Insel im Opuntischen Meerbusen von Lokris; vgl. Diodor XII 59,2; Thukydides III 89,3; Seneca, Nat. quaest. VI 24,6; Plinius, Nat. hist. 4,71. – *Makria* oder Makris (h. Makronisos): Insel vor dem heutigen Kap Sunion an der Südspitze Attikas; vgl. Plinius, Nat. hist. 4,64.68. – *Besbikos* (h. Imrali Ada): Insel in der Propontis (h. Marmarameer) vor der Küste *Bithyniens:* vgl. Plinius, Nat. hist. 5,151, und Ammianus Marcellinus XXII 8,6. – *Leukosia*

(h. Piana): Insel südl. von Paestum am *Vorgebirge der Sire-nen*, dem angeblichen Schauplatz des Abenteuers des Odysseus; vgl. Plinius, Nat. hist. 3,85. – Die folgenden *Inseln* sind durch ihre Verbindung mit dem Lande *dem Meere genommen* worden. – *Antissa:* Stadt auf *Lesbos* (h. Lesvos), ursprünglich eine eigene Insel; vgl. Strabo I 3,19; Plinius, Nat. hist. 5, 139. – Das Vorgebirge *Zephyrion* bei *Halikarnassos* (h. Bodrum) war ursprünglich eine Insel; vgl. Stephanos Byz. 295. – Die ehemalige Insel *Aithusa* war nur durch einen schmalen Isthmus mit dem Festland westl. von *Myndos* (beim heutigen Gümuşlük) verbunden; vgl. Plinius, Nat. hist. 5,107. – Die beiden Hügel Patniotika und Mesartepe östl. von der ebenfalls verlandeten Insel Lade bei *Miletos* (h. Balat) entsprechen den ehemaligen Inseln *Dromiskos* und *Perne.* – Zu *Narthekusa* am *Parthenischen Vorgebirge,* dem Chersones von Knidos, vgl. Plinius, Nat. hist. 5,133. – *Hybanda* (h. Özbaşi): ein Hügel an der Küste *Ioniens* im Mündungsgebiet des Maiandros (§ 201); vgl. Thukydides III 19,2 (mit entstellter Nennung des Ortsnamens); s. L. Robert. – *200 Stadien:* etwa 37 km. – Die ehemalige Insel *Syrie* bildete den heutigen Hügel Kuru tepe nördl. vom Artemision von *Ephesos* (§ 201); vgl. Plinius, Nat. hist. 5,115. – Zu *Magnesia* (h. Ortaklar westl. von Germencik) mit den verlandeten Inseln der *Derasiden* und *Sapphonia* vgl. Plinius, Nat. hist. 5,114. – *Epidauros* (h. Zavtat, früher Ragusa): Hafenstadt in Dalmatien; vgl. Plinius, Nat. hist. 3,143 f. – *Orikon* (h. Orso): Hafenstadt in Epeiros; vgl. Plinius, Nat. hist. 3,145. Beide Städte lagen ursprünglich auf *Inseln,* die durch eine schmale Nehrung mit dem Festland verbunden waren.

205   Ganze Länder und einzelne Städte sind durch Meeresüberflutung zugrunde gegangen. – Besonders beklagt Plinius den Untergang eines großen Landes, welches nach den Berichten *Platons* (Kritias 108 e und Timaios 24 e) vom *Atlan-*

tischen Ozean überflutet worden sei; vgl. Strabo II 3,6.
Gemeint ist die sagenhafte Insel Atlantis, die größer als Asien
(Kleinasien) und Libyen (Nordafrika) zusammen war. Nach
neuesten Forschungsergebnissen (A. u. E. Tollmann) wurde
sie vor rund 9550 Jahren von einem Kometen getroffen, was
weltweit eine gewaltige Naturkatastrophe (Erdbeben, Flut-
welle, Verfinsterung der Sonne durch die dichten Staubwol-
ken u. a.) auslöste, deren Beschreibung sich in den übereinstimmenden Berichten vieler Völker auf allen Kontinenten in
Form von Mythen und später aufgeschriebenen Sagen erhalten hat. – *Akarnanien:* die westlichste Landschaft Mittelgrie-
chenlands am *Ambrakischen Meerbusen* (h. Golf von Arta);
vgl. Plinius, Nat. hist. 4,5 f. – *Achaia:* die Nordküste der Peloponnes am *Korinthischen Meerbusen:* vgl. Plinius, Nat. hist.
4,76; 5,141. – *Propontis:* Marmarameer. – *Pontos* s. § 126. –
Leukas (h. Lefkas): ehemalige Halbinsel am Ionischen Meer
vor der Küste Akarnaniens; vgl. Strabo I 3,18; Plinius, Nat.
hist. 4,5. – *Antirrhion:* eine flache Landzunge an der Südküste
des westl. Lokris, die mit der gegenüberliegenden Landspitze
Rhion den Eingang zum Korinthischen Meerbusen (s. o.)
abschloß; vgl. Plinius, Nat. hist. 4,6. – *Hellespont:* s. § 202. –
Bosporoi: der Thrakische Bosporos (h. Bosporus) und der
Kimmerische Bosporos (h. Straße von Kertsch); vgl. Plinius,
Nat. hist. 4,76 f. – Der *Berg Kibotos* mit der *Stadt Karike* läßt
sich nicht lokalisieren. – *Sipylos* (h. Manisa Dağh): Gebirgszug in Lydien längs des Flusses Hermos (h. Gediz Nehri)
gegen *Magnesia* (§ 204) hin. Dort spielt die bekannte Sage
von der versteinerten Niobe aus dem Tantalidengeschlecht,
worauf der Name der Stadt *Tantalis* zurückgeht; vgl. Strabo I
3,17; Plinius, Nat. hist. 5,120. – Die *Stadt Galenis* ist unbekannt. – *Gamala* (h. Hirbet Ekdeb): Stadt an der südl. Gaula-
nitis (h. Golan-Höhen); vgl. Plinius, Nat. hist. 5,69. –
Phegius: ein nicht näher zu bestimmender *Bergrücken in
Aithiopien.*

gezeitenbildende Kraft, wenn auch nicht so stark wie der *Mond.* Wenn Sonne und Mond gleichmäßig kulminieren, d. h. bei Neu- und Vollmond, entstehen die sog. Springfluten, da sich Sonnen- und Mondflut addieren; vgl. Seneca, Nat. quaest. III 28,6. Haben Sonne und Mond in Bezug auf die Erde einen Winkelabstand von 90°, so substrahiert sich die Sonnenflut und es entsteht die sog. Nippflut. In Portsmouth z. B. beträgt die Höhe der Springflut etwa 4 m, die der Nippflut etwa 2–3 m. Die Flut trifft nicht sofort mit der Kulmination ein, sondern etwas *später* (sog. Hafenzeit des betreffenden Ortes). Die moderne Gezeitentheorie stammt von Isaac Newton (1687) und bildet eine der stärksten Stützen der Graviationstheorie. – Im Zyklus von *acht Jahren,* d. h. nach *100* (statt genau 99) *Mondumläufen* steckt nach W. Kroll der Rest eines halbmystischen Schaltzyklus, wie er in Babylon nachgewiesen werden konnte.

217 Der Höhenunterschied zwischen Ebbe und Flut heißt Tidenhub oder Fluthöhe. Er beträgt auf dem offenen Meer nur etwa 60 cm, an Steilküsten aber 12 m und mehr und in trichterförmigen Meeresbuchten, wo gewöhnlich ein Maximum erreicht wird, bis zu 17 m. Die Angaben von Plinius sind korrekt, die Notiz des *Pytheas aus Massilia* (§ 187), frg. 13 a Mette *(80 Ellen* – rund 35,5 m) ist hingegen übertrieben. Die Flut erreicht in der Themse, wo sie am stärksten ist, nur eine Höhe von 14 Fuß (etwa 4,2 m).

218 Die rasche *Überfahrt nach Utica,* einer Stadt in Afrika nördl. von Karthago, nur der Wirkung der Flut zuzuschreiben, ist nicht gerechtfertigt, da vor allem auch die äußerst starken Meeresströmungen zur afrikanischen Küste hin in Betracht kommen. Die beiden *Syrten* an der Nordküste Afrikas: Syrtis maior (h. Bucht von Banghazi) und Syrtis minor (h. Bucht von Gabès); vgl. Plinius, Nat. hist. 5,26; Solinus 27,3. – Der recht ungewöhnliche Vergleich, daß die

206 *Pyrrha/Antissa:* zwei sonst unbekannte Städte am
Maiotischen See (§ 168). – *Helike/Bura* (Buris): Küstenstädte
in Achaia; sie wurden 373 v. Chr. durch ein Erdbeben zerstört und versanken im Meer; vgl. auch Ovid, Met. XV
293–295:

> *Si quaeras Helicen et Burin, Achaidas urbes,*
> *invenies sub aquis; et adhuc ostendere nautae*
> *inclinata solent cum moenibus oppida mersis.*

(»Fragst du nach Helike, Buris, den Städten Achaias, du
                                                    wirst sie
finden unter der See, und heute noch zeigen die Schiffer
gern die geneigten Mauern der untergesunkenen Städte.«
                                                    E. Rösch).
Vgl. Plinius, Nat. hist. 4,12; Seneca, Nat. quaest. VI 23,4;
26,3. – *Kea* (h. Zea): *Insel* in der Gruppe der Kykladen; vgl.
Diodor XV 48,2; Plinius, Nat. hist. 4,62. – *30 Meilen:* etwa
44,4 km. – *Tyndaris* (h. Tindari): Stadt an der Nordküste von
Sizilien, westl. von Messina. Es scheint sich um Absinken des
Landes durch Erosion gehandelt zu haben. – *Eleusis:*
Gemeint ist nicht der berühmte Mysterienort bei Athen, son-
dern eine Stadt in *Boiotien*, die nach Strabo IX 2,18; Pausanias
IX 24,2 und Ammianus Marcellinus XVII 7,13 bei einer
Überschwemmung des Kopaissees durch den Fluß Kephisos
(§ 230) zugrunde ging.

207 Es folgt die Beschreibung verschiedener *Wunder der
Natur* auf der *Erde,* die durchaus nicht geringer sind als die
des *Himmels.* – Bei dem Stein, der sich durch besondere
Strahlkraft auszeichnet, handelt es sich wahrscheinlich um
eine Glimmerart; Plinius nennt ihn Nat. hist. 36,163 Phengi-
tes. – Der Berg *Soracte* (681 m) befindet sich 40 km nördl. von
Rom; Plinius erwähnt ihn im selben Zusammenhang auch
Nat. hist. 31,27; vgl. Servius, Aen. XI 785. – *Sinuessa* (h.
Rocca di Mondragore): Stadt an der Grenze von Latium und

Kampanien, wo sich warme Quellen befanden, die zu Heilbä-
dern genutzt wurden; vgl. Livius XXII 13,10; Plinius, Nat.
hist. 31,8; Martial VI 42,5 Tacitus, Ann. XII 6,1; Hist. I 72
u. a. – *Puteoli* (h. Pozzuoli): Stadt am Golf von Neapel, in
deren Nähe noch heute tätige Vulkane (Solfatara, Campi
Flegrei) liegen; vgl. Strabo V 4,6.

208 *einen tödlichen Dunst aushauchen:* vgl. Servius, Aen.
VII 563; Seneca, Nat. quaest. VI 28,1 f. – *Charon:* Fährmann,
der die Toten über den trennenden Grenzfluß der Unterwelt
setzte. – *Hirpiner:* ein im Quellgebiet des Aufidus (h. Ofanto)
wohnender unteritalischer Stamm. In ihrem Gebiet befindet
sich der See *Ampsanctus* (h. La Moffete), der durch seine Ausdünstungen berüchtigt war; vgl. Vergil, Aen. VII 565; Cicero,
De div. I 79. – *Mephitis:* eine in Mittelitalien verehrte Gottheit
der schädlichen Dünste, die sie abhalten sollte; vgl. Servius,
Aen. VII 84. – *Hierapolis* (h. Pamukkale): Stadt in Phrygien
auf einer Terrasse des Lykos (h.Çürük su), bekannt durch
heiße Quellen; vgl. Strabo XII 8,13; XIII 4,14; Plinius, Nat.
hist. 5,105; Ammianus Marcellinus XXIII 6, 18; Cassius Dio
LXVIII 27,3. – Zur *göttlichen Kraft der alles durchdrin-*
genden Natur vgl. R. Schilling.

209 *Gabii* (beim heutigen Castiglione): Latinersiedlung
zwischen Rom und Praeneste (h. Palestrina); vgl. Plinius,
Nat. hist. 3,64. – *Reate* (h. Rieti): alte sabinische Stadt; vgl.
Plinius, Nat. hist. 3,107. – *Caecubum* (h. Castro Vetere):
Stadt in der sumpfigen Ebene in der Nähe von Terracina
(§ 146); berühmt durch den dortigen Wein; vgl. z. B. Martial
XIII 115 u. a. – *Mutina:* s. § 96. – *Statonia:* nicht zu lokalisie-
ren; es dürfte sich um den kleinen Lago di Mezzano bei Volsi-
nii (§ 139) handeln. – *Vadimonischer See* (h. Lago di Bassano):
Schwefelwassersee in Südetrurien zwischen Bomarzo und
Orte. – *Cutilische Gewässer:* heilkräftige Quellen in der Nähe
von *Reate* (s. o.) beim h. Dorfe Paterno; s. auch Plinius, Nat.

hist. 3,109; Seneca, Nat. quaest. III 25,8 u. a. – *Calaminische Inseln:* bewegliche Schilfinseln (griech. *kálamos* »Rohr«) in den Sümpfen von *Lydien* im westl. Kleinasien; vgl. Varro, Res rust. III 17,4; Martianus Capella IX 928. – *Mithridatischer Krieg:* wahrscheinlich die sog. »Ephesische Vesper« (88 v. Chr.), als 80000 Italiker auf Befehl von Mithridates VI. von Pontos getötet wurden. – *Nymphaion:* Plinius spricht Nat. hist. 31,25 von einem *stagnum Nymphaeum* in Lydien, dessen Lage allerdings nicht bestimmt werden kann; wahrscheinlich sind die dort befindlichen »*Tanzinseln*« (von lat. *salire* »springen«) mit den oben genannten Schilfinseln identisch. – *Tarquinischer See* (h. Lago di Bolsena): See in der Provinz Viterbo, der größte der vulkanischen Seen Latiums. – Zur Quelle (Varro) s. F. Münzer, S. 140 Anm. 1; 278f.

210 *Paphos* (h. Kuklia): Stadt auf Zypern, Sitz der Verehrung der *Aphrodite;* zum *Regen* vgl. Tacitus, Hist. II 3,2: *nec ullis umquam imbribus, quamquam in aperto, madescunt altaria* (»die Altäre werden bei Regenfällen niemals naß, obwohl sie im Freien stehen«). – *Nea* (»Neue«): beim heutigen Yeniköy, Ort in der *Troas;* vgl. Plinius, Nat. hist. 5,124. – *Harpasa* (h. Atça): Stadt in Karien am Harpasos, einem Nebenfluß des Maiandros (§ 201); vgl. Plinius, Nat. hist. 5,109. Es handelt sich um einen sog. Wackelstein. – *Parasinon:* beim heutigen Sakj auf der *Halbinsel der Taurier* (h. Krim). Der dortige Schlamm wurde seit alters zu Heilzwekken verwendet. – *Assos* (h. Bahramkale): Stadt an der Südküste der Troas; vgl. Plinius, Nat. hist. 5,123. Der dortige Kalkstein wurde in die Särge als Füllung eingelegt, um die Verwesung zu beschleunigen; daher die Bezeichnung »*Fleischfresser*« *(sarkóphagos):* vgl. Plinius, Nat. hist. 28,140; 36,131. Zur Sache vgl. R. Müller.

211 Hier liegt eine Variante des alten Märchens vom Magnetberg vor. Es beruht auf teilweise richtigen Beobachtungen, denn junges Eruptivgestein ist meist sehr eisenhaltig und daher magnetisch, was für andere Gesteinsarten nicht zutrifft. – *Lokroi* (§ 153) / *Kroton* (h. Crotone): zwei Griechenstädte an der Südküste Kleinasiens; zum gesunden Klima von Kroton vgl. auch Strabo VI 1,12. – *Ilion:* s. § 201. – Unrichtig und sicher nur auf subjektive Erfahrung beruhend ist die Bemerkung, daß in *Lykien* (§ 236) *auf ein Erdbeben 40 heitere Tage folgen.* – *Arpi* (h. Arpe bei Foggia): kleine Stadt in Apulien; vgl. Plinius, Nat. hist. 3,104. Das Gebiet wäre an sich reich an *Getreide.* – *Arae Muciae:* in der Nähe der Etruskerstadt *Veji* (h. Isola Farnese); vielleicht auf C. Mucius Scaevola zurückgehend, der nach der Sage ein mißglücktes Attentat auf den Etruskerkönig Porsenna (§ 140) verübt hat; vgl. Livius II 12,1 ff. Der dortige Boden ist sehr schwer und kaum zu bearbeiten. – *Tusculum* (h. Frascati): alte, angeblich vom Odysseussohn Telegonos gegründete Siedlung in Latium; vgl. Plinius, Nat. hist. 3,64; dort befand sich Ciceros Landgut Tusculanum. – Der *Ciminische Wald* lag in der Nähe von Sutrium (h. Sutri) in Etrurien; er galt als besonders unwegsam; vgl. Livius IX 36,1. – *Crustumerium* (h. Monterotondo): alte sabinische Stadt am linken Tiberufer bei den Quellen der Allia, nördl. von Rom; vgl. Plinius, Nat. hist. 3,68.

212ff. Plinius gibt im großen und ganzen eine richtige Darstellung der Gezeiten; vgl. Strabo I 3,5–11; III 5,8; Seneca, Nat. quaest. III 28,3–6 und dial. I 1,4; Mela III 2; Solinus 23,20–22; Ambrosius, Exam. IV 7,30 u. a. Die Erde dreht sich in einem Tag vor dem *Mond* herum, so daß jeder Ort am Meer *zweimal* täglich *Flut* und Ebbe hat, entsprechend der scheinbaren Umlaufzeit des Mondes nach je 12 h 25 m 14 s. – Zum Ganzen vgl. E. de Saint-Denis, M. Flahaut, Ch. Nailis, G. Aujac und R. Almagnia, nach denen vor allem Poseidonios als Quelle in Betracht kommt.

215 Auch die *Sonne* hat, wie Plinius richtig bemerkt, eine

Bewegungen des Meeres an den Küsten besser wahrzuneh-
men sind *als auf hoher See*, ist unzutreffend. – Wenn man an
den äußersten Körperteilen den *Pulsschlag, d. h. den Lebensatem, mehr empfinde*, so geht das auf die in der Antike weit
verbreitete und von Plinius vertretene Ansicht zurück, daß
die Arterien nicht mit Blut, sondern mit belebender Luft
gefüllt sind.

219 *Tauromenion* (h. Taormina): Stadt an der Ostküste
Siziliens; vgl. Plinius, Nat. hist. 3,88. – *Euboia:* s. § 204; nach
Livius XXVIII 6,10 sind dort die Gezeitenhöhen vom Wind
abhängig; vgl. auch Cicero, De nat. deor. III 24; Mela II 108
u. a. – Wahrscheinlich hat sich in den Meerengen das Wasser
wegen des starken Druckes und der daraus entstehenden heftigen Strömung gestaut, was fälschlicherweise für das Auf-
kommen der Flut gehalten wurde. – *Gades* (§ 167); zur *Quelle
beim Tempel des Herakles* s. auch Strabo III 5,7 (nach Polybios). – Die ungenannte *Stadt* ist Ilipa (h. Alcalá del Río); vgl.
Strabo III 5,9. – *Baetis* (h. Guadalquivir): Fluß vom Gebirgs-
land Andalusiens zum Golf von Cadiz, 579 km lang, ab *Hispalis* (h. Sevilla) schiffbar; vgl. Plinius, Nat. hist. 3,7. – *Pontos/
Propontis:* s. § 205; zur Richtung der Meeresströmung vgl.
Strabo I 3,12 und Seneca, Nat. quaest. IV 2, 29. Da die Was-
serbilanz des Schwarzen Meeres gegenüber der Ägäis positiv
ist, bildet sich im Schwellenbereich beim Bosporus eine ent-
sprechende Neigung des Meeresspiegels und demzufolge ein
Oberflächenabfluß in die Ägäis. Umgekehrt ist wegen der
Höhe der Schwelle ein Einströmen von Tiefenwasser in das
Schwarze Meer kaum möglich.

220 Von der Reinigung der Meere *bei Vollmond* sprechen
auch Strabo I 3,8 und Seneca, Nat. quaest. III 28,7f. Zu dieser
Zeit ist die Flut am stärksten und es entstehen häufig Springfluten (§ 215). – *Messana (h. Messina) und Mylae* (h.
Milazzo): Städte an der Italien zugekehrten Seite Siziliens;

vgl. Plinius, Nat. hist. 3,99 und 90. Der *mistähnliche Unrat*
dürfte Tang, Seegras u. ä. sein, wie es nach heftigen Stürmen
ans Ufer geworfen wird; vgl. Strabo I 3,9; Seneca, Nat.
quaest. III 26,7f. – Die *Rinder des Sonnengottes* weideten auf
der Insel Thrinakria, d. i. Sizilien; s. Homer, Od. XI 107ff.;
XII 127f. – *Aristoteles:* frg. 287 Rose; vgl. auch Philostratos,
Vita Apoll. V 2. Gemeint ist offenbar das Massensterben (bis
zu 80%) gewisser Tierarten an den Küsten, wenn extreme
gezeitenbedingte Niedrigwasserstände *(wenn sich die Flut
verlaufen hat)* zur Mittagszeit im Hochsommer auftreten.
Das Austrocknen des sonst wasserbedeckten Bodens, die
hohe Lufttemperatur (über 40°), starke Sonneneinstrahlung
und die hohe Wassertemperatur in den zurückgebliebenen
Meerwassertümpeln hat den Tod der Tiere zu Folge (thermaler
Streß).

221 Zur Wirkung des *Mondes* auf alle Lebewesen vgl. Plinius,
Nat. hist. 18,321–325. – *Muscheln:* s. § 109. – Zur Veränderung
des *Blutes* vgl. Firmicus Maternus, Math. IV 1,5.

222 Zur Vorstellung vom milden, die Natur belebenden
und daher *weiblichen Mond* (§ 223) und von der alles durch
ihre *Glut* ausdörrenden und verbrennenden und daher *männlichen
Sonne* vgl. § 45. – Für den *Salzgeschmack* des Meeres
gibt Plinius drei verschiedene Ursachen, ohne sich allerdings
für eine zu entscheiden:

1. »*Einkochen*«, d. h. Verdunsten des Meerwassers unter
   Zurücklassung der festen Bestandteile;
2. Vermischen des Meerwassers mit den *trockenen Dünsten*
   der Erde vgl. Plutarch, Plac. philos. III 16, 896a; Ambrosius,
   Exam. II 3,14 u. a.;
3. Zufluß salzhaltiger Quellen. – Der Tyrann Dionysios II.
   von Syrakus wurde 344 v. Chr. aus Sizilien vertrieben und
   ging nach Korinth ins Exil. Das *Vorzeichen* wird sonst nirgends
   erwähnt.

223 Zum Einfluß des *Mondes* auf die *Feuchtigkeit* vgl.
Plinius, Nat. hist. 20,1; ähnlich auch Macrobius, Sat. VII
16,16.18.25 f., und Plutarch, Quaest. conv. III 10,3. – Zum
Gleichgewicht in der Natur vgl. Cicero, De nat. deor. II
43.118. – Zur Beziehung des Mondes zum *süßen Wasser* vgl.
Diogenes Laërtios VII 1,145 (nach Poseidonios).
224 Papirius *Fabianus:* frg. XIV Höfig. – *15 Stadien:*
etwa 2362,5 m (1 Stadion = 157,5 m). Diese Angabe für *die
größte Tiefe des Meeres* trifft annähernd auf das Schwarze
Meer (*Pontos* s. § 205) zu, das 2244 m tief ist. Das Mittelländi-
sche Meer erreicht hingegen eine maximale Tiefe von mehr als
5000 m. – *Koraxer:* Volksstamm am Ostufer des Schwarzen
Meeres; vgl. Plinius, Nat. hist. 6,15; Mela I 110. – In einer
Entfernung von *300 Stadien* (etwa 47 km) *vom Lande* wurden
die sog. *»Abgründe«* (*báthea,* zu griech. *bathýs* »tief«) angenommen. Dort sollten auch die im Kaspischen Becken gesam-
melten Flußwässer nach unterirdischem Laufe an drei Stellen
wieder hervortreten; vgl. Aristoteles, Meteor. I 13,351a 11. –
Bei den folgenden Flüssen, die in Seen münden, tritt keine
Vermischung des Fluß- mit dem Seewasser ein. – *Fucinersee*
(h. Lago di Fucino): einst der größte See Mittelitaliens, seit
1875 weitgehend trockengelegt; vgl. Plinius, Nat. hist. 3,106.
– Der einmündende, nicht genannte *Fluß* war der Pitonius (h.
Fura); vgl. Lykophron 1276; Plinius, Nat. hist. 3,41. – Zur
folgenden Aufzählung vgl. Plinius, Nat. hist. 3,131. – *Lari-
scher See* (h. Lago di Como): in Oberitalien, an dessen Ufer
Novum Comum (h. Como), der Geburtsort des Plinius liegt.
Der See wird von der *Addua* (h. Adda) von Norden nach
Süden durchflossen. – *Verbanersee* (h. Lago Maggiore): vom
Ticinus (h. Tessin) durchflossen. – *Benakischer See* (h. Lago di
Garda): in den der *Mincius* (h. Mincio) mündet. – *Sebinni-
scher See* (h. Lago d'Iseo): vom *Ollius* (h. Oglio) durchflos-
sen. – *Lemannischer See* (h. Genfer See, franz. Lac Léman):

durch den der Rhodanus (h. Rhône) fließt; vgl. Plinius, Nat. hist. 3,33. – *Orontes* (h. Nahr El-Assi): der 450 km lange Hauptfluß von *Syrien;* vgl. Plinius, Nat. hist. 5,79 f.

225 Die Nereide *Arethusa* floh nach der Sage vor den Nachstellungen des Flußgottes *Alpheios* von *Olympia* auf der *Peloponnes* bis zur Insel Ortygia *bei Syrakus,* wo sie als *Quelle* wieder zu Tage trat; vgl. die ausführliche Darstellung bei Ovid, Met. V 572–641, sowie Vergil, Aen. III 694–696:

… *Alpheum fama est huc Elidis amnem*
occultas egisse vias subter mare, qui nunc
ore, Arethusa, tuo Siculis confunditur undis.

(»… Der Sage nach strömt Alphëus, der Fluß aus
Elis, verborgenen Laufs unterm Meere hierher und ergießt
sich
jetzt, Arethusa, aus deinem Mund in Siziliens Wogen.«
J. Götte).

Vgl. auch Vergil, Ecl. 10,1 ff.; Strabo VI 2,4; Seneca, Nat. quaest. III 26,5; Mela II 117; Plinius, Nat. hist. 31,55; Pausanias V 7,2. – Einen z. T. unterirdischen Lauf hat der *Lykos* (h. Çürük su) in Anatolien, ein Nebenfluß des Maiandros (§ 201), der nach Herodot VII 30,1 in der Nähe von Kolossai (h. Honaz) in Phrygien in einer Felsspalte verschwindet und erst nach fünf Stadien (etwa 7,8 km) wieder an die Oberfläche kommt. – Der *Erasinos* (h. Kefalari) *in der Argolis* galt als unterirdischer Abfluß des Stymphalischen Sees (§ 227); vgl. Herodot VI 76,1; Strabo VI 2,9; VIII 8,4; Plinius, Nat. hist. 4,17. Beide Flüsse erwähnen Seneca, Nat. quaest. III 26,4 und Ovid, Met. XV 273–276:

Sic ubi terreno Lycus est epotus hiatu,
exsistit procul hinc alioque renascitur ore;
sic modo conbibitur, modo tecto gurgite lapsus
redditur Argolicis ingens Erasinus in arvis…

(»So taucht Lycus, vom Klaffen der Erde getrunken an

fernem
Orte empor und ersteht aus anderer Qeulle aufs neu, so
wird Erasinus, der mächtige Fluß, der, versickert,
gedeckten
Laufes geflossen, den Fluren von Argos wiedergegeben.«
E. Rösch).
Daß auch der *Tigris* (h. Dijlah), der östl. Hauptstrom von
Mesopotamien, ein unterirdisches Bett hat, war ein immer
wiederkehrender Irrtum; vgl. Seneca, Nat. quaest. III 26,4;
Plinius, Nat. hist. 6,128. – *Phaleron:* der älteste Hafen von
Athen; zur angeblichen Verbindung mit der *Quelle des Askle-
pios* auf der Akropolis vgl. Schol. zu Aristophanes, Aves
1694; Lysistr. 913. – *Atina* (h. Atena Lucano): Stadt in Lukanien; gemeint ist der Tanager (h. Tanagro), der im Hügel von
Forum Popilii (h. Forlimpopoli) verschwindet und erst nach
etwa 7 km bei Pertosa wieder zu Tage tritt. – Die Angabe *20
Meilen* (etwa 29,5 km) ist übertrieben. – Der *Timavus* (h.
Timavo) mündet in der Nähe von Duino, östl. von *Aquileia,*
in die Adria. Sein Lauf verläuft ebenso wie der seiner Nach-
barflüsse Natiso (h. Natisone) und Sontius (h. Isonzo) teilweise unterirdisch; vgl. auch Strabo V 1,8 (nach Poseidonios).
226 *Asphaltsee in Iudaea:* Totes Meer, der abflußlose
Mündungssee des Jordan; vgl. Plinius, Nat. hist. 5,72; Tacitus, Hist. V 6,2 f. Sein Wasser weist wegen der starken Ver-
dunstung einen hohen Salzgehalt auf; zum Asphalt vgl. Plinius, Nat. hist. 7,65. – *See Aretissa* (h. Van See): in *Groß-Armenien;* vgl. Plinius, Nat. hist. 6,127; Strabo XI 14,8
(Arsene); Plutarch, De fluv. 24 (Arsakis) u. a. Sein Wasser ist
natronhaltig (nitrosus), d. h. es ist nach antiker Terminologie
stark salpeterhaltig und reagiert daher alkalisch; nur so ist der
ausdrückliche Hinweis auf die dort lebenden *Fische* zu verstehen. – *Sallentiner:* illyr. Volk, das die der Bucht von Tarent
zugewandte Seite Kalabriens bis zum Vorgebirge, h. Capo di

Sta. Maria, bewohnte; vgl. Plinius, Nat. hist. 3,99. – *Mandu-ria* (h. Manduria bei Casalnuovo): kleine Stadt südöstl. von Tarent; vgl. Plinius, Nat. hist. 3,98. Dort befindet sich noch heute ein Brunnen, der die geschilderten Merkwürdigkeiten aufweist. – *Kikonen:* Volksstamm in Thrakien; mit dem *Fluß* ist der Hebros (h. Marica, im Unterlauf h. Evros) gemeint; vgl. Ovid. Met. XV 313 f.:

> *Flumen habent Cicones, quod potum saxea reddit*
> *viscera, quod tactis inducit marmora rebus.*

> (»Aber der Thracer besitzt einen Fluß, der, getrunken, das Innre
> Stein läßt werden und, was ihn berührt, mit Marmor umkleidet.« E. Rösch).

Vgl. Seneca, Nat. quaest. III 20,3. – *Velinersee:* s. § 153. Er liegt allerdings nicht *in Picenum*, sondern in Latium bei *Reate* (§ 209); vgl. Plinius, Nat. hist. 3,108. Zum Phänomen des Verhärtens vgl. Plinius, Nat. hist. 31,12. – *Surios* (h. Rioni): ein Nebenfluß des Phasis in Kolchis; vgl. Plinius, Nat. hist. 5,13. – *Silerus* (h. Sele): Grenzfluß zwischen Lukanien und Kampanien; vgl. Plinius, Nat. hist. 3,70. Er mündet bei Paestum, gegenüber von *Surrentum* (h. Sorrent), in die Bucht von Salerno. Zu Versteinerung vgl. Silius Italicus, Pun. VIII 580 f.:

> *Silarus..., quo gurgite tradunt*
> *duritiem lapidum mersis inolescre ramis.*

> (»Der Silarus..., dessen Strudel nach der Sage
> versenkten Zweigen Steineshärte anwächst«);

vgl. auch Strabo V 4,13. – Zur üppigen Vegetation am *Roten Meer* (h. Arabisches Meer) vgl. auch Plinius, Nat. hist. 13,135.139.

227 Warme Quellen sind im Hochgebirge *(Ketten der Alpen)* genauso zu finden wie *im Meer;* vgl. § 166. – *Aenaria* (h. Ischia): die Hauptinsel der Pithekusen (§ 203); zu den

Thermalquellen vgl. Strabo V 4,9. – *Baiae* (h. Baia): vorneh-
mer Badeort in der Bucht von Neapel; vgl. Plinius, Nat. hist.
3,61; zu den dortigen warmen Quellen vgl. Lukrez VI 748;
Horaz, Od. III 4,24; Ovid, Met. XV 713; zum ausgelassenen
Badeleben vgl. Varro, Sat. 44B; Cicero, Cael. 35; Ad. Att. I
16,10; Ad fam. IX 12,1 u. a. – *Liris* (h. Liri, im Unterlauf Gari-
gliano): ein kleines Flüßchen in Latium; vgl. Plinius, Nat.
hist. 3,59. Sein Oberlauf wird von Silius Italicus, Pun. VIII
402 als *amnis sulfureus* (»schwefelhaltiger Fluß«) bezeichnet.
– *Chelidonische Inseln:* die sog. »Schwalbeninseln« (zu
griech. *chelidōn* »Schwalbe«) vor der Küste Lykiens (h. die
Inselgruppe Beş Adalari); vgl. Plinius, Nat. hist. 5,130; 6,206;
9,180. – *Arados* (h. Ruad): Inselstadt in Phoinikien; vgl. Plinius, Nat. hist. 5,78; zu den marinen Süßwasserquellen vgl.
Plinius, Nat. hist. 5,128 (nach Mucianus); Lukrez VI 890 f.;
Strabo XVI 1,13. – *Gades:* s. § 167; zur süßen Meerwasser-
quelle vgl. Strabo III 5,7 (nach Polybios). – *Patavium* (h.
Padua): vgl. Plinius, Nat. hist. 3,130. In der Nähe befindet
sich die Thermalquelle von Abano Terme, die dem keltischen
Heilgott Aponus geweiht war; vgl. Lucan VII 193; Martial VI
42,2; Silius Italicus, Pun. XII 218; Claudian, Carm. min.
26(49),19 ff.; Cassiodor, Var. II 39. – *Pisae* (h. Pisa): vgl. Pli-
nius, Nat. hist. 3,50. Die warmen Quellen von San Giuliano,
Montecatini u. a. liegen nordöstl. der Stadt. – *Vetulonia* (h.
Vetulonia): alte Etruskerstadt südl. von Siena; vgl. Plinius,
Nat. hist. 3,52. – *Casinum* (h. Monte Casino): Stadt in
Latium; vgl. Plinius, Nat. hist. 3,63. Der Fluß *Scatebra*
(»Sprudel«) ist ein heute nicht mehr zu bestimmender Nebenfluß des Liris (s. o.). – Der *Stymphalische See* (h. Limni Stim-
falia) ist der Sage nach der Aufenthaltsort der menschenfres-
senden Stymphalischen Vögel, die von Herakles erlegt wurden; vgl. Diodor IV 13,2 u. a. – *Wassermäuse:* Es handelt sich
wahrscheinlich um Wasserratten.

228 *Dodona* (h. Dodóni): Stadt der Molosser in Epeiros;
vgl. Plinius, Nat. hist. 4,2. Die sehr alte Orakelstätte (Homer,
Il. XVI 233 ff.) im Tempel des *Zeus* war durch ihre wundertätige *Quelle* berühmt; vgl. Lukrez VI 879 ff.; Servius, Aen. III
466; Mela II 43; Solinus 7,2 u. a. – Die Entzündung angenäherter Stoffe wird auch von einer Quelle im Gebiet der Athamanen im südl. Epeiros erzählt; vgl. Ovid, Met. XV 311 ff. –
Der *Teich des Zeus Ammon* spendet das sog. »Sonnenwasser«; vgl. Herodot IV 181,2–4; Diodor XVIII 50,4 f.; Lukrez
VI 848–878; Mela I 39 und Plinius, Nat. hist. 5,31. Die Quelle
wurde anläßlich des Besuches von Alexander d. Gr. in der
Oase Siwah (331 v. Chr.) ausführlich beschrieben; vgl. Curtius Rufus IV 7,22 und Arrian III 4,1. Ihr Wasser zeigt jedoch
keine Eigentümlichkeit, die Temperatur beträgt ohne
Schwankung einheitlich 28°. – *Trogodyten:* s. § 178.
229 Die *Quelle des Padus* (h. Po) lag auf dem Gletscher
des Vesulus (h. Monte Viso) in den Cottischen Alpen. Der
Fluß war *im Sommer* fast wasserlos und floß auch eine Strecke
unterirdisch, ehe er bei Forum Vibii (h. Cavour) wieder zu
Tage trat; vgl. Plinius, Nat. hist. 3,117; Solinus 2,25; Martianus Capella VI 640. – Die *Quelle auf der Insel Tenedos* (h.
Bozca Ada) ist unbekannt; vgl. Plinius, Nat. hist. 5,140. – Das
heute versiegte Rinnsal *Inopos auf der Insel Delos* (§ 202)
stand angeblich mit dem *Nil* in Verbindung; vgl. Kallimachos, Hymn. III 171; Strabo VI 2,4; Pausanias II 5,3. – *Timavus:* s. § 225; die *kleine Insel* Sant'Antonio oder Due Bagni an
seiner Mündung wurde im 1. Weltkrieg zerstört. – *Novanus:*
der Abfluß des kleinen Laghetto di Vetoio, ein Nebenfluß des
Aternus (h. Aterno oder Pescara), bei der Stadt *Pitinum* Mergens in Picenum; vgl. Plinius, Nat. hist. 3,114. – Auf intermittierende Quellen geht auch Seneca, Nat. quaest. III 16,1, ohne
Nennung von Beispielen kurz ein.
230 *Falerii* (h. Cività Castellana): Hauptort der Falisker,

am Fuße des Soracte (§ 207). – Die Namen der genannten
Flüsse weisen z. T. auf die färbende Eigenschaft ihres Wassers
hin (griech. *mélas* »schwarz«; *xánthos* »rötlich«); vgl. auch
Plinius, Nat. hist. 31,13; Solinus 7,27; 33,1 (nach Varro). –
Der *Melas* (h. Mavropotamo) floß wie der *Kephisos* (h. Kifi-
sos), der Hauptfluß *Boiotiens*, in den 1883–1892 trockenge-
legten Kopaïs-See; vgl. Vitruv VIII 3,14; Seneca, Nat. quaest.
III 25,3 und Plinius, Nat. hist. 4,27. – Der *Peneios* (h. Pinios)
fließt aus Thessalien durch das Tempe-Tal zur Bucht von
Therme; vgl. Seneca, Nat. quaest. III 25,4; Plinius, Nat. hist.
4,30. – Der *Xanthos bei Ilion* (§ 201) heißt bei Homer auch
Skamandros (h. Küçük Menderes); vgl. Vitruv VIII 3,14;
Aelian, Nat. anim. VIII 21, und Plinius, Nat. hist. 5,124; –
Asiakes (h. Tiligul): ein Fluß am Nordurfer des Schwarzen
Meeres (*Pontos*, § 205); vgl. Plinius, Nat. hist. 4,82. – Es ist
recht wahrscheinlich, daß Cicero anläßlich seines Besuches
im Jahre 54 v. Chr. auch die Wunderquelle *Neminie* bei *Reate*
(§ 209) aufgesucht hat; vgl. Plinius, Nat. hist. 31,22. – *Brundisium* (h. Brindisi): Die *Quelle im Hafen* scheint schon bald
versiegt zu sein, denn es herrschte Mangel an Trinkwasser;
vgl. Caesar, Bell. civ. III 100,2f.; Arrian, Bell. civ. IV 82. –
Herakleia *Lynkestis* (h. Bitola, früher Monastir): Stadt im
südwestl. Makedonien; vgl. Plinius, Nat. hist. 4,25; zum dortigen *Sauerwasser* vgl. Ovid, Met. XV 329f.; Vitruv VIII 3,17;
Seneca, Nat. quaest. III 20,6. – *Paphlagonien:* Landschaft an
der Nordküste Kleinasiens; vgl. Plinius, Nat. hist. 5,146; das
dortige *Wasser* beschreiben Vitruv VIII 3,20 und Athenaios II
17,42e (nach Theophrastos). – *Cales* (h. Calvi): alte ausoni-
sche Stadt in Kampanien; vgl. Plinius, Nat. hist. 3,63; zum
dortigen Wasser s. Valerius Maximus I 8 ext. 18. – Quelle dieses ganzen Abschnitts war Varro; vgl. F. Münzer, S. 114.160.

231 *Andros* (h. Andros): *Insel* in der Gruppe der Kykladen; vgl. Plinius, Nat. hist. 4,65. – Licinius *Mucianus:* HRR

frg. 1 Peter; vgl. Plinius, Nat. hist. 31,16. Zur *Quelle im Tempel des Vaters Liber* (Dionysos/Bacchus) vgl. auch Pausanias VI 26,2. – Das Fest »*Göttermahl« (Theodaísia)* wurde in vielen Orten zu Ehren der verschiedensten Götter gefeiert. – *Styx:* sagenhafter, schon bei Homer erwähnter Unterweltsfluß; sein oberirdischer Lauf war ein 200 m hoher Staubbachfall in der Gegend der Stadt *Nonakris in Arkadien;* vgl. Plinius, Nat. hist. 4,21 und 31,26; Vitruv VIII 3,16; Seneca, Nat. quaest. III 25,1; Strabo VIII 8,4; Pausanias VIII 18,4; Solinus 7,12 (nach Varro); s. K. Sallmann, S. 128 Anm. 2. – Der *Hügel Liberosus* im *Gebiet der Taurer* (h. Halbinsel Krim § 210) ist unbekannt. – Ebenfalls unbekannt ist die Stadt *Carrina in Spanien;* sie hat nichts mit dem Fluß Carrion in Kantabrien zu tun, in den die fontes Tamarici münden; vgl. Plinius, Nat. hist. 31,23; zu den *goldfarbenen Fischen* vgl. Plinius, Nat. hist. 9,49.

232 Die *Quelle* bei *Comum* (h. Como) *am Larischen See* (§ 224) beschreibt der jüngere Plinius, Epist. IV 30,2 ff. – *Kydonea* (h. Çiplak Ada): eine kleine *Insel vor Lesbos* (§ 204); vgl. Plinius, Nat. hist. 5,140. – *See Sannaos* (h. Salzsee Aci Gölü, östl. von Çardak in Phrygien): vgl. Herodot VII 30,1 (Anaua) und Strabo XII 8,13 (Sanaos); s. L. Robert. – *Kolophon* (h. Değirmendere): Stadt an der Küste Lydiens, südl. von Smyrna (h. Izmir); vgl. Plinius, Nat. hist. 5,116; berühmt durch den Tempel mit dem Orakel des *Apollon von Klaros;* vgl. Tacitus, Ann. II 54,3. – Zur Quelle (Masurius Sabinus) vgl. F. Münzer, S. 347. – Die Beobachtung, *daß Flüsse aufwärts fließen* können, ist richtig: Beim Auftreten der Flut kann es vorkommen, daß eine Brandungswelle in den Mündungsbereich und in den Unterlauf eines Flusses einströmt und sich dort so verstärken kann, daß sie den Fluß sprunghaft aufwärts läuft. Diese Erscheinung scheint z. Zt. *der Regierung Neros* (54–68 aufgetreten zu sein und wurde von Plinius in seinem Geschichtswerk *A fine Aufidii Bassi* behandelt; s. frg. III.

233 ... *im Sommer kälter:* vgl. Lukrez VI 841 ff. Die Behauptung ist nur z. T. zutreffend. Sie gilt nur für die *Quellen* im Hochgebirge, wo die oft spät einsetzende Schneeschmelze die niedrigen Wassertemperaturen hervorruft. – Die angeführten Erscheinungen sind durch das von Archimedes entdeckte Gesetz des Auftriebs zu erklären. Demnach erleidet jeder Körper, der in eine Flüssigkeit getaucht wird, einen scheinbaren Gewichtsverlust im Ausmaß der verdrängten Wassermenge. Ist das Gewicht des Körpers größer als der Auftrieb, sinkt er unter, ist es gleich, schwebt er auf der Flüssigkeit, ist es kleiner, schwimmt er an der Wasseroberfläche. So ist es zu erklären, daß *sich Lasten auf dem Wasser leichter bewegen lassen,* warum schwere Gegenstände unter*sinken* und leichte *schwimmen.* – Beim *Stein von Syros* handelt es sich offenbar um Bimsstein; vgl. Plinius, Nat. hist. 36,130. – Daß *sich leere Gefäße* (unter der Voraussetzung, daß sie dicht verschlossen sind) *nicht leichter aus dem Wasser ziehen lassen als volle,* ist durch Einwirkung des sog. hydrostatischen Drucks bedingt, der beim Herausziehen entgegenwirkt. – Zur Salzgewinnung mit Hilfe von *Regenwasser* vgl. Plinius, Nat. hist. 31,81; 34,125.

234 Die Behauptung, daß *Meerwasser langsamer gefriert,* ist richtig: Gefrierpunkt von Süßwasser 0°, von Meerwasser –1,33° bzw. –1,91° (Salzgehalt 24,7 bzw. 35%). – Nur teilweise zutreffend ist die Bemerkung, daß sich Meerwasser *schneller erwärme* und auch *im Winter wärmer* sei; vgl. Plutarch, Quaest, conv. I 9,627c. Da sich die Prozesse der Wärmeaufnahme und -abgabe im Meer an der Oberfläche abspielen, nimmt die Oberflächentemperatur im Winter wesentlich langsamer ab als auf dem Festland. Andererseits erhöht sich die Wassertemperatur infolge der hohen spezifischen Wärme

weniger schnell als die Temperatur des Erdbodens. – Auch
der auf dem Meer angeblich ausbleibende Schneefall ist nicht
zu begründen, die Beobachtung gilt nur für das Mittelländi-
sche Meer. Völlig unsinnig ist die Behauptung, daß sich das
Meer durch *Verspritzen von Öl* beruhigen lasse, vgl. Plutarch,
Aet. phys. 12, 914 f.: Oppian, Hal. V 638.646. – *Ätna* (3263
m): Als Schicht- oder Stratovulkan verkörpert er den am häufigsten auftretenden Typus. Er entsteht durch ständige Auf-
schüttung um den Krater herum, d. h., er ist aufgebaut aus
einem Gerüst von *Lava*strömen und aus lockeren Massen von
Asche *(Sand)*. Oft öffnen sich an den Flanken Gänge (ital.
bocce), die dann Flankenergüsse entstehen lassen. – Die
Angabe *50* bzw. *100 Meilen* (etwa 74 bzw. 148 km) ist aber
sicher übertrieben.

235 Die Behandlung des *vierten Elements*, des *Feuers*,
beginnt mit einer Aufzählung von leicht entzündbaren, flüs-
sigen Stoffen *(die mit dem Wasser zusammenhängen)*. –
Samosata (h. Samsat): *Stadt* in der Landschaft *Kommagene*
im Nordwesten Syriens; vgl. Plinius, Nat. hist. 5,85, und
Strabo XVI 2,3 u. a. – Bei der *maltha* handelt es sich um dick-
flüssiges Erdöl, das zäh und klebrig ist und nur *mit Erde
gelöscht werden* kann. Das von Plinius, Nat. hist. 36,181,
ebenfalls als *maltha* bezeichnete Material ist ein Kitt aus Kalk,
der mit Wein gelöscht wurde. – Die Belagerung von Samosata
durch L. Licinius *Lucullus* erfolgte 69 v. Chr. im 3. Mithridatischen Krieg. – Zur Quelle dieses Abschnitts (Varro) vgl. F.
Münzer, S. 278 Anm. 1. – Die *naphta* ist ein Kohlenwasserstoffgemisch, dünnflüssiger und leicht entzündbar, also
Erdöl; vgl. Plinius, Nat. hist. 35,179; zur medizinischen Verwendung vgl. Dioskurides, Mat. med. I 101. – Nähere Einzel-
heiten bei R.-J. Forbes, Bitumen and Petroleum in Antiquity,
Leiden 1931. – *Babylon* (Ruinen beim heutigen El-Hillah,
südl. von Bagdad): das Babel der Bibel; vgl. Plinius, Nat. hist.

6,109. Zum Erdölvorkommen s. § 237. – *Austakenen:* sonst nicht bekannter Stamm in *Parthien* am Unterlauf des Oxos (h. Amu-darja). – *Bitumen:* Gemeint ist Asphalt (zu griech. *ásphaltos* »unzerstörbar«), ein festes oder zähflüssiges Kohlenwasserstoffgemisch, das nach dem Verdunsten der leichtflüssigen oder durch Oxydation der schwerflüssigen Bestandteile des Erdöls zurückbleibt; vgl. Plinius, Nat. hist. 35,178. – *Medeia:* Tochter des Aiëtes, des Königs von Kolchis an der Südostküste des Schwarzen Meeres. Die schöne junge Frau war Priesterin der Unterweltsgöttin Hekate und verfügte wie ihre Tante Kirke über Zauberkräfte. So konnte sie den Argonauten Iason bei der Gewinnung des Goldenen Vlieses unterstützen und wurde seine Frau. Als sie verstoßen wurde, schickte sie ihrer *Nebenbuhlerin* Glauke ein kostbares Gewand, das nach dem Anlegen in Flammen aufging. Um ihre Rache an Iason vollkommen zu machen, tötete sie auch ihre gemeinsamen Kinder, zwei Knaben.

236 Es folgt die Beschreibung verschiedener vulkanischer Erscheinungen. – *Ätna:* s. § 234; zu seinem Aussehen *im Winter* vgl. Seneca, Epist. 79,2.4; Strabo VI 2,8; Solinus 5,10. – *Chimaira:* ein feuerspeiendes Mischwesen (Löwe, Ziege, Schlange), das von Bellerophon mit Hilfe des Wunderpferdes Pegasos besiegt wurde; vgl. Homer, Il. VI 179ff.; Hesiod, Theog. 319ff.; Pindar, Ol. 13,84ff. Es war ursprünglich in der Schlacht von Avlan im Tale des Xanthos (h. Koca çayı) im Westen der Halbinsel *Lykien* beheimatet, wurde aber später an der Ostseite auf den *Berg des Hephaistos* (h. Yanartas – türk. »brennender Stein«) bei der Stadt *Phaselis* (h. Tekirova) verlegt; Plinius, Nat. hist. 5,100; Seneca, Epist. 79,3; Solinus 39,1; Martianus Capella VI 683. – *Ktesias aus Knidos:* FGH 688 frg. 45 e; vgl. Antigonos, Mir. 182 (166). – Der *Berg Kophantos in Baktrien* (h. Afghanistan) läßt sich nicht lokalisieren.

237 *Medien:* der nordwestl. Teil des heutigen Iran mit der Hauptstadt Ekbatana (h. Hamadan); vgl. Plinius, Nat. hist. 6,42. Vielleicht ist die Erdbebenkatastrophe von Rhagai gemeint, bei der viele Städte und 2000 Dörfer zerstört wurden; vgl. Strabo IX 1,1 (nach Poseidonios); Diodor XIX 44,4. – *Sittakene:* Gegend im nördl. Babylonien mit der Hauptstadt Sittake an der *Grenze der Persis* (h. Farsistan); vgl. Plinius, Nat. hist. 6,114.132; zu den dortigen Feuererscheinungen vgl. Ps.-Aristoteles, Mir. ausc. 35,833a. – *Susa* (h. Šuš): Hauptstadt von Elam, seit Dareios I. (521–486 v. Chr.) Residenz der Perserkönige; vgl. Plinius, Nat. hist. 6,100; zum Erdölvorkommen von Arderikka (h. Kir-Ab) vgl. Herodot VI 119,2f. und Strabo XVI 1,15 (nach Eratosthenes). – Beim Vorkommen in der Nähe von Babylon (§ 235) *von der Größe eines Tagwerks* (etwa 2535 m²) handelt es sich vielleicht um den vom Tigris durchflossenen See *(Fischteich)* Sosingites; vgl. Vitruv VIII 3,8; Ammianus Marcellinus XXIII 6, 15 f. – *Aithiopen:* s. § 91. – Der *Berg des Hesperos* (»Abendstern« s. § 36): Wahrscheinlich der westlichste Punkt Afrikas, h. Kap Verde; vgl. Plinius, Nat. hist. 5,10; 6, 197ff. Die vorgelagerten Inseln sind vulkanisch, höchste Erhebung auf Fogo (2829 m). – *Megalopolis* (»große Stadt«, h. Megalopolis): Stadt in Arkadien auf einer Hochebene am Unterlauf des Helisson (h. Davia) knapp vor seiner Mündung in den Alpheios (§ 225), südwestl. von Tripolis; vgl. Plinius, Nat. hist. 4,20; Pausanias VIII 27,1 ff.; die Stadt wurde 368/67 v. Chr. von Epameinondas durch den Zusammenschluß von 40 Dörfern gegründet; vgl. Diodor XV 72,4. – *Nymphaion:* in der Nähe der Stadt Apollonia (h. Pojan) in Illyrien; vgl. Plinius, Nat. hist. 3,145; Strabo VII 5,8; Aelian, Var. hist. XIII 16; Cassius Dio XLI 45,1 ff. Es handelt sich um das Asphaltvorkommen bei Selenizza; vgl. Plinius, Nat. hist. 35,178; Dioskurides, Mat. med. I 100. – Zur Quelle (Varro) s. F. Münzer, S. 160.277. – *Theopompos:* FGH 115 frg. 316; vgl. Plinius, Nat. hist. 16,59.

238 *Hiera* (h. Vulcano): eine der *aiolischen Inseln* vor der
Nordküste Siziliens (h. Liparische Inseln); vgl. Plinius, Nat.
hist. 3,93. Der Brand *während des Bundesgenossenkrieges*
(91–89 v Chr.) ist sonst nicht überliefert; eine ähnliche Epi-
sode berichtet Strabo VI 2,11 (nach Poseidonios) vom Jahre
126 v. Chr. unter dem Statthalter T. Quinctius Flamininus. –
Zur Quelle (Sisenna) vgl. F. Münzer, S. 247 f. – *Aithiopien:* s.
§ 91. – Beim *Bergrücken* «Götterwagen» *(Theòn óchēma)*
handelt es sich um den Kamerunberg (4070 m, nach neueren
Messungen 4094 m); vgl. Plinius, Nat. hist. 5,10; 6,197; Mela
III 94. Der weithin sichtbare Berg wird von den Eingebore-
nen Madungo Ma Loba – »Thron der Götter« genannt; er ist
bis in die Gegenwart vulkanisch tätig gewesen (letzter Ausbruch 1922); vgl. dazu Solinus 30,14 (ohne Namensnennung).
– Diese letzte Nachricht stammt aus dem Periplus Hannonis
vgl. § 169.

239 Der Preis der wohltätigen Wirkungen des *Feuers* ist
Gedankengut des Poseidonios, das hier von Plinius in etwas
laienhafter Weise weitergeführt wird.

240 *Nymphaion:* s. § 237. – Die *Skantischen Quellen*
(aquae Scantiae) sind nicht genauer zu lokalisieren, sie lagen
wohl in Kampanien, wo es einen Skantischen Wald *(Scantia*
silva) gab; vgl. Cicero, De lege agr. I 3; III 15. – *Mutina:* s.
§ 199. – Der *dem Volcanus geheiligte Tag* war der 23. August,
an dem das Fest der Volcanalia gefeiert wurde. Um diese Zeit
war das Ausbrechen von Bränden durch die sommerliche
Trockenheit besonders gefährlich. – *Aricia* (h. Ariccia): eine
der ältesten Städte Latiums an der *via Appia* am Fuße der
Albanerberge; vgl. Plinius, Nat. hist. 3,63. – *Sabiner:* Volksstamm im mittleren Apennnin, nordwestl. von Rom; vgl. Plinius, Nat. hist. 3,107. – *Sidiciner:* kleine Völkerschaft in Kampanien mit der Hauptstadt Teanum (h. Teano), am Fuße des
erloschenen Vulkans Roccamonfina; vgl. Plinius, Nat. hist.

3,63. – *Gnat(h)ia* (h. Torre d'Egnazia): Hafenstadt an der Grenze von Apulien und Kalabrien im Gebiet der Sallentiner (§ 226); vgl. Plinius, Nat. hist. 3,102; Horaz, Sat. I 5,97ff.:

... *Dein Gnatia Lymphis*
iratis exstructa dedit risusque iocosque,
dum flamma sine tura liquescere limine sacro
persuadere cupit...

(»Sodann kam Gnatia; bei den Quellnymphen steht es seit Erbauung in Ungnade. Zu lachen und zu scherzen gab uns die Stadt, da sie uns einzureden wünschte, daß hier ohen Feuer das Räucherwerk im Heiligtum schmelze.« W. Schöne). – Die angeführten Erscheinungen sind nicht unglaubwürdig, denn es ist leicht möglich, daß *Kohle* oder trockenes *Holz*, das auf einen heißen *Stein* gelegt wurde, nach gewisser Zeit zu brennen beginnt. – Die *Iuno Lacinia* hatte am *promunturium Lacinium* (h. Capo Colonne) südl. von Kroton (§ 211) in Bruttium einen berühmten Altar; vgl. Livius XXIV 3,7; Valerius Maximus I 8, ext. 18. – Zur Quelle (Varro) vgl. F. Münzer, S. 114.221f. 243.

241 *Trasimenischer See:* s. § 200. – *Servius Tullius:* der sagenhafte 6. König von Rom; zum angeblichen Wunder vgl. Plinius, Nat. hist. 36,204; Valerius Maximus I 6,1; Plutarch, De fort. Rom. 10,323d. – *Valerius Antias:* HRR frg. 23; vgl. F. Münzer, S. 199f. – *L. Marcius* Septimus: röm. Unterführer in Spanien während des 2. Punischen Krieges; er mußte 211 v. Chr. *nach dem Tode der Scipionen* (C. und Cn. Cornelius Scipio) das Kommando über die Truppen übernehmen; vgl. Livius XXV 39,16; Valerius Maximus I 6,2; Silius Italicus, Pun. V 72ff. – Zur Quelle (Calpurnius Piso) vgl. F. Münzer S. 221.

242 Die Maße des *bewohnten Teiles der Erde* werden der eigentlichen Periegese (Buch 3–6) vorangestellt. – *...auf dem umfließenden Ozean gleichsam schwimmt:* s. § 166.170f. –

Als *größte Ausdehnung von Osten nach Westen* wird die Entfernung von *Indien* bis zur Meerenge von Gibraltar angegeben. – *Säulen des Herakles* in *Gades*: s. § 167. Plinius scheint hier (nach seiner Quelle Artemidoros) an zwei wirkliche Säulen, die dem Herakles geweiht waren, zu denken; vgl. Strabo III 5,5 (nach Poseidonios), s. dazu K. Sallmann, S. 157 Anm. 87. – *Heiliges Vorgebirge* (h. Cabo de São Vincente): die Südspitze Portugals; vgl. Plinius, Nat. hist. 4,115f.; Strabo III 1,4. – *Vorgebirge der Artabrer* (h. Punta de Nariga): die Nordwestecke der Pyrenäen-Halbinsel; vgl. Plinius, Nat. hist. 4,111; Strabo III 3,5; Mela III 12. – Die beiden Maßangaben weichen geringfügig voneinander ab; vgl. K. Sallmann, S. 63 Anm. 34; 219 Anm. 66f. – *Artemidoros* (s. Agathemeros 15 = GGM II 475f.): 8578 Meilen = 12695,4 km, dazu kommen *991,5 Meilen* = 1467,4 km; das gibt als Gesamtsumme 9569,5 Meilen, etwa 14163 km; *Isidoros; FGH* 781 frg. 6: *9819 Meilen* = 14530,5 km; vgl. Martianus Capella VI 611f. (Artemidoros: 8577 Meilen, Isidoros: 9818 Meilen). Es handelt sich um umgerechnete Stadienmaße (1 Stadion = 185 m; vgl. § 85).

243 Die Berechnung der Entfernungen durch Artemidoros erfolgte überwiegend auf dem Seewege und ist daher entsprechend ungenau. – *Ganges:* Der Hauptstrom *Indiens* war seit dem Alexanderzug bekannt und wurde in hellenistischer Zeit erforscht; vgl. Curtius Rufus VIII 9,5; Strabo XV 1,11; Plinius, Nat. hist. 6,63ff. An seiner *Mündung in den östlichen Ozean* (h. Golf von Bengalen) bildet er ein 44000 km² großes Delta. – *Myriandros* (h. Değirmenbası): syrische Hafenstadt *am Issischen Meerbusen* (h. Golf von Iskenderun); vgl. Plinius, Nat. hist. 5,80. – *Patara* (h. Kelemiş): Hauptstadt der Provinz *Lykien*, nahe der Mündung des Xanthos (§ 230); vgl. Plinius, Nat. hist. 5,100. – *Astypalaia* (h. Astropalia): *Insel* in der Gruppe der Sporaden im *Karpathischen Meer*, dem Meeresteil östl. von Kreta; vgl. Plinius, Nat. hist. 5,102. – *Tainaron* (h. Kap Matapan): Stadt und Vorgebirge an der Südspitze von *Lakonien* auf der Peloponnes; vgl. Plinius, Nat. hist. 5,32. – *Lilybaion* (h. Marsala): Stadt und Vorgebirge im Westen *Siziliens;* vgl. Plinius, Nat. hist. 3,87. – *Karalis* (h. Cagliari): Stadt und Vorgebirge im Süden *Sardiniens:* vgl. Plinius, Nat. hist. 3,85. – *Gades:* s. § 167.

Im einzelnen ergeben sich folgende Entfernungen:

Ganges – Myriandros	*5215 Meilen* =	7718,2 km;
Myriandros – Karalis	*2113 Meilen* =	3127,2 km;
Karalis – Gades	*1250 Meilen* =	1850 km;
	8578 Meilen =	12695,4 km;

vgl. § 242. – Martianus Capella VI 612 kommt bei etwas abweichenden Zwischenmaßen zur gleichen Endsumme.

244 Für die zum größten Teil auf dem *Land*weg gemessenen *Entfernungen* ergeben sich andere Werte. – *Ganges:* s. § 243. – *Euphrat* (h. Al Furat): der westl. Hauptstrom von Mesopotamien; vgl. Plinius, Nat. hist. 5,83. – *Mazaca* (h. Kayseri): Hauptstadt der Provinz *Kappadokien,* später in Caesarea umbenannt; vgl. Plinius, Nat. hist. 6,8. – *Ephesos:* s. § 201. – *Delos:* s. § 202. – *Isthmos:* die Landenge zwischen Mittelgriechenland und der Peloponnes; vgl. Plinius, Nat. hist. 4,9. – *Patrai* (h. Patras): Hafenstadt auf der nördl. *Peloponnes:* vgl. Plinius, Nat. hist. 4,11.13. – *Leukas* (§ 204) und *Korkyra* (h. Korfu): Inseln im Jonischen Meer; vgl. Plinius, Nat. hist. 3,45; 4,52. – *Akrokeraunia* (h. Kep i Gjukezëy): das nordwestl. Vorgebirge von Epeiros; vgl. Plinius, Nat. hist. 4,1. – *Brundisium:* s. § 230. – *Scingomagus* (h. Exilles): kleines *Dorf* in den Cottischen *Alpen,* der Grenzort gegen Italien; vgl. Strabo IV 1,3: »von Scingomagus an heißt es schon Italien«. – *Illiberis* (h. Elne): Stadt in Gallia Narbonensis (§ 121), nördl. der *Pyrenäen* nahe am Meer. – *Gades:* s. § 167. Zur

Entfernung von *sieben Meilen* vgl. Plinius, Nat. hist. 4,119; s.
dazu A. Oxé.

Im einzelnen:

Ganges–				
Euphrat	*5169*	*Meilen* = 41342 Stadien = 7650	km
Euphrat–				
Mazaca	*244*	*Meilen* = 1952 Stadien = 361	km
Mazaca–				
Ephesos	*499*	*Meilen* = 3992 Stadien = 738,5	km
Ephesos–Delos	*200*	*Meilen* = 1600 Stadien = 296	km
Delos–Isthmos	*212,5*	*Meilen* = 1700 Stadien = 314,5	km
Isthmos–Patrai	*90*	*Meilen* = 720 Stadien = 133,2	km
Patrai–Leukas	*87,5*	*Meilen* = 700 Stadien = 129,5	km
Leukas–				
Korkyra	*87,5*	*Meilen* = 700 Stadien = 129,5	km
Korkyra–				
Akrokeraunia	*82,5*	*Meilen* = 666 Stadien = 122	km
Akrokeraunia–				
Brundisium	*87,5*	*Meilen* = 700 Stadien = 129,5	km
Brundisium–				
Rom	*360*	*Meilen* = 2880 Stadien = 532,8	km
Rom–				
Scingomagus	*519*	*Meilen* = 4152 Stadien = 768	km
Scingomagus–				
Illiberis	*468*	*Meilen* = 3744 Stadien = 692,6	km
Illiberis–Küste	*831*	*Meilen* = 6648 Stadien = 1230	km
Küste–Gades	*7,5*	*Meilen* = 60 Stadien = 11	km

Diese Angaben des *Artemidoros* zählen nach Stadien, was
die z. T. runden Zahlen der Umrechnung recht deutlich zeigen; vgl. Agathemeros 17 (GGM II 476f.); s. dazu K. Sallmann, S. 209f. Anm. 37. Zur gelegentlichen Übereinstimmung mit Strabo vgl. K. Sallmann, S. 262f. Anm. 76. – Ganz

ähnlich sind die Angaben bei Martianus Capella VI 613 mit
einer etwas anderen Endsumme: 8685 Meilen = 69480 Stadien; vgl. auch K. Sallmann, S. 61 Anm. 27 (mit abweichenden
Zahlen): 8945 Meilen = 71880 Stadien.

245   Die Ausdehnung des bewohnten Gebietes von *Süden
nach Norden* war wesentlich geringer. Wegen der *Kälte* bzw.
Hitze im hohen Norden und in der Nähe des Äquators
(§172) schreckte man vor der Erforschung dieser Bereiche
zurück und bezog sie nicht in die Vermessung ein. Man
beschränkte sich auf die unproblematische Ausdehnung von
Westen nach Osten, so daß das Ausmaß der west-östlichen
Ökumene fast doppelt so groß wie das der nord-südlichen. –
Isidoros: FGH 781 frg. 7: *5462 Meilen* = etwa 8084 km. – *Ai-
thiopischer Ozean:* das Meer südl. von Aithiopien (§169);
vgl. Plinius, Nat. hist. 6,196. – *Meroë:* s. §178. – *Alexandreia:*
s. §178. – *Knidos* (h. Kinidos Harabekri): Hafenstadt in
Karien an der Südwestspitze Kleinasiens; vgl. Plinius, Nat.
hist. 5,104. – *Kos* (h. Kos), *Samos* (h. Samos) und *Chios* (h.
Chios): Inseln in der Gruppe der Sporaden vor der Küste
Kleinasiens; vgl. Plinius, Nat. hist. 5,134 f. – *Mytilene* (h.
Mytilini): Hauptstadt der Insel Lesbos (§204); vgl. Plinius,
Nat. hist. 5,139. – *Tenedos:* s. §229. – *Vorgebirge Sigeion* (h.
Kumkale): die Nordwestspitze der Troas, gegenüber der
Südspitze der Thrakischen Chersones; vgl. Plinius, Nat. hist.
5,124. – *Mündung des Pontos* (§126): Thrakischer Bosporos
(h. Bosporus) s. §99. – *Vorgebirge Karambis* (h. Kerempe
Burnu): Nordspitze Kleinasiens im Schwarzen Meer; vgl. Pli-
nius, Nat. hist. 6,6. – *Maiotisches Meer:* s. §206. – *Tanaïs* (h.
Don): Grenzfluß zwischen Asien und Europa; vgl. Plinius,
Nat. hist. 6,19. –
    Für die Entfernung vom Aithiopischen Ozean bis zum
Tanaïs gibt Agathemeros 18 = GGM II 478 ff. 33056 Stadien
= 4132 Meilen mit z.T. anderen Meßpunkten an und mit den

gleichen Meßpunkten für die Strecke Alexandreia – Tanaïs
18 690 Stadien = 2336 ¹/₄ Meilen; vgl. dazu K. Sallmann, S. 219
Anm. 66. Martianus Capella VI 615 bringt die gleiche
Gesamtzahl, allerdings ohne Angabe der Maße der einzelnen
Teilstrecken.

Im einzelnen:

Aithiopischer Ozean –

Meroë	625	*Meilen =*	5 000 Stadien =	925 km
Meroë –				
Alexandreia	1250	*Meilen =*	10 000 Stadien =	1850 km
Alexandreia –				
Rhodos	584	*Meilen =*	4672 Stadien =	864,3 km
Rhodos –				
Knidos	87,5	*Meilen =*	700 Stadien =	129,5 km
Knidos – Kos	25	*Meilen =*	200 Stadien =	37 km
Kos – Samos	100	*Meilen =*	800 Stadien =	148 km
Samos – Chios	94	*Meilen =*	752 Stadien =	139 km
Chios – Mytilene	65	*Meilen =*	520 Stadien =	96 km
Mytilene –				
Tenedos	119	*Meilen =*	952 Stadien =	176 km
Tenedos –				
Sigeion	12,5	*Meilen =*	100 Stadien =	18,5 km
Sigeion – Pontos	312,5	*Meilen =*	2 500 Stadien =	462,5 km
Pontos –				
Karambis	350	*Meilen =*	2 800 Stadien =	518 km
Karambis –				
Maiotis	312,5	*Meilen =*	2 500 Stadien =	462,5 km
Maiotis – Tanaïs	275	*Meilen =*	2 200 Stadien =	407 km

dazu kommen:

Tanaïs – Thule	1250	*Meilen =*	10 000 Stadien =	1850 km
(§ 246)				

	5462	*Meilen =*	43 696 Stadien =	8084 km

246 *Artemidoros* geht auf die weiter entfernten Landstriche nicht mehr ein; vgl. Agathemeros a. O. – Die *sarmatischen Völker* wohten an beiden Ufern des *Tanais* (§ 245). Ihre Einzelstämme, vor allem die Roxolanen und Iazygen, drangen weit nach Westen vor und wurden von den Römern bekriegt. – *Isidoros:* FGH 781 frg. 7; vgl. § 245. – *Thule* (vgl. Vergil, Georg. I 30: *ultima Thule* »das äußerste Thule«): wahrscheinlich das heutige Südwestnorwegen, etwa auf der Höhe von Trondheim, wohin man nach einer Seereise von sechs Tagen von den Shetland-Inseln aus gelangte; vgl. Plinius, Nat. hist. 4,104; 6,219. – *1250 Meilen:* 10000 Stadien = 1850 km; vgl. Martianus Capella VI 616. Die Richtigkeit der einzelnen Maßzahlen kann nicht überprüft werden, da die Standorte der Messungen sehr ungenau angegeben werden und auch die Abstände zwischen den Meßpunkten oft sehr groß sind.

247 Am Schluß kommt Plinius auf die Berechnung des Umfangs der Erde zu sprechen. – *Eratosthenes,* frg. II B 21 Berger, hat mit erstaunlicher Genauigkeit den Erdumfang berechnet; die Beschreibung seiner Methode s. Ausschnitt aus Kleomedes, S. 301 ff.; vgl. § 183. Er benutzte die Tatsache, daß bei Syene (§ 183), welches etwa 5000 Stadien = 925 km südl. von Alexandreia (§ 178) auf dem gleichen Meridian liegt, mittags z. Zt. der Sonnenwende (21. Juni), d. h. beim Zenitstand der Sonne, Schattenlosigkeit herrscht. In Alexandreia stellte er fest, daß zur gleichen Zeit der Stab einer Sonnenuhr einen kurzen Schatten warf, und zwar unter einem Winkel, der sich als der 50. Teil eines Ganzkreises erwies. Als er die Entfernung Syene – Alexandreia damit multiplizierte, erhielt er 50 × 5000 = 250000 Stadien für den Erdumfang. Da sich dieser Wert wegen der Einteilung der Erdoberfläche in fünf Zonen (§ 172) rechnerisch als ungeeignet erwies, wurde er sehr bald auf *252000 Stadien* aufgerundet; vgl. Strabo II 5,6;

Vitruv I 6,9; Censorinus, De die nat. 13,2 u. a. Die Angabe des Plinius, daß dies *31500 Meilen* (etwa 46620) km entspricht, beruht auf einem Irrtum: Es handelt sich offenbar nicht um attische Stadien zu 185 m, sondern um ägyptische Stadien zu 157,5 m, so daß sich die fast unglaubliche exakte Zahl von 39690 km ergibt (tatsächlicher Erdumfang 40076 km). Obwohl die Entfernung Alexandreia – Syene nur 4760 Stadien (etwa 880 km) beträgt und Syene nicht genau auf dem gleichen Meridian, sondern 3° östlicher liegt, weicht die Kulminationshöhe an beiden Orten am gleichen Tag nur um 7° 12' voneinander ab, was den kleinen Fehler von 33' bedeutet. – Zu einem ähnlichen Ergebnis über das Maß des Erdumfanges war Poseidonios auf einem anderen Weg gelangt; vgl. Ausschnitt aus Kleomedes S. 301 ff. Er hatte angenommen, daß Alexandreia und Rhodos (§ 178), die nach Messungen der Seeleute ebenfalls 5000 Stadien entfernt waren, annähernd auf dem gleichen Meridian liegen. Ausgehend von der Sichtbarkeit des Sterns Kanopos (§ 178) schließt er, daß der Stern auf der Strecke von Rhodos nach Alexandreia den vierten Teil eines Zwölftels des Tierkreises, also den 48. Teil des Erdkreises, zurücklegt. Demnach ist die ganze Länge des Erdumfanges 48 × 5000 = 240000 Stadien. Da aber die Entfernung zwischen den beiden Orten nur 3750 Stadien (etwa 694 km) beträgt und die Differenz der Höhenwinkel der Beobachtungsorte nur 5° 13' (Alexandreia 31° 12', Rhodos 36° 25' nördl. Breite) und nicht 360/48° = 7° 30' ausmacht, nimmt Poseidonios die Entfernung etwa um ein Drittel zu groß und die Höhendifferenz 1,114fach zu groß an. Da sich beide Fehler gegenseitig aufheben, wird das Ergebnis ungefähr richtig. – Die Hinzufügung von *26000 Stadien* beruht offenbar auf einem Irrtum und konnte bisher noch nicht wirklich befriedigend erklärt werden. Sie scheint auf einem Fehler bei der Berechnung nach Stadien unterschiedlicher Größe zu beruhen.

parallele Sonnenstrahlen

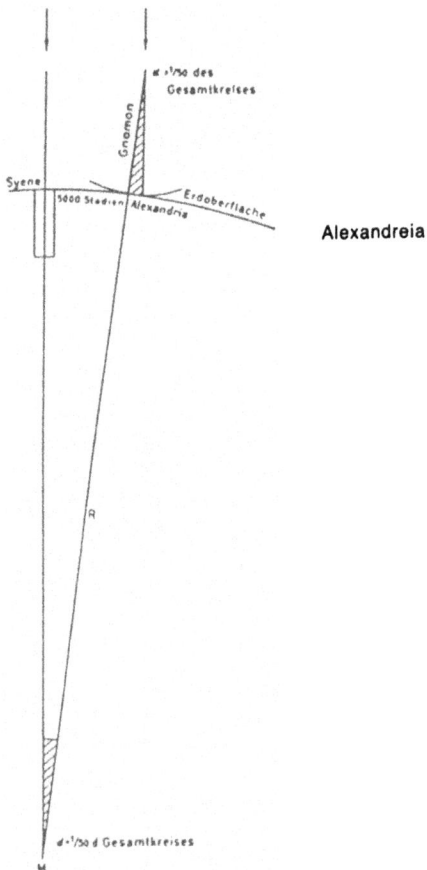

Messung des Erdumfanges nach Eratosthenes durch den Unterschied des Winkels des einfallenden Schattens in Syene und Alexandreia

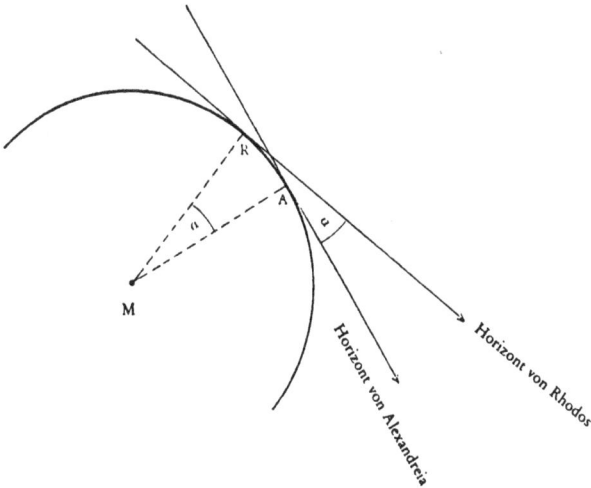

Bestimmung des Erdumfanges nach Poseidonios durch den Winkel zwischen
den Horizonten von Rhodos und Alexandreia

Dionysodoros aus *Melos:* s. Verzeichnis der Quellenschriftsteller; vgl. Strabo XII 3,16. Die Anekdote ist sonst nirgends
überliefert. Ausgehend vom Erdumfang von 252000 Stadien
berechnete er die Entfernung von der *Oberfläche* bis zum
Mittelpunkt der Erde, d. h. den Erdradius *r* mit *42 000 Stadien*
= 6615 km (wahrer Wert 6378, 388 km). Wenn man mit diesem Erdhalbmesser nach der Formel 2rπ den Erdumfang
berechnet, erhält man 263 760 Stadien, d. h. etwa 264 000 Stadien. Um zu diesem Wert zu gelangen, muß man, wie Plinius
schreibt, noch *12 000 Stadien* = 1890 km hinzufügen. Er
nimmt ohne jede weitere Begründung an, daß diese Berechnung stimmt, weil sie im *richtigen Verhältnis (ratio harmo-
nica)* steht. – Alle Fragen der Berechnung des Erdumfanges

behandelt H. Prell. – Daß die *Erde* nur den 96. *Teil* des gesamten Weltalls ausmacht, zeigt deutlich, daß man in der Antike
noch keine genauen Vorstellungen von den tatsächlichen
interplanetarischen oder gar interstellarischen Entfernungen
und Größenverhältnissen hatte; vgl. auch § 110.174.

ZUSAMMENSTELLUNG DER SACHBEZÜGE

Sachbezüge zwischen dem 2. Buch der *Naturalis historia* des Plinius und den *Meteorologika* des Aristoteles

Plinius §§	Aristoteles	Plinius §§	Aristoteles
89	I 7, 344 a 23	151	I 2, 371 a 30 ff.
91	I 6, 343 a 25.35.		I 5, 377 a, 11 ff.
	I 7, 345 a 9		I 4, 375 b 12
92	I 6, 343 b 9 ff.	152	I 11, 347 a 16 ff.
96	I 5, 342 a 35		I 12, 347 b 36 ff.
98	III 2, 371 b, 23	192	II 8, 366 a, 3–6
99	III 372 a, 10	193	II 8, 368 a 14.22 ff.
111	I 9, 346 b 24.30 ff.	194	II 8, 367 a 17
114	I 13, 349 a, 17		II 8, 366 b 18
119	II 6, 363 b 11 ff.	195	II 8, 366 a 13
120	III 6, 363 b 24 f.		II 8, 367 b 20
124	II 5, 361 b 35 ff.	196	II 8, 367 b 10
126	II 6, 364 b, 13	198	II 8, 368 b 24.32 ff.
127	II 5, 362 a 1.23.	200	II 8, 368 b 8
	II 5, 358 b 2	201	I 14, 351 b 29
129	II 5, 361 b 14	205	II 8, 368 b 30
	II 8, 366 a 17	219	II 1, 354 a 14
131	III 1, 371 b 4	222	II 1, 353 b 8
	III 1, 371 b 2	224	I 13, 351 a 11
133	III 1, 4371 b 4	226	II 3, 359 a 17
149	I 7, 344 b 32	230	II 3, 359 b 17
150	I 2, 372 a 26		

Beda Venerabilis (672/673–735) aus Northumberland hat in seinem Tractat *De rerum natura* die Kosmologie des Plinius z. T. wörtlich zitiert.

Beda	Plinius	Beda	Plinius
cap. 3	§ 5. 8. 10f.	cap. 28	§ 113
5	§ 5f. 63. 119	29	§ 112
6	§ 177. 183ff.	30	§ 135f.
9	§ 172ff. 187	31	§ 150f.
10	§ 11. 81. 119. 176f.	32	§ 163
11	§ 105ff.	33	§ 105
12	§ 12. 32f.	34	§ 152
13	§ 32–39. 41. 44. 59.	35	§ 234
	61. 78	39	§ 212. 215
14	§ 63f. 68	40	§ 224
16	§ 66f. 79	41	§ 222f.
19	§ 49f.	42	§ 173
20	§ 56ff. 80. 151. 215f.	44	§ 165f.
22	§ 47. 49. 56	45	§ 10–13. 162. 166
23	§ 180f.	46	§ 160. 162f. 171f.
25	§ 48. 102		177f. 245
26	§ 114	48	§ 182f.
27	§ 114. 119f. 128	49	§ 192. 200

Auch in einem anderen Trakrat *De temporum ratione* wird Plinius an einigen Stellen (cap. 5. 7f. 11. 16. 26–35) ausgiebig ausgeschrieben.

AUSSCHNITT AUS KLEOMEDES

Der griechische Philosoph und Astronom Kleomedes (2. Jh. n. Chr.) schrieb eine populär gehaltene Einführung in die Astronomie auf stoischer Grundlage in starker Abhängigkeit von Poseidonios in zwei Büchern: Κυκλικὴ θεωρία μετεωρῶν *(De motu circulari corporum caelestium).* Darin kommt er u. a.
I 10 auf die Größe der Erde zu sprechen:

»Über die Größe der Erde bestehen bei den Physikern verschiedene Auffassungen. Besser als die übrigen sind die von Poseidonios und Eratosthenes. Eratosthenes schließt durch geometrische Betrachtungen auf die Größe der Erde, die Betrachtung des Poseidonios aber ist einfacher. Jeder von ihnen gelangt auf Grund gewisser Voraussetzungen durch Schlußfolgerungen zu seinen Ergebnissen. Wir wollen zunächst die Ableitung des Poseidonios erörtern.

Es heißt, daß Rhodos und Alexandreia auf dem gleichen Meridian liegen. Meridiane sind solche Kreise, die von Pol zu Pol gehen und über den Scheitel des Beobachters hinweggehen. Die Pole sind für alle Beobachtungsorte die gleichen, der Punkt über dem Scheitel des Beobachters dagegen hängt von der Lage des Beobachtungsortes ab. Daher lassen sich unendlich viele Meridiane konstruieren. Rhodos und Alexandreia nun liegen unter demselben Meridian. Der Abstand zwischen den beiden Städten wird auf 5000 Stadien geschätzt. Es möge vorausgeschickt werden, daß das zutrifft. Alle Meridiane sind nun Teile von größten Kreisen des Himmelsgewölbes. Sie gehen durch die Pole und teilen das Himmelsgewölbe in zwei gleiche Teile. Nun teilt Poseidonios den Tierkreis, dessen Länge den Meridianen gleich ist, da ja auch er die Welt in zwei gleiche Teile teilt, in achtundvierzig gleiche Teile, also jedes Zwölftel des Tierkreises in vier gleiche Teile. Wenn nun auch der Meridian von Rhodos und Alexandreia in achtundvierzig gleiche Teile geteilt wird, so sind diese Teile ebenso groß wie die Teile des Tierkreises. Denn wenn gleiche Größen in gleichviele gleiche Teile geteilt werden, so sind auch diese Teile einander gleich. Poseidonios sagt nun, daß im Süden ein sehr heller Stern der Kanopos im Steuer des Schiffes Argo sei. Dieser kann in Griechenland nicht gesehen werden. ... Wenn jemand nun von Norden nach Süden geht, so erblickt er ihn zum ersten Mal in Rhodos, und zwar geht er infolge der Drehung des Himmels unmittelbar nach seinem Aufgang wieder unter. Sobald wir nun die 5000 Stadien von Rhodos gefahren und in Alexandreia angekommen sind, hat der Stern zur Zeit seiner Kulmination eine Höhe gleich dem vierten Teile eines Zwölftels des Tierkreises, also gleich dessen 48ten Teile. Es folgt also, daß das Stück des Meridians, das über der Strecke zwischen Rhodos und Alexandreia gelegen ist, der 48ste Teil des ganzen Meridians ist, weil der Horizont der Rhodier und der Horizont der Bewohner von Alexandreia um den 48sten Teil des Bogens der Kreisperipherie voneinander abweichen. Da nun die Strecke auf der Erde, die diesem Bogen des Himmelsmeridians entspricht, auf 5000 Stadien geschätzt wird, so ergibt sich, daß auch die übrigen Strecken auf der Erde, die den übrigen 47 Teilen des Meridians entsprechen, 5000 Stadien lang sind. Und so wird die Länge des größten Kreises der Erde zu 240 000 Stadien gefunden, vorausgesetzt, daß Rhodos von Alexandreia 5000 Stadien entfernt ist. Wenn dies aber nicht der Fall ist, so verändert sich dementsprechend der Umfang der Erde.

Dies also ist die Methode des Poseidonios. Die Methode des Eratosthenes ist geometrischer Natur und etwas undurchsichtiger. Das, was er sagt, wird aber deutlich werden, wenn wir folgendes vorausschicken. Wir wollen zuerst auch hier voraussetzen, daß Syene und Alexandreia auf demselben Meridian liegen, ferner, daß die Entfernung dieser beiden Städte 5000 Stadien betrage, drittens, daß die von ver-

schiedenen Teilen der Sonne zu verschiedenen Teilen der
Erde gelangenden Strahlen einander parallel seien. Daß es sich
so verhalte, nehmen die Mathematiker nämlich an. Viertens
soll auch das vorausgesetzt werden, daß, wie in der Geometrie bewiesen wird, parallele Geraden von einer schneidenden
Geraden unter gleichen Wechselwinkeln geschnitten werden,
fünftens, daß zu gleichen Zentriwinkeln gleiche Bruchteile
der Kreisumfänge gehören, das heißt, daß die zugehörigen
Kreisbögen zu den ganzen Kreisumfängen das gleiche Verhältnis haben. Auch dies wird in der Geometrie bewiesen.
Sobald nämlich Bögen zu gleichen Zentriwinkeln gehören
und der eine der Bögen ist der 1ote Teil seiner Kreisperiphe-
rie, so ist jeder der Bögen der 1ote Teil seiner Kreisperiphe-rie.
    Wer diese Sätze beherrscht, der kann unschwer der
Methode des Eratosthenes folgen. Sie ist die folgende: Er sagt,
daß Syene und Alexandreia unter dem gleichen Meridian liegen. Da nun die Himmelsmeridiane größte Kreise des Himmels sind, so müssen auch die unter ihnen liegenden Kreise
auf der Erdoberfläche größte Kreise sein. Das Stück des Erd-
meridians von Alexandreia, das zwischen Alexandreia und
Syene liegt, ist daher der ebensovielte Teil des Erdumfangs
wie das zugehörige Stück des Himmelsmeridians vom
Umfang der Welt. Eratosthenes sagt nun, und so verhält es
sich wirklich, daß Syene unter dem Wendekreis liegt. Wenn
nun die Sonne im Zeichen des Krebses steht, und wenn sie zur
Sommersonnenwende genau kulminiert, so sind die Zeiger
der Sonnenuhren, da die Sonne gerade senkrecht über Syene
steht, schattenlos. Und dies soll in einem Umfang von 800
Stadien geschehen. In Alexandreia aber werfen die Zeiger zur
gleichen Zeit einen Schatten, da diese Stadt ja nördlich von
Syene gelegen ist. Da nun die beiden Städte auf dem gleichen
Meridian liegen, so wird der Bogen, den wir vom Endpunkte
des Schattens zum Fußpunkt des Zeigers hin bei der in Alex-

andreia aufgestellten Uhr ziehen, ein Teil des größten Kreises
der Höhlung der Sonnenuhr sein. Wenn wir nun die Gerade
jedes der beiden Zeiger der Uhren nach der Erde hin verlän-
gern, so werden diese Geraden im Mittelpunkte der Erde einander schneiden. Da nun die Uhr in Syene genau unterhalb
der Sonne steht, so wird die Gerade, die von der Sonne nach
Syene gezogen gedacht wird, in die Verlängerung des zu
Syene gehörigen Erdradius fallen. Die Gerade nun, die vom
Endpunkt des Schattens des Zeigers der in Alexandreia aufgestellten Uhr nach der Sonne gezogen wird, wird der erwähnten Geraden parallel sein, da ja beide Geraden von verschiedenen Teilen der Sonne zur verschiedenen Stelle der Erde hinge-
hen. Diese beiden Parallelen werden von der Geraden
geschnitten, die vom Zentrum der Erde zum Zeiger der Sonnenuhr in Alexandreia hin gezogen wird. Die entstehenden
Wechselwinkel sind also gleich. Der eine der beiden Winkel
ist derjenige, den die beiden Erdradien miteinander bilden,
der andere wird gebildet vom Zeiger der in Alexandreia aufgestellten Uhr und der Geraden, die die Spitze des Zeigers mit
dem Endpunkte des Schattens des Zeigers verbindet. Über
diesem Winkel als Zentriwinkel steht ein Kreisbogen, nämlich derjenige, der den Endpunkt des Schattens mit dem Fußpunkt des Zeigers verbindet. Über dem im Erdmittelpunkt
liegenden Winkel als Zentriwinkel steht als Kreisbogen der
Meridianbogen zwischen Syene und Alexandreia. Kreisbögen über gleichen Zentriwinkeln sind nun einander ähnlich.
Der innerhalb der Höhlung der Sonnenuhr liegende Kreisbogen hat also zum Umfang des zu ihm gehörigen ganzen
Kreises dasselbe Verhältnis wie der Meridianbogen von Alexandreia bis Syene zum Umfang der Erde. Es stellt sich nun
heraus, daß der in der Höhlung der Sonnenuhr gelegene
Kreisbogen der 50ste Teil des zugehörigen Kreisumfangs ist.
Es muß also auch die Entfernung zwischen Alexandreia und

Syene der 50ste Teil des Erdumfangs sein. Diese Entfernung beträgt über 5000 Stadien. Der Erdumfang beträgt also 250000 Stadien. Dies ist die Methode des Eratosthenes.

(Nach A. Czwalina)

ZUR TEXTGESTALTUNG

Der vorliegende lateinische Text folgt; im wesentlichen der kritischen Ausgabe von *K. Mayhoff*, Leipzig 1906 (Nachdruck Stuttgart 1967), auf deren Apparat verwiesen wird. Die Textausgabe von *D. Detlefsen*, Berlin 1866 (Nachdruck Hildesheim 1992), und die zweisprachigen Editionen von *H. Rackham*, London – Cambridge, Mass. 1938, *J. Beaujeu*, Paris 1950, und *A. Barchiesi*, Turin 1982 (Liste von 49 Abweichungen S. 771 f.) wurden zum Vergleich herangezogen. Einige Verbesserungsvorschläge von *H. Fuchs*, Basel, der den gesamten Text einer kritischen Revision unterzogen hat, wurden aufgenommen.

Im einzelnen ergeben sich folgende Textabweichungen:

§	Detlefsen 1866	Mayhoff 1906	Rackham 1938	Beaujeu 1950	Barchiesi 1982	Tusculum 1974/1996
1	quodcumque	quodcumque	quocumque	quodcumque	quodcumque	quodcumque
	degunt	degunt	teguntur	degunt	degunt	degunt
3	his	hic	ab his	his	his	his
	eadem quaestione	eadem quaestiones	eadem quaestione	eadem quaestiones	eadem quaestiones	eadem quaestiones
	cogitationis	cogitationi	cogitationis	cogitationi	cogitationi	cogitationi
	occursura	occursurae	occursura	occursurae	occursurae	occursurae
4	haut minor	aut mens	aut mens	aut mens	aut mens	aut mereantur
	homines	hominis	hominis possit	hominis	hominis	homines Fs
5	sublime	subinde	subinde	subinde	subinde	sublime
7	innumerae	innumerae	innumeris	innumerae	innumerae	innumerae
	tauri alibi	tauri alibi	tauri alibi	tauri alibi	tauri alibi	tauri alibi
			alibi plaustri			
8	nam quem xóσμον	namque et	namque et	namque et	namque et	namque et
	Graci	Graci	Graci	Graci	Graci	Graci
	diximus	diximus	dicimus	diximus	diximus	diximus

§	Detlefsen 1866	Mayhoff 1906	Rackham 1938	Beaujeu 1950	Barchiesi 1982	Tusculum 1974/1996
10	spiritus	spiritus	spiritum	spiritus	spiritus	spiritus
11	in suo quaeque	in suo quaeque	in suo quaeque loco	in suo quaeque	in suo quaeque	in suo quaeque
	currente	recurrente	recurrente	recurrente	recurrente	recurrente
	cardinem	cardine	cardine	cardine	cardinem	cardinem
14	alius	alius	aliquis	alius	alius	alius
	ex vitiis hominum	ex vitiis hominum	ex vitiis hominum	ex vitiis hominum	ex vitiis hominum	ex vitiis hominum
			non virtutibus			
			tantum			
15	quisque quo	quisque quo	qui quisque	quisque quo	quisque quo	quisque quo
	alia et similia	alia et similia	et alia similia	alia et similia	alia et similia	alia et similia
16	ex his	ex iis	ex eis	ex iis	ex iis	ex his
17	summum? anne	summum ac vel	summum.. anne	summum ac	summum ac	summum ac
20	tam	tam	tam	tam	tam	tam
	dubitemusne?	dubitemusne?	dubitemusne?	dubitemusne?	dubitemusne?	dubitemusve?
	vix profecto est	vix prodest	vix prope est	vix prope est	vix prodest	vix potest
	iudicare	iudicare	iudicare	iudicare	iudicare	iudicari *Ernout*
21	in ipsos	in ipsos	in ipsos se	in ipsos	in ipsos	in ipsos
	quieto	quieto	quietos	quieto	quieto	quieto
22	in Capitolio	in Capitolio	in Capitolio	in ipso Capitolio	in ipso Capitolio	in ipso Capitolio
	volubilis	volubilis ... que	volubilis	volu⟨cris volu-⟩	volucris	volucris
				bilisque	volubilisque	volubilisque
	obnoxiae sumus	obnoxiae sumus	obnoxii sumus	obnoxiae sumus	obnoxiae sumus	obnoxii sumus
	sortis, ut sors	sortis, ut prorsus	sorti, ut sors	sortis, ut	sortis, ut	sorti, ut
	ipsa	ipsa	ipsa	ipsa	ipsa	ipsa
25	ambitione	ambitione	de ambitione	ambitione	ambitione	de ambitione
27	vulgata iam	vulgata iam	volgata iam	vulgata	vulgata	vulgata
28	non illa, ut	non illa, ut	non ita ut	non illa, ut	non illa, ut	non illa, ut
	nec cum	cum	nec cum	cum	cum	nec cum
	oriuntur	orta moriuntur	oriuntur	orta moriuntur	orta moriuntur	oriuntur

§	Detlefsen 1866	Mayhoff 1906	Rackham 1938	Beaujeu 1950	Barchiesi 1982	Tusculum 1974/1996
30	intertexentibus	intexentibus	intertexentibus	intexentibus	intexentibus	intexentibus
	inventoribus	inventoribus	inventionibus	inventionibus	inventionibus	inventionibus
32	ad brevissima	ad brevissima	cum brevissime ad	ad brevissima	ad brevissima	ad brevissima
35	ad metas	ad notas	ad metas	ad notas	ad notas	ad notas
	quinto anno	quinto anno	quinto cuique anno	quinto anno	quinto anno	quinto cuique anno
39	XXIII partibus	XXII partibus	XXII partibus	XXII partibus	XXII partibus	XXII partibus
41	multiformis haec	multiformis haec	multiformi haec	multiformis haec	multiformis haec	multiformis haec
	ambage	ambigna	ambage	ambage	ambage	ambage
	ignorari	ignorare	ignorari	ignorari	ignorari	ignorari
	maxime sidus	sidus maxime	maxime sidus	maxime sidus	maxime sidus	sidus maxime
42	falcis	facie	falcis	facie	facie	falcis
	cum laborare	tum laborare	cum laborare	cum laborare	cum laborare	cum laborare
43	excelsa	et excelsa	iam excelsa	et excelsa	et excelsa	iam excelsa
	amore eius captus	amor eius	amor eius	amor eius	amor eius	amor eius
45	ipsum	ipsa	ipsa	ipsa	ipsa	ipsa
	fulgore	fulgore, ut	fulgore eam, ut	fulgore	fulgore, ut	fulgore eam, ut
	reliqua	reliqua	reliqua	reliqua	reliqua	reliqua
46	nonnumquam	numquam	nonnumquam	numquam	numquam	nonnumquam
	maculas	masculas (!)	maculas	maculas	maculas	maculas
	magnitudinum	magnitudinum	magnitudinum	magnitudinum	magnitudinum	magnitudinum
	umbraeque	umbraeque	umbraeque	umbraeque	umbraeque	eorum
47	obduci	obduci	obduci terrae	obduci	obduci	obduci
	tenebras	tenebras	tenebras	tenebras	tenebras	tenebras
49	tertia	tertia	certior	tertia	tertia	tertia
	aperitur	aperitur	aperitur	aperietur	aperietur	aperietur
50	circa solstitialem	circa solstitialem	circa solstitialem	citra solstitialem	citra solstitialem	circa solstitialem
	circulum	circulum	circulum	circulum	circulum	circulum
	et quod	nec non quod	et quod	nec quod	nec non quod	nec non quod

§	Detlefsen 1866	Mayhoff 1906	Rackham 1938	Beaujeu 1950	Barchiesi 1982	Tusculum 1974/1996
52	reficit	reficit	reficiat	reficit	reficit	reficit
53	utriusque sideris cursum	utriusque sideris cursum	utriusque sideris cursum	utriusque sideris	utriusque sideris	utriusque sideris cursum
54	supraque mortalium naturam	supraque mortalia	supraque mortalium naturam	supraque mortalia	supraque mortalia	supraque mortalium naturam
	mente labe soluta	mente iam soluta	mente metu soluta	mente iam soluta	mente iam soluta	mente labe soluta
57	ab aliis	ab aliis	ab aliis atque aliis	ab aliis	ab aliis	ab aliis
	filio	filio	filio iterum	filio II.	filio II.	filio II.
58	lucere	lucere	et lucere	lucere	lucere	lucere
59	matutino	matutino	a matutino	matutino	matutino	matutino
	radiorum eius contactu	radiorum eius contactu	a radiorum eius contactu	radiorum eius contactu	radiorum eius contactu	radiorum eius contactu
61	regrediuntur stationes	reguntur stationum	regrediuntur stationes	reguntur stationum	reguntur stationum	reguntur stationes
63	hi sui cuique	hi sui cuique	hi suus cuique	hi sui cuique	hi sui cuique	hi sui cuique
	[omnia – indubitata]	omnia – indubitata	[omnia – indubitata]	omnia – indubitata	omnia – indubitata	omnia – indubitata
64	–	lunae in tauro	lunae in tauro	–	lunae in tauro	–
	et e contrario ad terrae centrum humillimae atque proximae	et e contrario ad terrae centrum humillimae atque proximae	et e contrario humillimae atque ad terrae centrum proximae	et e contrario ad terrae centrum humillimae atque proximae	et e contrario ad terrae centrum humillimae atque proximae	et e contrario ad terrae centrum humillimae atque proximae
65	in librae parte vicesima	in librae parte vicesima	in librae parte vicesima	in librae parte XXI	in librae parte vicesima	in librae parte XXI
66	medio eius	in medio eius	medio eius	medio eius	in medio eius	medio eius
68	diminui	deminuere se	diminuere	deminuere	deminuere	deminuere
70	tanto minores	tanto minore	tanto minore	tanto minore	tanto minore	tanto minore
72	Mercurii XXIII	Mercurii XX	Mercurii XXIII	Mercurii XX	Mercurii XX	Mercurii XX

§	Detlefsen 1866	Mayhoff 1906	Rackham 1938	Beaujeu 1950	Barchiesi 1982	Tusculum 1974/1996
73	sub terra viginti tres nonnumquam pervenire	subter viginti numquam pervenire	sub terra viginti tres numquam pervenisse	subter viginti numquam pervenire	subter viginti numquam pervenire	sub terra viginti numquam pervenire
75	altitudinem vero	altitudinem vero	altitudinem vero subire	altitudinem vero	altitudinem vero	altitudinem vero
79	in horrorem post radians visu et earum	in horrorem postea radians visu et earum	in livorem post radians visu et earum	in horrorem post radians visu et earum	in horrorem postea radians visu et earum	in horrorem post radians visu et ceterarum F5
80	perstrinxere	praestrinxere	praestrinxere	praestrinxere	praestrinxere	praestrinxere
81	obliquitas	obliquitas est	obliquitas	obliquitas est	obliquitas est	obliquitas est
82	a principibus ex his	principibus Iovis	a principibus Iovis	a principibus ex his	principibus ex his	a principibus ex his
84	id est – a terra	[id est – a terra]	id est – a terra	id est – a terra	id est – a terra	id est – a terra
85	centum viginti quinque	XXV	centum viginti quinque	CXXV	CXXV	CXXV
86	in medio	in medio	in medio	medio	in medio	medio
88	triginta tribus stadiis	XXXIII stadiis	triginta tribus stadiis	XXXIII stadiis	XXXIII stadiis	XXXIII stadiis
89	plura specie nomini similis	plura nomini similis	plura specie nomini similis	plura nomini similis	plura nomini similis	complura F5 nomini similis
90	candidus humanae faciei CLXXX	candidus Διός humana dei CLXXX	candidus humanae faciei LXXX	candidus humana dei CLXXX	candidus Διός humana dei CLXXX	candidus humana dei CLXXX
92	numquam	numquam	nonnumquam	numquam	numquam	numquam
94	in gaudium prodit: iis	in … gaudium prodit is:	in gaudium prodit: iis	in ⟨publicum⟩ gau-dium prodidit:	in gaudium prodidit:	iid gaudium prodidit:

§	Detlefsen 1866	Mayhoff 1906	Rackham 1938	Beaujeu 1950	Barchiesi 1982	Tusculum 1974/1996
95	conspectum	conspectum	conspectum est	conspectum	conspectum	conspectum
	novam stellam	novam stellam	novam stellam	novam stellam	novam stellam	novam stellam
		et aliam		et aliam		
96	qua die fulsit	qua fulsit	qua fulsit	qua fulsit	qua fulsit	qua die fulsit
	lampadas	lampadas	alterum lampadas	lampadas	lampadas	lampadas
97	sanguinea specie et	sanguinea species et	sanguinea species et	sanguinea specie	sanguinea species et	sanguinea specie et
	naturae	naturae vi	naturae vi	naturae	naturae vi	naturae
98	nobilia astra	nobilia astra	nobilia astra	nobilia astra	mobilia astra	mobilia astra
	caeloque	caeloque	caeloque	caeloque	caelo quoque	caelo quoque
100	scintillam	scintillam visam	scintillam visam	scintillam	scintillam visam	scintillam
	adpropinquantem	adpropinquantem	adpropinquantem,	adpropinquantem	adpropinquantem	adpropinquantem
	..., at	ac,	at	ac,	ac,	...: at
101	fulgurem effigie eas	fulgurem effigie ea	fulgurem effigie eas	fulgurem effigie ea	fulgurem effigie ea	fulgurem effigie eas
	ceu vocali quodam	ceu vocali quodam	cum vocali quodam	ceu vocali quodam	ceu vocali quodam	ceu vocali quodam
	sono	sono	sono	sono	sono	sono
103	id numen	id numen	iis nomina	id numen	id numen	id numen
	in medio mundi	in medium	in medio mundi	in medium	in medium	in medio mundi
	potuere	potuere	potuere	potuere	potuere	potuere
	e sublimi	e sublimi	e sublimi aere	e sublimi	e sublimi	e sublimi
	fundit	fundit	refundit	fundit	fundit	fundit
	aliud	aliud	aliud atque aliud	aliud	aliud	aliud
104	aëris causas	eas causas	aëris causas	eas causas	aëris causas	aëris causas
105	rerumque	imbriumque	imbriumque	imbriumque	imbriumque	imbriumque
	quibusque vis	cuiusque vis	cuiusque vis	cuiusque vis	cuiusque vis	cuiusque vis
	alia teporis, alia	teporis alia aut	alia teporis, alia	teporis alia aut	teporis alia aut	teporis alia aut
	vaporis	vaporis	vaporis	vaporis	vaporis	vaporis
	alia rigoris	alia rigoris	alia frigoris	alia rigoris	alia rigoris	alia rigoris
106	pluvio nomine	pluvio nomine	pluvio nomine	pluvio nomine	pluvio nomine	pluvio nomine
	hyadas		hyadas			

§	Detlefsen 1866	Mayhoff 1906	Rackham 1938	Beaujeu 1950	Barchiesi 1982	Tusculum 1974/1996
108	brumaeque	brumaeque	brumaque	brumaeque	brumaeque	brumaeque
110	vastitas caeli	vastitas rei	vastitas caeli	vastitas rei	vastitas rei	vastitas caeli
	in his quidam	in iis quidem	in his quidam	in iis quidem	in iis quidem	in his quidam
	secuntur	sequitur	sequitur	sequitur	sequitur	sequitur
111	nubesque liquore	nubesque liquore	nubesque e liquore	nubesque liquore	nubesque liquore	nubesque liquore
114	nivibus	nivibus	sinubus	nivibus	nivibus	nivibus
115	iuga	iuga	iuga ac	iuga	iuga	iuga
	Senta	Senta	Senta	Senta	Senta	Senia
116	manu facta	madefacta	manu facta	madefacta	madefacta	madefacta
	aura	aura	aurae	aura	aura	aurae
	procella	procella	procellae	procella	procella	procellae
	incitu	motu	motu	incitu	motu	incitu
117	transitus ferme	transituros fama	transituros fama	transitus famae	transituros fama	transitus fama
	tenentibus	terrentibus	terrentibus	tenentibus	terrentibus	terrentibus
	proventu rerum	proventu rerum	proventu litterarum	proventu rerum	proventu rerum	proventu rerum
120	sunt enim	sunt etiam	sunt enim	sunt etiam	sunt etiam	sunt enim
	flatus	flatus	flatus	elatior	flatus	elatior
121	intellegi	intellegit	intellegi	intellegi	intellegit	intellegit
	et caecian	caecian	et Caecian	et caecian	caecian	Caecian
	violentia	omnium violentia	violentia	in violentia	omnium violentia	violentia
122	recta	secto	secto	secto	secto	recto
	Martii	Martias	Martias	Martias	Martias	Martias
124	diebus XXX	diebus XL	diebus XXX	diebus XL	diebus XL	diebus XL
125	hi dies	ii dies	hi dies	ii dies	ii dies	hi dies
126	concludit mare	concludit mare	cludit mare	concludit mare	concludit mare	concludit mare
	his	iis	his	iis	iis	his
128	ita ut	autem ut	ita ut	autem ut	autem ut	ita ut
130	et est principium	et est principium	et esse principium	et est principium	et est principium	et est principium
131	in terram	interim	in terram	interim	interim	interim

§	Detlefsen 1866	Mayhoff 1906	Rackham 1938	Beaujeu 1950	Barchiesi 1982	Tusculum 1974/1996
132	e nube calidi	e nube gelida	e nube calidi	e nube gelida	e nube gelida	e nube gelida
134	nebulae simili nube	beluae similis in nube	beluae similis in nube	beluae similis in nube	beluae similis in nube	beluae similis in nube
136	corruptis Italiae quoque partibus	corruptis Italiaeque partibus	correptis sunt in Italiae quoque partibus	corruptis Italiae quoque partibus	corruptis Italiaeque partibus	corruptis in Italiae quoque partibus
137	in alio situ umida Marcia princeps Romanarum	in alio situ umida Marcia, ... princeps Romanorum	in alio situ evenit fumida Marcia femina princeps Romanarum	in alio situ umida Marcia, princeps Romanarum	in alio situ umida Marcia, princeps Romanarum	in alio situ evenit umida Marcia, princeps Romanarum
138	non illa	non illa	non illa	non illa	non illa	non ut illa *Fs*
139	sed quia adversi	et quae adversi	et quae aversi	sed quia adversi	et quae adversi	sed quia adversi
140	Oltam	Oltam	Oltam	Voltam	Voltam	Voltam
141	veneficiis abrogari fatum aut apertura prius alia fata de cetero	beneficiis abrogare factum aut prius alia facta de cetero	beneficiis abrogare factum aut prius alia facta cetera	beneficiis abrogare factum aut prius alia facta de cetero	beneficiis abrogare factum aut prius alia facta de cetero	beneficiis abrogare fatum aut apertura prius alia fata de cetero
142	tonitrum audiri tonitrum audierit	tonitrua audiri tonitrua audierit	tonitrum audiri tonitrum audierit	tonitrum audiri tonitrua audierit	tonitrum audiri tonitrua audierit	tonitrum audiri tonitrum audierit
143	ex his	ex iis	ex his	ex iis	ex iis	ex his
144	ipsius mundi portione	ad ipsius mundi portionem	ad ipsius mundi portionem	ipsius mundi portione	ad ipsius mundi portionem	ipsius mundi portione
146	quaedam ex his belli Caesariani temporibus	quaedam ex iis belli civilis temporibus	quidam ex iis belli Caesariani temporibus	quaedam ex iis bellicis temporibus	quaedam ex iis bellicis temporibus	quaedam ex his bellicis temporibus

§	Detelefsen 1866	Mayhoff 1906	Rackham 1938	Beaujeu 1950	Barchiesi 1982	Tusculum 1974/1996
147	inferiore caelo effigies quae spongearum ferri castellum Compsanum	inferiore caelo effigies quo ferri spongiarum castellum Carissanum	in inferiore caelo effigies quo ferri spongiarum castellum Compsanum	inferiore caelo effigies quae spongiarum ferri castellum Compsanum	inferiore caelo effigies quae ferri spongiarum castellum Compsanum	inferiore caelo effigies quae ferri spongiarum castellum Compsanum
150	Potidaea delatum tricesima luna fieri posse	Potidaea quondam delatum XXX luna posse fieri	Potidaea delapsum quartadecima luna fieri posse	Potidaea delatum XXX luna posse	Potidaea delatum trecentesima luna posse	Potidaea delatum XXX luna posse fieri
151	id est brevissimis	[id est brevissimis]	[id est brevissimis]	id est brevissimis	–	id est brevissimis
152	minui	minui	minui	minuere	minui	minui
154	editos sustinet	editos et sustinet	editos sustinet	editos sustinet	editos sustinet	editos et sustinet
155	foenus reddit seminata	faenus reddit semina	faenus reddit seminata	fenus reddit semina	faenus reddit semina	faenus reddit semina
156	terrae quo servaretur	terraeque servaretur	terraeque servaretur	terraeque servaretur	terraeque servaretur	terraeque servaretur
158	ut tamen	et tamen	ut tamen	et tamen	et tamen	et tamen
159	non inter serpentes exprobrato	non inter serpentes exprobrato	nonne inter serpentes expurgato	non inter serpentes exprobrato	non inter serpentes exprobrato	non inter serpentes exprobrato
160	si capita liniarum	si cuncta liniarum	si capita cunctarum liniarum	si cuncta liniarum	si cuncta liniarum	si capita liniarum
161	caeli verticem ex quacunque parte mediam calcari	verticem et quacumque parte mediam calcari	caeli verticem ex quacumque parte mediam terram calcari	verticem ex quacumque parte mediam calcari	verticem ex quacumque parte mediam calcari	verticem ex quacumque parte mediam calcari
166	natura	natura	naturae	natura	natura	natura

§	Detlefsen 1866	Mayhoff 1906	Rackham 1938	Beaujeu 1950	Barchiesi 1982	Tusculum 1974/1996
166	intra extra supra	intra extra supra infra	intra extra infra supra	intra extra supra ⟨infra⟩	intra extra supra infra	intra extra supra infra
168	ut tamen	ut iam	ut iam	ut tamen	ut tamen	ut tamen
171	decidatur toto circumdatus medio	decedat toto circumdatus medio	decidatur toti circumdatus medio	decedat toto circumdatus medio	decedat toto circumdatus medio	decidatur toto circumdatus medio
172	media vero	verum media	media vero	verum media	verum media	media vero
173	quantum	ut quantum	quantum	ut quantum	ut quantum	quantum
174	etiamnunc causis	etiamnum causis	etiamnum e causis	etiamnunc causis	etiamnum causis	etiamnum causis
176	deprehendere et dioptrae, quae sita esset	deprehendere est dioptraeque sita	deprehendere est dioptraeque sita esset	deprehendere et dioptrae, quae sita	deprehendere est dioptraeque sita	deprehendere et dioptrae, quae sita esset
177	similem et	similem et	similem esse et	similem et	similem et	similem et
179	ita ut undique	aut undique	aut undique	aut undique	aut undique	ita ut undique
185	quadraginta quinque diebus	quadragenis quinis diebus	quadraginta quinque diebus	quadragenis quinis diebus	quadragenis quinis diebus	quadraginta quinque diebus
186	dubitare permittunt	dubie se promittunt	dubie repromittunt	dubie repromittunt	dubie repromittunt	dubie repromittunt
188	inter ortus solis iuxta solstitia	inter ortus solis iuxta solstitia	inter occasus et ortus solis iuxta solstitium	inter ortus solis iuxta solstitia	inter ortus solis iuxta solstitium	inter ortus solis iuxta solstitium
189	promissas [in multas figuras gigni volueres]	promissas multas figuras igni volueres	promissis [in multas figuras gigni volueres]	promissas multas figuras igni volueres	promissas –	promissas multas figuras gigni volueres …
190	feruiis pro immanitate	feruiles pro numine	fertiles pro immanitate	ferules pro immanitate	fertiles pro immanitate	ferules pro immanitate
191	pressit	pressit	oppressit	pressit	pressit	pressit

§	Detlefsen 1866	Mayhoff 1906	Rackham 1938	Beaujeu 1950	Barchiesi 1982	Tusculum 1974/1996
	ac praedixisse	ac praedixisse civibus	ac praedixisse civibus	ac praedixisse civibus	ac praedixisse civibus	ac praedixisse civibus
194	nonnumquam	umquam	nonnumquam	umquam	umquam	umquam
196	sentiunt	sentiunt	praesentiunt	sentiunt	sentiunt	sentiunt
200	posita aeque linea nubes residentis	postes aeque lineae nube sidentis	postes aeque linea nubes sidentis	postes aeque lineae nube residentis	postes aeque lineae nube residentis	postes aeque lineae nubes sidentis
201	sicut idem Circeis Ephesi ubi	sicuti olim Circeis Ephesi ubi	sicut idem Circeis Ephesi ubi	sicut eidem Circeis Ephesi ubi	sicut eidem Circeis Ephesi ubi	sicut eidem Circeis Ephesi ubi
202	in aliquo mari inter Cycladas Olympiadis CXLV anno quarto Thera et Therasia inter easdem post an- nos CXXX Hiera eademque Automate	in aliquo mari inter Cycladas *Thera et Thera- sia inter easdem* Olympiadis CXLV anno* quarto [post an- nos CXXX] Hiera eademque Automate	in alio mari inter Cycladas Olympiadis CXLV anno quarto Thera et Therasia inter easdem post an- nos CXXX Hiera, eadem- quae (!) Auto- mate	in aliquo mari inter Cycladas Olympiadis CXXXV anno quarto Thera et Therasia, inter Therasia, inter easdem post an- nos XXXX Hiera eademque Automate	in aliquo mari inter Cycladas Thera et Therasia inter easdem Olympiadis CXLV anno quarto Hiera academque Automate	in aliquo mari inter Cycladas Olympiadis CXXXV anno quarto Thera et Therasia inter easdem post an- nos XXXX Hiera eademque Automate
	post annos CX in nostro aevo L. Balbo cos.	post annos CCXLII nostro aevo Valerio [Balbo] cos.	post annos CX in nostro aevo L. Balbo cos.	post annos CCXLII nostro aevo Laelio Balbo cos.	post annos CCXLII nostro aevo Valerio cos.	post annos CCXLII nostro aevo Laelio Balbo cos.
203	planitiae	planitiei	planitiei	planitiae	planitiei	planitiei
205	quae videmus	quoque: videmus	quoque quae videmus	quo videmus	quoque: videmus	quae videmus

§	Detlefsen 1866	Mayhoff 1906	Rackham 1938	Beaujeu 1950	Barchiesi 1982	Tusculum 1974/1996
206	Cariae simul ut	Cariae simul ut	Cariae simul	Carice simul ut	Carice simul ut	Carice simul ut
207	aliubi aut scrobibus	aliubi aut scrobibus	aut scrobibus	aliubi aut scrobibus	aliubi aut scrobibus	aliubi aut scrobibus
208	quae spiracula alteri	spiracula alteri	quae spiracula quorum alteri	spiracula alteri	spiracula alteri	quae spiracula alteri
211	natura nec ullo	natura nec in Ilio	natura nec ullo	natura nec in Ilio	natura nec in Ilio	natura nec in Ilio
212	sub terra	subter	sub terra	subter	subter	sub terra
213	refluunt ancillantes siderum in eos	reflui, velut anhe-lantes sidere in eos	reflui, velut anhe-lantes sidere in eos	reflui, velut anhe-lantes sidere in eas	reflui, velut anhe-lantes sidere in eas	refluunt, velut an-helantes sidere in eos
214	divinae exinde	diurnae et inde	divinae exinde	diurnae et inde	diurnae et inde	divinae et inde
215	ad dividuam per octonos quoque annos augente	ad dividuam per octonos quosque annos augent	ad dividuam per octonos quosque annos augent	ad dividuam per octonos quosque annos augentibus	ad dividuam per octonos quosque annos augent	ad dimidiam F_5 per octonos quosque annos augentibus
218	ut portu plenilunio	ut portu plenilunio	ut in portu pleno fluctu	ut portu plenilunio	ut portu plenilunio	ut portu plenilunio
220	fabula est	fabula est	fabula est	fabula	fabula	fabula
222	summa aequorum aqua dulciorem profundam amnis	summam aequo-rum aquam dul-ciorem profunda Pitonius amnis	summa aequorum aqua dulciorem profundam amnis	summam aequo-rum aquam dul-ciorem profunda amnis	summam aequo-rum aquam dul-ciorem profunda amnis	summa aequorum aqua dulciorem profundam amnis
224	et in rubro mari – enascuntur]	[et in rubro mari – enascuntur]	et in rubro mari – enascuntur	[et in Rubro mari – enascuntur]	–	et in Rubro mari – enascuntur
226	natura mira est	natura mira est	natura miro est	natura mira est	natura mira est	natura mira est
227	fervore	fervore	fervore	fervore	fervore	fervore

§	Detlefsen 1866	Mayhoff 1906	Rackham 1938	Beaujeu 1950	Barchiesi 1982	Tusculum 1974/1996
230	et in Baiano sinu	in Baiano sinu	in Baiano sinu	in Baiano sinu	in Baiano sinu	in Baiano sinu
	in Arcadiae	in Arcadia	in Arcadiae	in Arcadia	in Arcadia	in Arcadia
	fluvius Astaces	fluvius Axiaces	fluvius Astaces	fluvius Asiaces	fluvius Axiaces	fluvius Asiaces
	in spira praestat	praestat	semper praestat	praestat	praestat	praestat
231	sapore fluere	saporem fundere	sapore fluere	sapore fluere	sapore fluere	sapore fluere
	Θεοδοσία	Θεοδοσία	Θεοδοσία	Θεοδοσία	Θεοδοσία	Θεοδοσία
233	utiliores	dulciores	utiliores	dulciores	dulciores	dulciores
235	tactus	tactu	tactus	tactu	tactu	tactus
	ferrur	ferrunt	ferrur	ferunt	ferunt	ferunt
236	materia	materia	materiam	materia	materia	materia
	faeno	fimo	fimo	caeno	caeno	limo Fs
	ex his	ex iis	ex his	ex iis	ex iis	ex his
237	in Cissia gente	in Sittacene	in Sittacene	in Sittacene	in Sittacene	in Sittacene
	Babyloniae	Babylone	Babyloniae	Babylone	Babylone	Babylone
	quadam vetuti (!)	e quadam veluti	e quadam veluti	e quadam veluti	e quadam veluti	quadam veluti
	piscina	piscina	piscina	piscina	piscina	piscina
	noctu nitent	noctu	noctu nitent	noctu	noctu	noctu nitent
	alias	et alias	et alias	alias	et alias	alias
238	Hiera	Hiera et Lipara	Hiera et Lipara	Hiera	Hiera	Hiera
	insula Aeolia	insulae Aeoliae	insulae Aeoliae	insula Aeolia	insula Aeolia	insula Aeolia
	arsit	arsere	arsere	arsere	arsere	arsere
239	attriuque	attriique	attriique	attriique	attriique	attriique
242	ad Herculis	ad Herculis	ad Herculi	ad Herculis	ad Herculis	ad Herculis
	columnas	columnas	columnas	columnas	columnas	columnas
244	itinere	et inin	itinere	itinere	itinere	itinere
	patet	potest	patet	patet	patet	potest
	Cariam	Cariam	et Cariam	Cariam	Cariam	Cariam
	et Alcyonio mari	[et Laconico mari]	et Alcyonio mari	[et Laconico mari]	[et Laconico mari]	et Laconico mari

§	Detlefsen 1866	Mayhoff 1906	Rackham 1938	Beaujeu 1950	Barchiesi 1982	Tusculum 1974/1996
245	Alpes ferme Isidoro colligitur deesse	Alpes fere minor, Isidoro colligit deesse	trans Alpes fere minor ab Isidoro colligitur id deesse	Alpes fere min⟨or Isid⟩oro colligit deesse	Alpes fere minor, Isidoro colligit deesse	Alpes fere minor, Isidoro colligitur deesse
246	Nili Canopicum	nihil inmodicum	Nili Canopicum	nihil modicum	nihil modicum	nihil modicum
247	in hac	set in hac	set in hac	in hac	in hac	in hac

Nicht gesondert verzeichnet wurden unbedeutende Abweichungen in der Orthographie. An einigen Stellen, z. B. § 20. 94. 114. 202, wurde der Text geringfügig umgestellt und etwas anders interpungiert.

LITERATURHINWEISE

Grundlegend:

D. J. Campbell, Naturalis Historiae liber secundus, a commentary. Aberdeen 1936.
Pliny Natural history with an English translation. Vol. I: Praefatio, Libri I, II. By *H. Rackham*. London – Cambridge, Mass. 1938.
Pline l'Ancien. Histoire naturelle, livre II. Texte établi, traduit et commenté par *J. Beaujeu*. Paris 1950.
Gaio Plinio Secondo, Storia naturale I: Cosmologia e Geografia, Libri 1–6. Turin 1982. – Libro secondo: Cosmologia. Traduzione e note di *A. Barchiesi*.

J. Beaujeu, La cosmologie de Pline l'Ancien dans ses rapports avec l'histoire des idées. Compte rendu des séances. Revue des Études Latines 26, 1948, 40f. [Sallmann Nr. 133]
E. Bickel, Neupythagoreische Kosmologie bei den Römern. Zu Plinius Naturalis Historia II 1 sqq. Philologus 79, 1924, 355–369.
J. W. Caspar, Roman religion as seen in Pliny's naturalis historia. Chicago 1934.
F. H. Cramer, Astrology in Roman law and politics. Philadelphia 1954. [Sallmann Nr. 139]
D. Detlefsen, Zu Plinius' Naturalis Historia. Die Ausschreiber der ersten Bücher und Verbesserungen zu Buch II. Hermes 32, 1898, 321–340.
E. Friese, Die Kosmologie des Plinius. Breslau 1862.
W. Gundel – H.-G. Gundel, Astrologumena. Die astrologische Literatur in der Antike und ihre Geschichte. Wiesbaden 1966 (Sudhoffs Archiv, Beiheft 6). [Sallmann Nr. 523a]
Th. Köves-Zulauf, Reden und Schweigen. Römische Religion bei Plinius Maior. München 1972. (Studia et Testimonia antiqua 12).
Th. Köves-Zulauf, Plinius der Ältere und die römische Religion. In: Aufstieg und Niedergang der Römischen Welt (ANRW), hg. von *H. Temporini* und *W. Haase*, Teil II: Principat, Bd. 16/1, Berlin – New York 1978, 187–288.
W. Kroll, Die Kosmologie des Plinius. Breslau 1930.
G. Loose, Das 2. Buch der Naturalis Historia von Plinius dem Älteren. Eine kritische Analyse im Lichte moderner geowissenschaftlicher Erkenntnisse. Diss. Univ. Köln 1995.

Ch. Nailis, De cosmologie van C. Plinius Secundus. Philolog. Stud. 10, 1938/39, 119–127 [Sallmann Nr. 132]

K. G. Sallmann, Die Geographie des älteren Plinius in ihrem Verhältnis zu Varro. Versuch einer Quellenanalyse. Berlin – New York 1971. (Untersuchung zur antiken Literatur und Geschichte 11).

J. Soubiran, L'Astronomie à Rome. In: L'Astronomie dans l'Antiquité classique. Actes du Colloque tenu à l'Université de Toulouse – Le Mirail. Paris 1979, 167–185.

B. L. van der Waerden, Erwachende Wissenschaft, Bd. 2: Die Anfänge der Astronomie. Basel – Stuttgart 1968. (Wissenschaft und Kultur 23.) [Sallmann Nr. 141]

B. L. van der Waerden, Die Astronomie der Pythagoreer. Amsterdam 1951. [Sallmann Nr. 142]

Forschungsberichte:

H. LeBonniec, Bibliographie de l'Histoire Naturelle de Pline l'Ancien. Revue des Études Latines 23, 1945, 204–252. [Erschienen auch als Sonderdruck bei »Les Belles Lettres«, Paris, 1946. – Verzeichnet die gesamte Sekundär-Literatur von 1800 bis 1944.]

K. Sallmann, Plinius der Ältere 1938–1970. Lustrum 18, 1975, 3–352 [Forschungsbericht für die Jahre 1938–1970].

F. Römer, Plinius der Ältere. III. Bericht (1964–1975). Anzeiger für die Altertumswissenschaft 31, 1978, 129–206.

G. Serbat, Pline l'Ancien. État présent des études sur la vie, son œuvre et son influence. In: Aufstieg und Niedergang der römischen Welt (ANRW), hg. von *H. Temporini* und *W. Haase*, Teil II: Principat, Bd. 32,4: Sprache und Literatur, Berlin – New York 1986, 2069–2200 [Forschungsbericht für die Jahre 1975–1985].

Auf Einzelfragen gehen ein:

R. Almagia, La conoscenza del fenomeno delle maree nell'antichità. Archives
Internationales d'Histoire des Sciences 2, 1949, 887–899. [Sallmann Nr. 182]
[212 ff.]
J. André, Des Indiens en Germanie? Journal des Savants 1982, 45–55.
[170]
G. Aujac, Strabon et la science de son temps. Les sciences du monde. Paris 1966
(Coll. des Études Anciennes), 284–295. [Sallmann Nr. 183]   [212 ff. 219]
B. Baldwin, Procopius on theological disputation. Mnemosyne 45, 1992, 227 ff.
[14–27]
H. Bengtson, Q. Caecilius Metellus Celer (cos. 60) und die Inder. Historia 3,
1954/55, 229–236 [Sallmann Nr. 172]   [170]
H. Bengtson, Aus der Lebensgeschichte eines griechischen Distanzläufers.
Symbolae Osloenses 32, 1956, 35–39. [Sallmann Nr. 173]   [181]
P. J. Bicknell, Did Anaxagoras observe a sunspot in 467 B. C.? Isis 59, 1968,
87–90. [Sallmann Nr. 159]   [148]
G. Bilfinger, Die antiken Stundenangaben. Stuttgart 1888.   [58]
B. Biliński, L'hémérodrome Philonidès, son record et la nouvelle inscription
d'Aigion. Eos 50/51, 1959/60, 69–80. [Sallmann Nr. 174]   [181]
F. Bömer, Über die Himmelserscheinungen nach dem Tode Caesars. Bonner
Jahrbücher 152, 1952, 27–40. [Sallmann Nr. 149]   [93 f.]
P. Boyancé, La religion astrale de Platon à Cicéron. Revue des Études Grecques
65, 1952, 319.   [95]
G. Brakman, Pliniana. Ad Historiae Naturalis librum II. Donum natalicium *J.*
Schrijnen, Nijmegen 1929, 762–764.   [passim]
V. Buescu, Ancore sur Varron de l'Atax fr. 21 Morel. Rivista Clasica 11/12,
1939/40, 147–151. [Sallmann Nr. 161]   [152]
W. Burkert, Hellenistische Pseudopythagorica. Philologus 105, 1961, 16–43.
226–246. [Sallmann Nr. 144]   [82]
M. P. Charlesworth, Some observations on ruler-cult especially in Rome. Harvard Theological Review 28, 1935, 5–44.   [19]
S. Citroni Marchetti, Iuvare mortalem. L'ideale programmatico della Naturalis
Historia di Plinio nei rapporti con il moralismo stoico-diatribico. Athene e
Roma 27, 1982, 124–148.   [18]
F. Della Corte, Plinio il Vecchio, repubblicano postumo. Stud. Rom. 16, 1978,
1–13.   [54]

324   Literaturhinweise

Ch. Edson, Imperium Macedonicum. The Selleucid Empirè and the litterary
evidence. Classical Philology 53, 1958, 153–170. [Sallmann Nr. 167]
                                                                    [176]
M. Flahaut, La mer dans l'histoire naturelle de Pline. Revue Belge de Philologie
et d'Histoire 20, 1941, 783. [Sallmann Nr. 163]   [212 ff.]
R. J. Forbes, Studies in Ancient Technology. VII: Geology, Mining. Leiden
1963. [Sallmann Nr. 177]   [191–207. 225]
VIII: Metallurgy I. Leiden 1964. [Sallmann Nr. 184]   [236. 240]
F. Franceschi, Censorino e Varrone. Aevum 28, 1954, 393–418. [Sallmann Nr.
176]   [188]
A. Fridh, Les théories de l'ocean chez Pline l'Ancien. Göteborgs Vetenskaps
och vitterhets samhälles handlingar ser. 6 A IV 5, 1952, 3–33. [Sallmann Nr.
165]   [161–165]
B. Gerov, Zum Problem der Strategien im römischen Thrakien. Klio 52, 1970,
123–132. [Sallmann Nr. 179]   [199]
A. Grilli, Miscellanea Latino N° 9: Interpretazione di due passi della ›Naturalis
Historia‹ di Plino […] con proposte d'emendamento […]. Rendiconti dell'
Istituto Lombardo, Classe di Lettere, Science morali e Storiche 97, 1963,
161–167. [Sallmann Nr. 160]   [150]
I. Haug, Der römische Bundesgenossenkrieg 91–88 v. Chr. bei Titus Livius.
Würzburger Jahrbücher 2, 1947, 100–139. [Sallmann Nr. 178]   [199]
P. D. Hérouville, Météorologie agronomique selon Virgile: les vents. Études
classiques 10, 1941, 321–328. [Sallmann Nr. 154]   [119]
E. Hoffmann, Zwei quellenkritische Beobachtungen: Das Proömium zu Pli-
nius' Naturalis Historia. Sokrates 9, 1921, 58.   [1–9]
A. Jones, Pliny on the planetary cycles. Phoenix 44, 1990, 82 f. 148–161.
                                                                  [59 ff.]
E. J. Jonkers, Scheepvart en wereldverkeer in de geschriften van de beide Sene-
ca's en van Plinius Maior. Hermeneus 24, 1953, 101–110. [Sallmann Nr. 153]
                                                               [118. 125]
W. Kroll, Plinius und die Chaldäer. Hermes 65, 1930, 1–13.   [33. 110]
M. Laffranque, Poseidonios, Eudoxe de Cnide et la circumnavigation de l'Afri-
que. Revue Philos. 153, 1963, 199–222. [Sallmann Nr. 171]   [168 ff.]
M. Laffranque, Poseidonios d'Ampamée. Publications de la faculté des Lettres
et Sciences humaines de Paris, tome 13, 1964. [Sallmann Nr. 146]   .
                                                             [85. 171–175]
R. Lamacchia, Sull' evoluzione semantica di poena. Studia Florentina *A. Ron-
coni* sexagenario oblata, Rom 1970, 135–154. [Sallmann Nr. 138]   [27]

R. *Lenoble*, Les obstacles épistémologiques dans l'histoire naturelle de Pline, Thales. Recueil des travaux de l'institut des sciences et de technique 8, 1952, 87–106. [Sallmann Nr. 25] [18. 92]

E. S. *MacCartney*, A striking inconsistence in word-usage. Classical Weekly 23, 1930, 80. [126f.]

G. *Maggiulli*, Virgilio erborista.Maia 35, 1983, 105–114. [146]

J. F. *Masselink*, De Grieks-Romeinse Windros.Diss. Leiden (Utrecht – Nijmegen) 1956. [Sallmann Nr. 156] [120]

B. *Melin*, Die Heimat der Kimbern. Uppsala univ. arsskrift 1960/5. [Sallmann Nr. 166] [167]

R. *Montanari Caldini*, Esegesi e fortuna di Virgilio, Georg. I 335–337. Studi Italiani di Filologia classica 53, 1981, 152–169. [105ff.]

R. *Montanari Caldini*, Manilio tra scienca e filosofia: la doctrina delle comete. Prometheus 15, 1989, 1–30. [94]

P. *Moore*, Two notes on Pliny's Natural history. Classical Review 23, 1973, 13f. [147]

M. *Mühl*, Okellos und der ältere Plinius. Philologische Wochenschrift 42, 1922, 1150f. [1ff.]

R. *Müller*, Die leichenverzehrenden Sarkophage bei Plinius. Umschau 36, 1932, 239f. 598. [Sallmann Nr. 640] [210]

Ch. *Nailis*, Plinius' hymne aan het heelal. Philolog. Stud. 10, 1938/39, 189–204. [Sallmann Nr. 135] [1. 84ff.]

Ch. *Nailis*, Poseidonius' getijdentheorie bij Plinius den naturalist. L'Antiquité Classique 18, 1949, 369–377. [Sallmann Nr. 181] [212ff.]

D. *Nardo*, Plinio il Vecchio in un passo dei sepolcri foscoliani. Memorie della Accademia Patav., class. di science morali 80, 1967/68, 17–21. [Sallmann Nr. 162] [154]

R. F. *Newbold*, Pliny H.N. 2, 199. Classical Philology 68, 1973, 211–213. [199]

K. *Nielsen*, Remarques sur les noms grecs et latins des vents et des régions du ciel. Classica et Mediaevalia 7, 1945, 1–113. [Sallmann Nr. 155] [120]

W. *Oakeshott*, Renaissance maps of the world and their presuppositions. Bulletin of the John Ryland's Library 44, 1961/62, 381–394. [Sallmann Nr. 169] [167–170]

D. O. *Brien*, Anaximander's measurements. Class. Hum. 61, 1967, 423–432. [Sallmann Nr. 147] [83]

A. *Oxé*, Γάδειρα (Gades, Cadix). Rheinisches Museum für Philologie 87, 1938, 51–60. [Sallmann Nr. 279] [247]

A. J. Pfiffig, Das Verhalten Etruriens im Samniten- und nachher bis zum 1. Punischen Krieg. Historia 17, 1968, 307–350. [Sallmann Nr. 158]   [139]

H. Prell, Die Vorstellungen des Altertums von der Erdumfangslänge. Abhandlungen der Sächsischen Akademie der Wissenschaften Leipzig, mathematisch-naturwissenschaftliche Klasse 46/1, Berlin 1959. [Sallmann Nr. 185]
[247]

B. R. Rees, Pliny, nat. hist. II 22. Classical Review 72, 1958, 213–215. [Sallmann Nr. 137]   [22]

K. Reinhardt, Kosmos und Sympathie. München 1926.   [95]

L. Robert, Philologie et géographie II: Sur Pline l'Ancien livre II. Anatolia 4, 1959, 1–26. [Sallmann Nr. 175]   [181. 204. 232]

R. S. Rogers, The Neronian Comets. Transactions and Proceedings of the American Philological Association 84, 1953, 237–249. [Sallmann Nr. 148]
[92]

L. W. Rutland, Fortuna sola invocatur. Pliny's statement. Classical Bulletin 56, 1979, 28–31.   [22]

E. De Saint-Denis, Les Romains et le phénomène des marées. Revue de Philologie 15, 1941, 134–162. [Sallmann Nr. 180]   [212 ff.]

A. Samuel, Greek and Roman Chronology. Calendars and years in Classical Antiquity. München 1972 (Handbuch der Klassischen Altertumswissenschaften I 7). [Sallmann Nr. 140]   [31. 187]

R. Schilling, La place de Pline l'Ancien dans la littératur technique. Revue de Philologie 52, 1978, 272–283.   [208]

A. Schmekel, Forschungen zur Philosophie des Hellenismus. Berlin 1938.
[59 ff.]

K. Scott, The Sidus Iulium and the apotheosis of Caesar. Classical Philology 31, 1941, 257–272.   [94]

R. Segl, Die Pythagorasrede im 15. Buch von Ovids Metamorphosen. Diss. Salzburg 1970. [Sallmann Nr. 183 a]   [204 f.]

D. R. Shackleton Bailey, Seven emendationes. Classical Review 73, 1959, 200–202; 75, 1961, 7. [Sallmann Nr. 151]   [98]

H. Silvestre, »Quanto iuniores, tanto perspicaciores«. Recueil comm. du Xe anniversaire de la faculté de Philosophie et Lettres No. 8 – Publication de l'université Lovanium de Kinshasa No. 22, 1968, 231–255. [Sallmann Nr. 152]   [117 f.]

M. Simon, Zur Abhängigkeit spätrömischer Enzyklopädien der artes liberales von Varros Disciplinarum libri. Philologus 110, 1966, 88–101. [Sallmann Nr. 117]   [84]

D. W. L. van Son, Zur Deutung von Plinius nat. hist. II 167. Mnemosyne ser. 4,
Bd. 15, 1962, 146–152. [Sallmann Nr. 168]   [167]
R. B. Stothers, The Roman fireball of 76 B. C. The Observatory (Hailsham)
107, 1987, 211–213.   [100]
E. Vetter, Horarum unciae. Jahreshefte des Österreichischen Archäologischen
Instituts 37, 1948, Beiblatt 111 f. [Sallmann Nr. 143]   [58]
B. L. van der Waerden, Die ›Ägypter‹ und die ›Chaldäer‹. Sitzungsberichte der
Heidelberger Akademie der Wissenschaften, mathematisch-naturwissen-
schaftliche Klasse 1972, 201–227. [Sallmann Nr. 484]   [88]
B. L. van der Waerden, The motion of Venus, Mercury and the sun in early
Greek astronomy. Archiv for history of exact sciences 26, 1982, 99–113.
                                                                               [64]
E. Webb, Cleostratus redivivus. Journal of Hellenic Studies 41, 1921, 71.
                                                                               [31]
St. Weinstock, Libri fulgurales. Papers of the British School at Rome 19, 1951,
122–153. [Sallmann Nr. 157]   [138–144]
K. Wellesley, The fable of a Roman attack on Aden. Parola del Passato 38, 1954,
401–405. [Sallmann Nr. 170]   [168]
G. Wille, Musica Romana. Die Bedeutung der Musik im Leben der Römer.
Amsterdam 1967, 441 f. [Sallmann Nr. 145]   [84]
E. Wistrand, Nach innen oder nach außen? Zum geographischen Sprachge-
brauch der Römer. Göteborgs Högskolas arsskrift 52, 1946, 43 ff. [Sallmann
Nr. 164]   [164]
R. C. Wittmann, Flying saucers or Flying shields. Classical Journal 63, 1967,
223–226. [Sallmann Nr. 150]   [100]
B. Wyss, Johannes Chrysostomus und der Aberglaube. Heimat und Humani-
tät. Festschrift für K. Meuli, Basel 1951, 262–274. [Sallmann Nr. 136]
                                                                               [27]

REGISTER

Die Zahlen beziehen sich auf die betreffenden Paragraphen. Im Namenregister und im geographischen Register sind die griechischen Eigennamen in der lateinischen Form aufgeführt.

Namenregister

M'. Acilius (Balbus), cos. 114
   v. Chr. 98. 147
(M. Aemilius Lepidus, cos. 187
   v. Chr.)
   via Aemilia 199
M. (Aemilius) Lepidus, cos. 42
   v. Chr. 99
(L. Aemilius) Paulus 53
L. (Aemilius) Paulus, cos. 50 v. Chr.
   147
(M. Aemilius) Scaurus, cos. 115
   v. Chr. 144
(L.) Afranius, cos. 60 v. Chr. 170
Alexander Magnus 168. 180. 181.
   185
Alyattes 53
Anaxagoras 149 f.
Anaximander 31. 187. 191
Anaximenes 187
T. Annius Milo 147
Antias s. L. Valerius Antias
Antiochus (I. Soter) 167
M. Antonius, cos. 44 v. Chr. 98 f.
Aristoteles 91. 150. 220
Artemidorus 242. 244. 246
Augustus, Kaiser 24. 93 f. 98. 167 f.
   178

C. Caecilius (Metellus), cos. 113
   v. Chr. 100

(L.) Caelius Antipater 169
Caesar s. (C. Iulius) Caesar
L. (Calpurnius) Piso 140
Catilina s. L. Sergius Catilina
Cidenas 39
Claudius, Kaiser 92. 99
(Ti. Claudius) Germanicus 96
C. (Claudius) Marcellus, cos. 50
   v. Chr. 147
M. (Claudius) Marcellus, cos. 166
   v. Chr. 53
Cleostratus 31
Corbulo s. Cn. Domitius Corbulo
P. (Cornelius) Dolabella, cos. 44
   v. Chr. 99
Cornelius Nepos 169 f.
(Ser.) Cornelius Orfitus, cos. 51
   v. Chr. 99
(L. Cornelius) Sulla 144
M. Crassus s. M. Licinius Crassus
Ctesias 236

Democritus 14
Dicaearchus 162
Dionysius 222
Dionysodorus 248
P. Dolabella s. P. Cornelius Dolabella
Cn. Domitius (Ahenobarbus), cos.
   122 v. Chr. 99

Sachregister

VERZEICHNIS
DER QUELLENSCHRIFTSTELLER

Sämtliche Fragen bezüglich der Quellen zur Kosmologie des Plinius behandelt *W. Kroll*, RE 21, 1951, Sp. 301–303. Als Hauptquelle kommt Poseidonios in Frage, der aber nicht eingesehen, sondern durch Varro vermittelt wurde. Direkt aus Varro entlehnt ist u. a. der Abschnitt über die etruskische Blitzlehre (§ 138 f.). Die gelegentliche Verwendung lateinischer Autoren untersucht *F. Münzer*, Beiträge zur Quellenkritik der Naturgeschichte des Plinius. Berlin 1897 (Nachdruck Hildesheim 1992). Demnach stammen die Nachrichten über Prodigien von Nigidius Figulus und die gelegentlichen Hinweise auf die Weisheit der Chaldaier aus Papirius Fabianus. Einzelne Notizen stammen aus Cicero, Tiro, Livius, Nepos und Licinius Mucianus sowie aus den autobiographischen Schriften des Augustus. Die *Quaestiones naturales* des Seneca hat Plinius zum Vergleich herangezogen.

Von griechischen Autoren wurde nur Isidoros aus Charax in den geographischen Schlußparagraphen direkt benutzt.

Q. Aelius Tubero, röm. Politiker und Philosoph des 2. Jh.s v. Chr., Neffe des
    L. Aemilius Paulus, trat als Volkstribun gegen den jüngeren Scipio und die
    Gracchen auf und wurde auch als Jurist geschätzt.   Index
Anaxagoras aus Klazomenai, griech. Philosoph des 5. Jh.s v. Chr., verpflanzte
    die ionische Naturphilosophie in das Athen des Perikles. Von seinem Werk
    Perì phýseos (Über die Natur) sind nur dürftige Bruchstücke erhalten.
                                                                        149 f.
Anaximandros aus Milet, griech. Philosoph des 6. Jh.s v. Chr., Schüler des Tha-
    les. Seine nur in wenigen Bruchstücken erhaltene Schrift *Perì phýseos (Über
    die Natur)* versuchte als erstes Werk eine wissenschaftliche Naturerklärung.
    Von ihm stammen der erste Himmelsglobus und eine Erdkarte.
                                                         Index. 31. 187. 191
Anaximenes aus Milet, griech. Philosoph des 6. Jh.s v. Chr., Schüler des Anaxi-
    mandros. In seinen nur in wenigen Fragmenten erhaltenen Schriften sah er
    die Luft als Grundstoff des Kosmos an; er galt auch als Erfinder der Sonnen-
    uhr.   187
Archimedes aus Syrakus (287–212 v. Chr.), größter griech. Mathematiker und
    Physiker, befaßte sich vor allen mit Geometrie und Mechanik und legte seine
    Forschungsergebnisse in zahlreichen Werken vor, die z. T. in lateinischen
    und arabischen Übersetzungen erhalten sind.   Index

Aristoteles aus Stageiros (384–322 v. Chr.), Erzieher und Lehrer Alexander d.
Gr. In zahlreichen erhaltenen Schriften für den Schulgebrauch wurde er zum
Schöpfer und Organisator aller wissenschaftlichen Arbeit bis zum Beginn
der Neuzeit.   Index. 91. 150. 220

Artemidoros aus Ephesos, griech. Politiker und Geograph des ausgehenden
2. Jh.s, unternahm weite Reisen und legte seine Erlebnisse und Erfahrungen
in den 11 Büchern *Geographúmena* nieder, die uns durch Auszüge bruch-
stückhaft erhalten sind. Das Werk war mit genauen Vermessungsplänen aus-
gestattet.   Index. 242. 244. 246

Kaiser Augustus schrieb neben seinem erhaltenen Tatenbericht *(Res gestae
Divi Augusti)* auch zahlreiche philosophische und biographische Werke,
sowie Epigramme, Spottgedichte, Reden und Briefe, die jedoch alle verloren
sind.   24. 93 f. 98. 167 f. 178

A. Caecina, röm. Politiker des 1. Jh.s v. Chr., Gegner Caesars, verfaßte ein leider verlorenes Buch über die Blitzlehre, ein Teilgebiet der *disciplina Etrusca*.
                                                              Index. (138. 199)

L. Caelius Antipater, röm. Historiker des 2. Jh.s v. Chr., beschrieb in seinem
Bellum Punicum den 2. Punischen Krieg; erhalten sind aus den 7 Büchern
mehr als 60 Fragmente.   Index. 169

L. Calpurnius Piso Frugi, röm. Historiker des 2. Jh.s v. Chr., Konsul 133. In
seinem bis auf wenige Bruchstücke verlorenen Geschichtswerk *Annales*
behandelte er die Zeit von Aeneas bis zum Jahre 146.   Index. 140

Cornelius Nepos, röm. Historiker und Biograph des 1. Jh.s v. Chr. Neben seinem teilweise erhaltenen Hauptwerk *De viris illustribus* verfaßte er
5 Bücher *Exempla*, eine Materialsammlung von Merkwürdigkeiten und
Wundern aus Natur und Geschichte.   Index. 169 f.

Demokritos aus Abdera, griech. Philosoph des 5. Jh.s v. Chr., versuchte sich
auf fast allen Gebieten der Wissenschaft und übte durch seine Atomlehre auf
spätere Gelehrte einen nachhaltigen Einfluß aus. Von seinen zahlreichen
Schriften sind jedoch nur spärliche Reste erhalten.   Index. 14

Dikaiarchos aus Messene, griech. Philosoph um 300 v. Chr., beschäftigte sich in
seinen Schriften, von denen nur Fragmente vorliegen, vorwiegend mit geographischen und kulturgeschichtlichen Fragen; er legte eine Erdkarte an und
berechnete den Erdumfang.   Index. 162

Dionysodoros aus Melos, griech. Mathematiker der 2./1. Jh.s, bemühte sich um
die Berechnung des Erdumfangs.   248

Epigenes aus Byzantion, griech. Astrolog des 2. Jh.s v. Chr., befaßte sich in seinen heute verlorenen Schriften vorwiegend mit astronomischen und astrologischen Fragen.   Index
Eratosthenes aus Kyrene, griech. Gelehrter des 3. Jh.s v. Chr., Bibliothekar an
der Bibliothek von Alexandreia, begründete die mathematische Geographie
und die wissenschaftliche Chronologie in Geschichte und Literaturwissen-
schaft. In den *Katasterismoí (Verstirnungen)* behandelte er Sternbilder und
Sternsagen.   Index. 185. 247
Eudoxos aus Knidos, griech. Mathematiker und Naturwissenschaftler des
4. Jh.s v. Chr., verfaßte heute verlorene Schriften über theologische, kosmo-
logische und meteorologische Themen; größte Nachwirkung hatte jedoch
seine Erdbeschreibung.   Index. 130
Eukleides aus Alexandreia, griech. Mathematiker des 3. Jh.s. Seine *Stoicheîa*,
die in 13 Büchern u. a. die Trigonometrie, die Arithmetik, die irrationalen
Verhältnisse und die Stereometrie behandeln, dienten bis weit in die Neuzeit
als Schulbuch. Weitere Werke, die sich durch logischen Aufbau und klare
Sprache auszeichnen, sind die *Dedoména (Gegebene Größen)*, eine Einführung in die Geometrie, und die *Optiká* über die Ausbreitung und die Spiege-
lung des Lichts.   Index

Hanno, karthagischer Seefahrer des 6./5. Jh.s, unternahm eine Entdeckungs-
fahrt von Gibraltar südwärts entlang der afrikanischen Westküste. Sein in
punischer Sprache geschriebener Reisebericht wurde im 4. Jh. ins Griechische übersetzt; s. dazu Plinius, nat. hist. 5, S. 337–363.   169
Herodotos aus Halikarnassos, griech. Historiker des 5. Jh.s v. Chr., der »Vater
der Geschichtsschreibung«. Sein später in 9 nach den Musen benannte
Bücher gegliedertes Geschichtswerk beschrieb die Zeit vom Trojanischen
Krieg bis zu Xerxes' Zug gegen Griechenland (479). Eingeschaltet sind längere ethnographische Exkurse, die auf eigener Anschauung durch ausgedehnte Reisen beruhen, und verschiedene novellistische Erzählungen, die in
der Weltliteratur nachgewirkt haben.   Index. 201
Himilko, kathagischer Seefahrer des 6. Jh.s v. Chr. Seine Entdeckungsreisen
führten ihn entlang der Westküste Europas bis in die Nordsee. Der Reisebericht ist verloren, wurde aber von Rufus Festus Avienus im 4. Jh. n. Chr.
noch benutzt.   169
Hipparchos aus Nikaia, griech. Astronom und Philosoph des 2. Jh.s v. Chr.,
lehrte auf Rhodos und in Alexandreia und war durch zahlreiche Erfindungen
und Schriften berühmt. Erhalten ist lediglich ein kritisch-polemischer Kom-

mentar in 3 Büchern zu den *Phainómena* des Aratos, in dem er u. a. die Jahres- und Monatslängen bestimmte und einen Katalog von über 800 Sternen mit Angaben von Höhe und Breite aufstellte; er ist auch der Entdecker der Präzession der Tag- und Nachtgleiche.   Index. 53. 57. 95. 188. 247

Homeros, ältester griech. Dichter, gilt als Verfasser der beiden Epen Ilias und Odyssee.   13. 119. 201

Isidoros aus Charax, griech. Geograph der augusteischen Zeit, verfaßte eine Schrift über Erdvermessung, die vor allem Entfernungsangaben zwischen Städten enthielt.   Index. 242. 245 f.

Iulius Aquila, sonst unbekannter röm. Schriftsteller, der über die *disciplina Etrusca* schrieb.   Index. (138. 199)

Kidenas (Kidinnu), chaldaiischer Mathematiker und Astronom des 2. Jh.s v. Chr., Begründer der babylonischen Mondrechnung.   39

Kleostratos aus Tenedos, griech. Naturphilosoph des 6./5. Jh.s v. Chr., verfaßte ein astronomisches Lehrgedicht in Hexametern.   31

Koiranos (Coeranus), sonst nicht näher bekannter griech. Philosoph des 1. Jh.s n. Chr.; vgl. Tacitus, Ann. XIV 59,1.   Index

Kritodemos, griech. Astronom unbekannter Zeit. Seine Schrift *Hórasis (Vision)*, deren Inhaltsverzeichnis erhalten ist, wurde gern als Quelle für verschiedene Planetenangaben benutzt.   Index

Ktesias, griech. Arzt und Historiker des 5./4. Jh.s v. Chr., in persischer Kriegsgefangenschaft Leibarzt des Königs Artaxerxes II., legte seine Kenntnisse des Ostens in einem 23 Bücher umfassenden, bis auf geringe Reste verlorenen, Geschichtswerk *Persiká* dar.   Index. 236

C. Licinius Mucianus, röm. Politiker des 1. Jh.s, dreimal Konsul, Helfer und Ratgeber des Kaisers Vespasianus, führte in seinem nicht erhaltenen Reisetagebuch allerlei Merkwürdigkeiten aus allen Bereichen an.   Index. 231

T. Livius, röm. Historiker der augusteischen Zeit, behandelte in seinem großen Geschichtswerk in 142 Büchern *Ab urbe condita*, das etwa zu einem Viertel erhalten ist, die Zeit von der Gründung Roms bis 9 v. Chr.   Index

Nechepso und Petosiris, die wohl fingierten Verfasser eines um 150 bis 120 v. Chr. entstandenen Sammelwerkes, das in mystisch-religiöser Einkleidung verschiedene Lehren des astrologischen Systems enthielt. Nechepso wurde als König, Petosiris als Priester vorgestellt.   Index. 88

Onesikritos aus Astypalaia, griech. Seefahrer des 4. Jh.s v. Chr., nahm am Alexanderzug teil und schilderte seine Erlebnisse als Augenzeuge in einer heute
verlorenen Schrift.   Index. 183. 185

Papirius Fabianus, röm. Redner und Philosoph um Chr. Geburt. Seine literari-
sche Produktion übertraf noch die Ciceros, doch ist von seinem staatsphilo-
sophischen und naturwissenschaftlichen Schriften *(Libri causarum natu-
ralium; De animalibus)* nichts erhalten.   Index. 121. 224
Petosiris s. Nechepso.
Pherekydes aus Syros, griech. Schriftsteller des 6. Jh.s v. Chr., der »Theologe«.
Seine *Theología* galt als ältestes Prosabuch und stellte ein umfassendes theo-
logisch-kosmologisches Sammelwerk dar, das noch bis ins 3. Jh. bei den
Neuplatonikern eine Rolle spielte.   191
Platon, griech. Philosoph (427–347 v. Chr.). Von seinen zahlreichen Werken
zitierte Plinius mehrmals den Dialog *Timaios*, in dem u. a. die Beschreibung
der sagenhaften Insel Atlantis enthalten ist.   205
Poseidonios aus Apamea (etwa 135–51 v. Chr.), griech. Philosoph, Stoiker und
Schüler des Panaitios, unterhielt in Rhodos eine eigene Schule, die von vor-
nehmen Römern (Pompeius, Cicero, Hortensius) besucht wurde. Ausgedehnte Reisen führten ihn in den gesamten Mittelmeerraum und 85 v. Chr.
auch in diplomatischer Mission nach Rom. Seine zahlreichen Schriften u. a.
auch über astronomische und geographische Themen sind verloren.
                                                                       Index. 85
Pythagoras aus Samos, griech. Philosoph des 6. Jh.s v. Chr., gründete in Kroton, Unteritalien, eine religiöse Gemeinschaft mit sittlichen und wissenschaftlichen Zielen. Obwohl er selbst keine Schriften verfaßte, beschäftigte
er sich eingehend mit Mathematik und Musiktheorie. Index. 37. 83 f. 191
Pytheas aus Massilia, griech. Seefahrer und Geograph um 300 v. Chr., unternahm um 324 v. Chr. eine große Entdeckungsreise in den Norden Europas,
die ihn bis zur Insel Thule führte und die er in einem verlorenen Reisebericht
Perì Okeanû (Über den Ozean) beschrieb.   Index. 187. 217

Sebosus s. Statius Sebosus.
Serapion aus Antiocheia, griech. Mathematiker und Geograph des 2. (oder 1.
Jh.s), Schüler des Hipparchos aus Nikaia. Er war Verfasser von Tafeln zur
Umrechnung astronomischer Daten und Zeitangaben.   Index
L. Sergius Plautus, stoischer Philosoph des 1. Jh.s n. Chr.   Index

Sosigenes aus Alexandreia, griech. Astronom und Philosoph des 1. Jh.s v. Chr.,
beriet Caesar bei der Reform des römischen Kalenders und beeinflußte dessen verlorene Schrift *De astris*, aus der nur spärliche Fragmente über Witterungserscheinungen erhalten sind.   Index. 39
Statius Sebosus, röm. Naturwissenschaftler der augusteischen (?) Zeit, machte
weite Reisen und beschrieb allerlei Merkwürdigkeiten. Von seinen Schriften
ist nichts erhalten.   Index
C. Sulpicius Gallus, röm. Politiker des 2. Jh.s, Konsul 166 v. Chr., besaß eine
umfassende Bildung und verfaßte ein leider verlorenes astronomisches Spe-
zialwerk.   Index. 53. 83

Tarquitius (Priscus), röm. Antiquar des 1. Jh.s v. Chr., befaßte sich mit der
lateinischen Übersetzung von Schriften zur *disciplina Etrusca*.
                                                                 Index. (138. 199)
M. Terentius Varro (116–27 v. Chr.), röm. Gelehrter und Schriftsteller, nahm
durch seine vielseitige Begabung und Tätigkeit eine zentrale Stellung im geistigen Leben seiner Zeit ein. Seine Bedeutung liegt vor allem in der erfolgrei-
chen Übertragung der Methode und Ergebnisse der griechischen Wissenschaft auf den römischen Bereich. Seine naturwissenschaftlichen Schriften
sind jedoch bis auf wenige Fragmente verloren.   Index. 8
Thales aus Milet, griech. Philosoph des 6. Jh.s v. Chr., galt seit Aristoteles als
Archeget der griech. Naturphilosophie. Er unternahm weite Reisen u. a.
nach Ägypten, wo er die Vermessung der Pyramiden durch die Schattenmes-
sung kennenlernte. Die richtige Voraussage der Sonnenfinsternis des Jahres
585 brachte ihm großen Ruhm.   53
Theopompos aus Chios, griech. Historiker des 4. Jh.s v. Chr. Sein Hauptwerk
Philippiká behandelte in 58 Büchern die Geschichte Philipps II. von Makedonien in der Zeit von 359 bis 336; die *Helleniká* (12 Bücher) schlossen an
Thukydides an und endeten mit der Seeschlacht von Knidos (394).
                                                                    Index. 237
Thrasyllos aus Mendes, Ägypten, griech. Astronom und Philosoph des 1. Jh.s
n. Chr., auf Rhodos Lehrer des Tiberius und später in Rom dessen Hofastro-
log. Ein Auszug aus einem astrologischen Handbuch ist erhalten.   Index
Timaios, wahrscheinlich ein sonst nicht näher bekannter Astrologe des 1. Jh.s
v. Chr., der von anderen gleichnamigen Persönlichkeiten zu trennen ist.
                                                                      Index. 38
Kaiser Titus verfaßte mehrere, von seinen Zeitgenossen durchaus geschätzte
Gedichte, darunter eines über die Kometen des Jahres 76 n. Chr.
                                                                  Index. 57. 89

M. Tullius Tiro, Freigelassener und Sekretär Ciceros, dessen Schriften er her-
ausgab. Sein grammatisches Werk *De usu atque ratione linguae Latinae* und
eine Sammlung vermischter Schriften unter dem Titel *Pandectae* sind verloren.   Index

L. Valerius Antias, röm. Historiker des 1. Jh.s v. Chr. Sein nur in mehr als 60
Fragmenten erhaltenes Geschichtswerk *Annales* schilderte in wenigstens 75
Büchern die Zeit von der Gründung Roms bis auf Sulla.   Index. 241
Varro s. M. Terentius Varro.

AUFBAU DES 2. BUCHES

Eine genaue Analyse des Inhalts des 2. Buches gibt *W. Kroll*, Die Kosmologie des Plinius. Breslau 1930.

NACHWORT

Die vorliegende Übersetzung des 2. Buches von Plinius' »Naturkunde«, das der Kosmologie gewidmet ist, bemüht sich in erster Linie um eine möglichst genaue Wiedergabe der beschriebenen Tatsachen und möchte dadurch zu einem weiteren Studium anregen. Eine bis ins einzelne gehende Überprüfung und Diskussion der wissenschaftlichen Richtigkeit des von Plinius Gebotenen kann und soll nicht gegeben werden, da dies weit über den Rahmen einer zweisprachigen Ausgabe hinausginge. Offensichtliche Unrichtigkeiten und Versehen des Autors wurden selbstverständlich angemerkt.

Jede nähere Beschäftigung mit der Materie sollte vom lateinischen Originaltext ausgehen. Die Erläuterungen, die sich auf die wichtigsten, vor allem naturwissenschaftlichen, einschl. geographischen und literar-historischen Erklärungen beschränken, sowie die zahlreichen Literaturangaben, wollen dem tieferen Eindringen in die einzelnen Sachverhalte den Weg bereiten.

Die neueren Veröffentlichungen, vor allem die oft weit verstreuten Zeitschriftenaufsätze, werden nach Möglichkeit berücksichtigt.

Für die vorliegende 2. Auflage wurde der Anhang komplett überarbeitet, kleinere Fehler im Textteil korrigiert.

Linz, Frühjahr 1997   Gerhard Winkler